LARRY WINGET

MENSCHEN SIND

Idioten

UND ICH KANN'S

beweisen

Maßnahmen gegen die 10 Methoden,
mit denen sich jeder selbst sabotiert

Bibliografische Information der Deutschen Nationalbibliothek
Die Deutsche Nationalbibliothek verzeichnet diese Publikation in der
Deutschen Nationalbibliografie; detaillierte bibliografische Daten
sind im Internet über http://dnb.d-nb.de abrufbar.

Die Originalausgabe erschien unter dem Titel
People are Idiots and I can prove it!
ISBN 978-1-592-40437-7

Übersetzung: Dr. Tilmann Kleinau
Satz und Gestaltung: Jürgen Hetz, denksportler Grafikmanufaktur
Herstellung und Gestaltung: Johanna Wack, Börsenbuchverlag
Druck: CPI - Ebner & Spiegel, Ulm

ISBN 978-3-941493-08-7

Für Fragen rund um unsere Bücher:
buecher@boersenmedien.de

Weitere Informationen unter:
www.books4success.de

BÖRSEN MEDIEN
AKTIENGESELLSCHAFT

Postfach 1449 • 95305 Kulmbach
Tel. 09221-9051-0 • Fax 09221-9051-4444

An alle Idioten auf diesem Planeten.

Ohne sie hätte ich keine Arbeit.

„GANZ EGAL, WIE KLUG SIE SEIN MÖGEN –
EINEN GROSSTEIL IHRES LEBENS
VERHALTEN SIE SICH WIE EIN IDIOT"

SCOTT ADAMS, DAS DILBERT-PRINZIP

Inhalt

Vorwort

Die Menschen sind Idioten. Das kann ich mit dem vorliegenden Buch ganz genau beweisen. Ich tue es, indem ich Ihnen zeige, wie Menschen handeln, damit Sie verstehen, dass es unsere Handlungen sind, die uns die Ergebnisse einbringen, die wir bekommen. Ich beweise Ihnen, dass wir zwar alle sagen, wir wollten beruflich erfolgreich sein, glücklich sein, gesund sein, finanziell abgesichert sein, eine gute Regierung und liebe Kinder haben. Wir tun jedoch häufig nicht viel dafür, dass das auch eintritt. Wir sagen, wir wollen dies und das, tun aber häufig das Gegenteil. Wir sabotieren unseren eigenen Erfolg. Es fällt mir nicht schwer, dies in verschiedenen Bereichen zu zeigen, und ich bin sicher, Sie werden mir zustimmen, wenn ich Ihnen zu jedem einzelnen Thema meine Gedanken darlege.

Dieses Buch ist aus einem lässig hingeworfenen Kommentar entstanden, den ich während eines Rundfunkinterviews machte, bei dem Zuhörer während der Sendung anrufen konnten. Ich sprach gerade über mein Buch „Goodbye Pleite, hello Luxus". Ich ließ mich über einige Dummheiten aus, die Menschen so mit ihrem Geld anstellen und wie sie sich dadurch ihr Leben versauen. Ein Zuhörer rief in der Sendung an und sagte: „Larry, das klingt ja ganz, als wärst Du der Meinung, wir wären alle Idioten!"

Ich antwortete: „Nein, mit diesem Missverständnis will ich lieber gleich aufräumen: Ich glaube nicht, dass alle Menschen Idioten sind – ich weiß es. Ich weiß es, und ich kann es beweisen."

Mein Kommentar ließ beide, den Anrufer und den Moderator der Sendung, zusammenzucken. Aber er bewirkte, dass mir alle zuhörten. Dann belegte ich in wenigen kurzen Sätzen, warum ich weiß, dass die Menschen Idioten sind. Diese paar Sätze, die Sie auch in den nächsten Kapiteln lesen können, wurden der Anlass für dieses Buch.

Ich weiß, dass die Leute ihr Leben durcheinanderbringen, indem sie dumme Entscheidungen treffen und idiotische Dinge tun. Auch Sie wissen das. Gibt es jemanden, der es nicht weiß? Ich habe entschieden, dass es Zeit ist, die Dummheit der Menschen ans Licht zu bringen und sie direkt anzusprechen. Ich bin es leid, dass Menschen diesem Thema immer wieder ausweichen und um den heißen Brei herumreden, und ich kann mir vorstellen, dass es Ihnen ähnlich geht. Ich finde es albern und lächerlich, dass unsere Gesellschaft so „politisch korrekt" geworden ist, dass man die Dinge nicht mehr beim Namen nennen darf und sich blöde Ausreden einfallen lassen muss für die Tatsache, dass die Menschen nun mal Idioten sind. Es ist höchste Zeit, sich mal damit zu befassen, dass die Menschen viele Dummheiten begehen, sich zu überlegen, warum sie das tun und ihnen zu zeigen, wie sie damit aufhören können.

In diesem Buch schreibe ich über Geschäftliches, über Familie, Gesundheit, Übergewicht, Erfolg, Geld und anderes. Ich werde dabei genau erklären, welche Veränderungen stattfinden müssen, damit die Leute ihrem Leben eine Wende geben können. Ich zeige Ihnen, wie Sie bessere Ergebnisse erzielen, indem Sie die Verantwortung für das, was Sie sagen und für Ihre Bedürfnisse übernehmen und ein paar neue Ideen umsetzen können, um das alles Wirklichkeit werden zu lassen.

Dieses Buch beweist nicht nur, dass die Menschen Idioten sind und warum sie es sind, sondern es sagt Ihnen genau, was Sie tun müssen, um kein Idiot mehr zu sein. Wenngleich der Titel dieses Buches viele schockiert und für viele sehr negativ klingt, ist es doch mein positivstes Buch von allen bisher. Keines meiner bisherigen Bücher enthält mehr praktische Informationen darüber, was Sie tun können, um andere Ergebnisse zu erhalten.

Das dürfen Sie erwarten: Ein bisschen Berufliches. Ein bisschen persönliche Entwicklung. Ein bisschen was über Geld. Ein bisschen was über Kindererziehung. Ein bisschen war über Beziehungen. Ein bisschen was über Gesundheit und Wellness. Etwas solides Know-how. Etwas Spaß. Plus eine ordentliche Portion richtige Einstellung und gesunden Menschenverstand!

Meine Aussagen und die der anderen

Ich arbeite regelmäßig mit vielen anderen bekannten Rednern und Autoren zusammen. Diese Leute haben richtige Fans, die sie wie Gurus anbeten. Ich habe gesehen, wie diese Jungs einen Raum betreten und zusehen, wie die Menge vor Freude über ihre bloße Anwesenheit förmlich in einen Orgasmus gerät. Die Leute stehen auf, schreien und heulen und bekommen Gänsehaut. Das alles wegen eines Lebensberater-Gurus? Ach, du liebe Güte!

So erging es auch Rush Limbaugh und seinen Anbetern. Was für ein passender Name für diese Art Fans! Anbeter sind Menschen, die, ohne nachzudenken, alles gut finden, was an Themen oder Ideen von jemandem kommt, weil sie von der Person überzeugt sind, von der die Idee stammt. Sie haben aufgehört, selbständig nachzudenken und lassen ihren Guru für sich denken. Ich habe dieses Verhalten häufig bei fundamentalistischen Christen bemerkt. Jim Bakker hatte seine eigene Art von Jasagern. Viele Leute verehrten ihn und seine Frau Tammy Fay und standen fest hinter ihnen als Pfarrersleuten. Eines Tages jedoch hatte der gute alte Jimmy eine Affäre mit einer Mitarbeiterin, und seine Gefolgsleute mussten sehen, dass er nicht so rein und unschuldig war, wie sie immer dachten. Ihr Vertrauen in ihn als Geistlichen war erschüttert, denn sie hatten seine Botschaft aus dem Blick verloren und sich zu sehr auf ihn, den Verkünder der Botschaft, konzentriert, und er enttäuschte sie sehr. Es gibt in den USA viele andere extreme Beispiele für dieses Phänomen, etwa die Branch Davidians in Waco oder Jim Jones und seine Gefolgsleute in Jonestown.

Die Jünger von Jones tranken ein tödliches Gebräu und starben massenhaft. Das ist ein Extrembeispiel. Ich erinnere mich an ein großartiges Zitat, das Buddha zugeschrieben wird, in dem es heißt: „Der Lehrer weist den Weg, und der Schüler betet ihn an." Dabei sollte der Fokus der Anbetung auf dem Weg liegen und nicht auf demjenigen, der ihn vorzeichnet. Der ist nur ein Mensch – und Menschen können einen immer enttäuschen.

In diesem Buch zeige ich Ihnen einen Weg, erfolgreicher zu werden. Ich behaupte nicht, dass es DER Weg ist; es ist lediglich EIN Weg. Ich zeige Ihnen ein paar Möglichkeiten, erfolgreich zu werden, die bei mir funktioniert haben. Ich glaube, dass sie auch bei Ihnen funktionieren.

Sie brauchen bei mir keinen Zaubertrank zu trinken. Mir ist es lieber, wenn Sie sich Ihren eigenen Cocktail aus Überzeugungen zusammenmischen. Ich möchte, dass Sie selbständig denken. Es würde mir gefallen, wenn Sie von Zeit zu Zeit zustimmend nicken, aber ich hätte auch nichts dagegen, wenn Sie mir hie und da lautstark widersprechen. Wenn Sie anderer Meinung sind, beweist das, dass Sie selbständig denken. Denken ist etwas Gutes und ist heutzutage ziemlich selten; wenn dieses Buch Sie zum Nachdenken bringt, hat es seinen Zweck erfüllt.

„VIELE MENSCHEN STERBEN LIEBER ALS NACHZUDENKEN; DIE MEISTEN TUN ES AUCH."

BERTRAND RUSSELL

Für diejenigen Leser, die nicht mit meiner Art zu schreiben vertraut sind:

Ich mag keine Überraschungen, und ich vermute mal, Sie auch nicht. Erlauben Sie mir, meinen Schreibstil zu kommentieren – für diejenigen unter Ihnen, die mich noch nicht kennen. Er ist auf Konfrontation ausgerichtet. (Ich weiß.) Er ist schroff. (Auch das weiß ich.) Eine Kritikerin schrieb über mein Buch „Halt den Mund, hör auf zu heulen und lebe endlich!", es gefalle ihr nicht, weil sie es zu schroff und abweisend finde. Ich finde, das hätte man schon am Titel erkennen können. Musste sie wirklich das ganze Buch lesen, um es zu merken? Das ist so, wie wenn jemand in ein Wörterbuch schaut und sich beklagt, da seien ja lauter Definitionen drin. Dasselbe gilt auch für dieses Buch. Der Titel allein ist schon eine Warnung, aber für manche reicht das wohl noch nicht, daher warne ich Sie hiermit ausdrücklich: Seien Sie nicht entsetzt oder überrascht von dem, was ich hier sage. Ich habe Sie gewarnt.

Mir ist auch klar, dass manche Leute meine konfrontative, ruppige Art nicht mögen, dass sie es lieber nett und unverbindlich mögen. Ich bin aber nicht nett und unverbindlich. Das ist nicht meine Art. Ich habe es einmal auf diese Weise versucht und war drauf und dran, alles hinzuschmeißen. Wenn Sie es also lieber nett und unverbindlich mögen, wird Ihnen mein Buch wohl nicht gefallen.

Allerdings ist nicht alles, was ich sage, ungehobelt und auf Konfrontation aus. Vor allem ist es lehrreich. Das Meiste an diesem Buch ist lehrreich. Ich habe den Ansatz gewählt: „Aufwecken – wachrütteln – die richtige Richtung zeigen." Ja, ich bin auf Konfrontation aus, um Sie aufzuwecken. Ich bin auch grob und direkt, um Sie wachzurütteln. Das ist nun mal mein Stil, und ich finde, dieser Ansatz bewirkt bei vielen Leuten etwas. Das Entscheidende, was ich tue, ist jedoch, den Leuten die richtige Richtung zu zeigen. Ich tue das, indem ich Geschichten erzähle – von denen viele ziemlich lustig sind – und Ihnen detaillierte Handlungspläne an die Hand gebe, die Sie befolgen können.

Dieses Buch fängt mit grober Konfrontation an. Ich würde es so nennen: „Gleich sagen, was Sache ist." Ich haue anfangs ordentlich zu. Hart genug, um weh zu tun. Genug, um Sie sozusagen metaphorisch umzuhauen. Wenn das alles wäre, was ich tue, wäre ich gemein. Aber ich bin nicht gemein. Ich gebe Ihnen eins auf die Mütze und bin zufrieden, wenn Sie umfallen, aber dann bin ich bei Ihnen, helfe Ihnen auf, zeige Ihnen die richtige Richtung und gebe Ihnen einen kleinen Tritt in den Hintern, damit Sie losziehen. Hier kommt das Lehrreiche zum Tragen, und darum geht es in diesem Buch größtenteils.

Wenn Sie das Buch lesen, werden Sie bald merken, dass ich schnell zur Sache komme. Man braucht nämlich nicht lange um den heißen Brei herumzureden, um den Leuten klar zu machen, was sie tun sollen, um erfolgreicher zu werden. Warum soll ich Ihnen, wenn Sie mich fragen, wie spät es ist, erst erklären, wie man eine Uhr zusammenbaut? Für so viel Taktgefühl habe ich schlichtweg keine Zeit. Ich habe auch keine Lust, das, was ich zu sagen habe, mit Zuckerguss zu übergießen, um Ihr zartes Ego zu schonen und Ihre feinen Nerven nicht zu beschädigen. Ich sage einfach: „Hören Sie damit auf, das funktioniert nicht, und machen Sie lieber das, weil es funktioniert." Na, klingt das angenehm in Ihren Ohren?

Es gibt das alte Sprichwort: „Sag es jedem auf seine Art." Dasselbe gilt für Selbsthilfe-Ratgeber. Manche Menschen brauchen einen warmen, angenehmen, heimeligen Grundton, damit sie etwas an sich ändern. Das ist nicht mein Ding. Manche brauchen einen kleinen Kick in den Hintern, um wach zu werden, damit sie beginnen, sich zu ändern, weil sie nicht wie bisher weiterleben wollen. Wenn Sie zu denen gehören, umso besser, willkommen in meiner Welt! Wir werden uns bestimmt gut verstehen!

Wenn wir nicht zusammenpassen, ist es nicht Ihre Schuld, auch nicht die meine. Dann legt es eben daran, dass unsere Art nicht zusammenpasst. Ich gebe Ihnen keine Schuld daran, und Sie sollten auch mir nicht die Schuld daran geben. Aber bevor Sie das, was ich zu sagen habe, zu schnell ablehnen, sollten Sie wissen, dass ein gewisses Unwohlsein nach der Lektüre meines Buches nicht unbedingt etwas Schlechtes ist. Denn die Wahrheit tut weh. Eines meiner Lieblingszitate stammt von Werner Erhard; er hat gesagt: „Die Wahrheit macht Dich frei, aber vorher macht sie Dich stocksauer." Wenn Ihnen etwas in diesem Buch gegen den Strich geht oder Sie ankotzt, ist das wahrscheinlich ganz gut. Dann ist es entweder wahr, oder es ist zumindest für Sie, zum jetzigen Zeitpunkt, wahr.

DIE WAHRHEIT TUT WEH – DARAN ERKENNT MAN, DASS ES DIE WAHRHEIT IST!

Kürzlich bekam ich einen Brief von einer Frau, die eines meiner Bücher gelesen hatte. Sie schreibt:

„Sie haben mich gleich zu Beginn Ihres Buches gewarnt, dass Sie barsch und grob sind. Ich dachte, okay, ich halte es schon aus. Ich hielt es nicht aus. Ich las das, was Sie über dicke, dumme und faule Leute geschrieben haben. Es hat mich sehr verletzt und mich wütend gemacht. Ich war wütend auf Sie, weil Sie Dinge gesagt haben, von denen ich wusste, dass sie stimmten. Ich war dick, dumm und faul. Ich war sehr zornig, habe 80 Pfund abgenommen und bin noch einmal zur Schule gegangen. Jetzt habe ich einen besseren Job, mehr Geld, und ich sehe fantastisch aus. Mein ganzes Leben verläuft jetzt anders. Danke dafür, dass Sie mir die Worte gesagt haben, die ich partout nicht hören wollte!"

Ich bekomme viele Briefe wie diesen. Die Leute lesen meine Bücher und werden erst einmal wütend auf mich. Aber ich glaube nicht, dass sie wirklich auf mich wütend sind. Ich glaube, sie sind wütend, weil ich ihre Ausreden entlarve und sie dazu zwinge, ihrem eigentlichen Gegner ins Auge zu blicken – ihren eigenen Handlungen. Erst wenn sie dem Feind gegenüberstehen, ändern sie sich. Sie hätten sich auch vorher schon ändern können, aber sie haben es nicht getan. Warum? Weil wir in einer Welt leben, die uns dazu ermutigt, im Opferzustand zu verharren und uns mit unseren mittelmäßigen Ergebnissen zufrieden zu geben. Wir leben in einer Welt, in der Mittelmäßigkeit in Ordnung ist. Das ist aber nicht meine Welt. Ich möchte das Beste für meine Mitmenschen erreichen und ich glaube, die Menschen können Großes bewirken, wenn sie den mittelmäßigen Standard abstreifen und die Ärmel hochkrempeln. Ich sehe es als meine Arbeit und Lebensaufgabe an, den Leuten dabei zu helfen, den mittelmäßigen Standard abzustreifen und ihnen zu zeigen, was sie zu tun haben, um ihre Lebensqualität zu verbessern. Das heißt: Wenn ich meinen Job gut machen will, muss ich dafür sorgen, dass sich die Leute nicht mehr wohl fühlen.

Machen Sie sich also auf eine Achterbahn der Gefühle gefasst. Seien Sie darauf gefasst, dass Sie sich über mich ärgern müssen – und über sich selbst. Stellen Sie sich vor allem darauf ein, dass Sie an sich arbeiten müssen, dass Ihr Leben sich ändern soll.

Eine gute und eine schlechte Nachricht

Dieses Buch haben Sie schnell gelesen. Sie brauchen nicht länger als ein paar Stunden, um alle Wörter, alle Seiten zu lesen. Das ist die gute Nachricht. Und jetzt kommt die schlechte: Dies ist ein Arbeitsbuch. Das heißt, wenn Sie es nur lesen, wird sich in Ihrem Leben nicht viel ändern. Wenn Sie jedoch die Arbeitsblätter ausfüllen, schon. In diesen Arbeitsblättern finden Sie die Antworten, warum in Ihrem bisherigen Leben nicht alles so gelaufen ist, wie Sie es wollten. Ich spreche in Verallgemeinerungen, die auf die meisten Menschen in den meisten Situationen zutreffen. Das heißt, ich kenne Sie persönlich nicht. Aber Sie kennen sich. Die Arbeitsblätter ermöglichen Ihnen, das Gesagte auf Ihre eigene Persönlichkeit anzuwenden, sodass Sie wirklich beginnen, in Ihrem Leben voranzukommen. Lassen Sie sich Zeit. Versuchen Sie nicht, schnell zum Ende des Buches zu kommen. Nehmen Sie sich die paar Minuten, die notwendig sind, um die Formulare auszufüllen. Machen Sie diesmal endlich Ernst mit Ihrem Erfolg!

Danke an ...

Danke an meine Frau Rose Mary. Jedesmal, wenn ich wieder ein Idiot bin, erinnert sie mich liebevoll daran, dass ich es besser kann.

An Tyler und Patrick, meine Söhne und meine besten Freunde.

An Vic Ousteen, meinen Manager und Freund, der mich nach besten Kräften vor den Idioten schützt.

An meine Lektorin Jessica Sindler. Sie müssen mir bitte glauben, wenn ich sage, dass wir beide, Jessica und ich, hart an diesem Buch gearbeitet haben!

An meinen Verleger Bill Shinker, der mir nach ein paar Büchern, ein paar hervorragenden Abendessen, ein paar Gläsern Wein und ein paar guten Gesprächen ein Freund geworden ist.

An Jay Mandel, meinen Agenten, der mich anleitet, berät und immer wieder daran erinnert, weiterzuschreiben.

An meine Kollegen in der Amerikanischen Rednervereinigung (A.S.S.). Die Jungs halten es mit mir aus, und ich mit ihnen – aus Respekt, Freundschaft und Idiotie auf Gegenseitigkeit. Das ist alles, was ich zu dem Thema sagen kann, denn die Regel Nummer 1 der A.S.S. lautet: „Wir reden nicht über die A.S.S.!"

An meine englische Bulldogge Ralphie. Ralphie beruhigt mich, er senkt meinen Puls, bringt mich zum Lächeln und liebt mich auch dann noch, wenn kein anderer mehr ernsthaft daran denkt.

An Butter, meine französische Bulldogge, Prinzessin und Hündin zugleich. Ich liebe ihre Küsse.

MENSCHEN SIND Idioten

UND ICH KANN'S beweisen

Einleitung

Warum so ein unverschämter Titel?

Als Sie dieses Buch zum ersten Mal gesehen und den Titel gelesen haben, haben Sie vermutlich so oder so reagiert. Entweder, Sie haben gedacht: „Der hat recht!", oder: „Was, zum Teufel, denkt der Kerl eigentlich, wer er ist?" Wie auch immer – Sie haben auf mich reagiert. Das war genau das, was ich wollte.

Diejenigen unter Ihnen, die zur ersten Kategorie gehören und meiner Titelaussage zustimmen, haben sich wahrscheinlich gesagt: „Das Buch hätte ich auch schreiben können!" Anscheinend halten wir alle einen Großteil der Menschheit für Idioten, zumal wenn sie sich wie Idioten benehmen.

Diejenigen unter Ihnen, die zur zweiten Kategorie gehören, halten mich wahrscheinlich für grob und arrogant und für einen Idioten, wenn ich sage, die anderen sind Idioten. Ich wusste, dass viele so reagieren, wenn sie den Titel lesen. Der Titel ist ziemlich explosiv, und viele werden sich nicht einmal die Mühe machen, das Buch in die Hand zu nehmen und sich anzuschauen, worum es in dem Buch eigentlich geht. Sie mögen schon den Titel nicht und werden daher das Buch weder kaufen noch lesen. Stattdessen gehen sie schnurstracks heim, setzen sich an ihren Computer und schreiben in einem der unzähligen Internet-Blogs oder einer Buchhandelswebsite einen Verriss, in dem sie das Buch und mich anprangern, weil ich es gewagt habe, die Menschen Idioten zu nennen.

Diesmal bin ich Ihnen aber einen Schritt voraus, denn ich habe das alles schon hinter mir. Ich kann diejenigen unter Ihnen, die bis jetzt durchgehalten haben, nur beglückwünschen. Sie haben bewiesen, dass Sie offen für ungewöhnliche Standpunkte sind und bereit sind, mehr von mir zu hören. Sie geben mir die Chance, meine Meinung zu sagen. Ich glaube, jeder sollte die Chance haben, seine Meinung sagen zu können, und wenn es nur deshalb ist, damit Sie besser informiert sind und widersprechen können. Weil Sie mir die Chance geben, meine Meinung darzulegen, obwohl Sie doch sehen, wer alles mich und mein Buch angreift, dürfen Sie die Wahrheit erfahren: Sie können sich informieren und sich Ihre eigene Meinung bilden. Dann können Sie das Buch schlecht machen oder in den Himmel loben – ganz, wie Sie wollen. Sie haben sich das Recht dazu verdient, denn Sie haben es ganz gelesen.

Echte Selbsthilfe oder nur was fürs Regal?

Viele Bücher bleiben in den Regalen der Buchhandlung liegen. Ich glaube, das liegt daran, dass sie langweilig aussehen und langweilig klingen. Ich finde, es ist wichtig, die Aufmerksamkeit der Leute zu bekommen. Um das zu tun, muss man frech sein. Frech in dem, was man sagt oder tut. Frech im Aussehen. Wenn das, was Sie zu bieten haben, nicht anders aussieht als das, was die anderen zu bieten haben, dann denkt jeder, es wäre dasselbe, was die anderen auch zu bieten haben. Klar?

Ich bin ziemlich mutig, was mein Äußeres angeht. (Ich bin nicht gerade hübsch, wie?) Sie kennen doch sicher bereits ein Bild von mir? Ich trage gerne knallbunte, verzierte Cowboyhemden und dazu maßgeschneiderte Cowboystiefel. Mein Kopf ist kahl rasiert, dazu trage ich einen komischen Ziegenbart, Ohrringe und so viel Schmuck, dass ich aus dem Stand einen Juwelierladen aufmachen kann, wenn es sein muss. Ich sehe nicht wie ein typischer Selbsthilfe-Guru aus. Das macht nichts, denn mein Rat ist auch nicht typisch für die Sorte Leute. Wenn ich mal wieder im Fernsehen auftrete und über Geld rede, falle ich inmitten der Herren in Hemd, Sakko und Krawatte, die alle irgendwie gleich aussehen, total aus dem Rahmen. Ob die Leute auf mein Äußeres reagieren? Klar tun sie das. Ein Typ, zum Beispiel, hat einmal folgende Kritik über mich geschrieben: „Wie könnt Ihr finanziellen Rat von jemandem annehmen, der aussieht wie ein Rodeo-Clown?" Darüber musste ich herzhaft lachen. Die meisten Leute finden es gut, dass ich den Mut habe, mich so anzuziehen, wie ich will. Ich bekomme viele Briefe, in denen es heißt: „Ich wünschte, ich könnte das auch!" Ich halte Vorträge vor Top-Firmen, die darauf bestehen, dass ich in meiner originellen Kluft auftrete und mich sogar fragen, ob ich nicht die Sonnenbrille auflassen könnte, während ich zu ihnen spreche. Ob man mein Outfit mag oder nicht – die Leute erkennen mich sofort wieder und werden sich immer an mich erinnern. Es ist mutig. Es fällt auf. Mein mutiges Outfit passt zu meinen mutigen Reden und schriftlichen Äußerungen. Diese Frechheit spiegelt sich sogar in meinen Buchtiteln wider.

„Menschen sind Idioten" ist eine Aussage, die man nicht jeden Tag hört oder liest. Wir alle denken es von Zeit zu Zeit, aber wir trauen uns nicht, es offen zu sagen. Es gibt unzählige Bücher mit Titeln wie „Die zehn Schlüssel zum Erfolg" oder „Die Geheimnisse, wie Sie bekommen, was Sie wollen". Sie kennen solche Bücher, ich kenne sie auch. Nette kleine Bücher mit netten kleinen Titeln, die Sie davon überzeugen wollen, dass Sie alles können, wenn Sie nur an sich glauben! Ich glaube, die Leute sind diese alten Hüte leid und haben mehr Grips, als immer wieder dieselben Phrasen zu kaufen, die schon hunderttausendmal gedroschen wurden. Ich glaube, die Leute sehen so ein Buch und denken unwillkürlich: „Schon wieder der alte Käse von irgend so einem nichtsnutzigen Motivationsguru." Und meistens haben sie ja auch recht damit. Also bleibt so ein Buch im Regal stehen und setzt Staub an. Vielleicht könnte sein Inhalt ja tatsächlich Ihr Leben entscheidend verändern, aber das ist völlig egal – die Leute wollen es nicht lesen, weil es langweilig aussieht und klingt! Was nützt es, ob ein Buch gut ist oder nicht, ob es wichtige Informationen enthält oder nicht, wenn es niemand in die Hand nimmt, kauft und liest? Ich habe mit jedem meiner Bücher eins gelernt: Titel können Aufmerksamkeit erregen. Für den Autor selbst und fürs Bücherverkaufen ist es immer gut, wenn ein Titel Aufmerksamkeit erregt. Erst wenn die Leute auf einen aufmerksam geworden sind, kann man ihnen etwas beibringen. Ein geschlossenes Buch im Regal einer Buchhandlung oder einer Bibliothek jedoch kann einem nichts beibringen, auch wenn sein Inhalt noch so gut ist. Die Tatsache, dass Sie dieses Buch jetzt lesen, beweist, dass es kein Staubfänger im Regal ist.

Der Titel „Menschen sind Idioten – ich kann's beweisen!" provoziert. Ich provoziere gern. Wenn man die Leute provoziert, fühlen sie sich herausgefordert, härter zu arbeiten. Sie möchten sich etwas beweisen, und wenn es nur das ist, dass ihr Gegenüber Unrecht hat. Ich möchte Sie mit diesem Buch dazu herausfordern, härter an Ihrem Leben zu arbeiten, damit Sie all das haben können, was Sie, wie Sie sagen, haben wollen.

In der Mitte oder am Rand

In jedem Bereich des Lebens und des Berufslebens sind es die Typen am Rande, die Geschichte schreiben. Nicht einer von denen, die von der Mitte her kommen – aus der Sicherheit der Mitte –, hat viel Auswirkung auf die Gesellschaft.

Es sind die Randfiguren, die wir alle kennen und die uns im Gedächtnis haften bleiben. Elvis und die Beatles – Musiker am Rande der Szene. Pablo Picasso und Salvador Dalí: Randfiguren der Kunstszene. Die ganzen Vereinigten Staaten von Amerika würden nicht existieren, wenn da nicht eine Handvoll Abtrünnige gewesen wären. Benjamin Franklin, Thomas Jefferson und George Washington – alles Typen mit Ecken und Kanten. Jesus war ganz klar ein solcher

Individualist, Gandhi auch. Gut oder schlecht, richtig oder falsch – das ist nicht so wichtig. Die Leute, die Geschichte machen, sind nicht die, die den sicheren, leichten Weg gehen, die beim Status Quo verharren, sagen, was die anderen sagen und versuchen, es allen recht zu machen.

Ich behaupte nicht, ich sei jemand wie Elvis, Picasso, Gandhi oder Jesus. Ich bin nur ein Typ, der sich vom Mainstream entfernt hat, um Ihnen einen einmaligen, kantigen Ansatz für Ihre persönliche Entwicklung anzubieten. Dieser Ansatz kann Sie und Ihre Leistungen aus dem Mittelmaß herausheben. Die Masse der Leute lebt in der Mitte, lebt und denkt mittelmäßig und erzielt entsprechende Ergebnisse. Diese Leute haben ein durchschnittliches Einkommen, durchschnittlich große Häuser und sind von A bis Z durchschnittlich und mittelmäßig. Leider sind sie sich dessen oft nicht mal bewusst, denn jeder, den sie kennen, ist in derselben Situation wie sie selbst.

Was ist der Zweck dieses Buches?

Mein Ziel ist, Sie von dieser bequemen, mittelmäßigen, durchschnittlichen Existenz loszueisen und Sie näher an den Rand zu bringen. Was ist der Rand? Der Rand ist da, wo nur die wenigsten von uns leben. Der Rand ist da, wo die Leute den Mut haben, über ihr Milieu, ihre Erziehung, ihr Bildungsniveau und ihre Lebenssituation hinauszuwachsen und trotzdem glücklich, reich und erfolgreich zu leben. Der Rand ist da, wo Sie leben können, wenn Sie endlich damit aufhören, sich selbst und Ihrer Umgebung etwas vorzulügen und ehrlich feststellen, wo Sie stehen und sich dafür entscheiden, sich einen besseren Platz zum Leben zu suchen. Der Rand ist da, wo das Leben mehr Spaß macht, wo es genug Geld und Zufriedenheit für Sie gibt. Das Beste an einem Leben am Rande der Gesellschaft ist doch, dass es um einen herum nicht so voll ist wie in der Mitte.

Ich habe dieses Buch geschrieben, um die Leute darauf aufmerksam zu machen und sie daran zu erinnern, dass sie ganz anders leben, als sie angeblich leben wollen. Ich möchte ihnen beweisen, dass sie sich selbst belügen, wenn sie sagen, sie wollten erfolgreich, glücklich und reich sein. Ich möchte ihnen bewusst machen, dass das, was sie bekommen, das Ergebnis ihrer Handlungen ist. Ich möchte sie darauf hinweisen, dass sie ihren eigenen Erfolg zunichte machen und ihnen genau zeigen, was sie tun müssen, um ihrem Leben eine Wende zu geben.

Was Sie von diesem Buch erwarten dürfen

Sie dürfen Lösungen erwarten. Das kann ich Ihnen anbieten: Einfache, auf Handeln beruhende Lösungen für Ihre Lebenssituation. Wenn ich Ihnen keine Lösungen mitgeben könnte, wäre dieses ganze Buch nichts als eine Jammertirade über die Schlechtigkeit des Menschen und der Gesellschaft. Was hätten Sie davon? Herzlich wenig! Mein Ziel ist, die Probleme beim Namen zu nennen und einfache, auf Handeln beruhende Lösungen dafür zu finden.

Ich liefere hier für alle möglichen Bereiche des Lebens Listen mit, was Sie tun können, um Ihr Leben zu ändern. Für jeden Bereich ist ein Mini-Handlungsplan dabei. Ich sage mit Bedacht nur „Mini-Handlungsplan", denn ich kann Ihnen unmöglich eine vollständige Liste jeder einzelnen kleinen Handlung geben, die Sie vielleicht unternehmen müssen, um in jedem einzelnen Lebensbereich Erfolg zu haben. Auch kann ich nicht jedes Detail nennen, das jede einzelne Situation Ihrer speziellen Problematik löst. Stattdessen gebe ich Ihnen eine kurze Liste an die Hand, die Sie verwenden können, um Sie in die richtige Richtung zu führen, damit Sie Ihr Leben ändern können. Meine Listen decken viele typische Situationen ab, vor denen die meisten Menschen stehen. Diese Handlungsanweisungen sind der Kern und der Zweck dieses kleinen Buches – und meine Erfolgsformel.

Das ist doch nichts Neues ...

Eine Kritik bekomme ich wegen meiner Bücher oft zu hören, nämlich dass sie eine Menge Binsenweisheiten enthalten. Die Leute sagen: „Das ist doch nichts Neues ..." Meine Antwort darauf: „Danke." Zugegeben, es gibt nichts Neues, wenn es um das Erreichen von Erfolg, Glück und Wohlstand geht. Bücher, die Ihnen brandneue Erkenntnisse hierzu versprechen, lügen. Hüten Sie sich vor jedem, der zu Ihnen sagt: „Ich habe brandneue Sachen für Sie ..." Gehen Sie lieber weiter und lassen Sie diesen Idioten wie so viele andere hinter sich. Es gibt nichts „Brandneues". In der Medizin, in den Naturwissenschaften gibt es gelegentlich einen Durchbruch, Aber nicht im Bereich Persönlichkeitsentwicklung. Niemand kann Ihnen „brandneue Schlüssel zum Erfolg" offerieren. Das ist ganz und gar unmöglich. Jeder, der Ihnen etwas anderes sagt, spielt nur mit Ihrer Leichtgläubigkeit – damit, dass Sie wissen, „das alte Zeug" hat nicht funktioniert und alle Ihre Hoffnungen auf etwas Neues setzen. Diese Kerle verpacken das alte Zeug einfach neu und nennen es neu und „verbessert", damit Sie es kaufen. Erinnern Sie sich an das Getränk New Coke? Es war nichts weiter als ein brillanter Marketing-Schachzug, um mehr Regalfläche im Supermarkt zu bekommen. Eine Zeitlang funktionierte es ganz gut, denn die Leute sind immer neugierig auf alles „Neue", „Verbesserte". Dann aber verlief die Begeisterung im Sande, denn die Leute sahen ein, dass man die Originalrezeptur von Coca-Cola nicht verbessern kann. Mit Persönlichkeits- und Karriereberatung verhält es sich ganz ähnlich. Die Leute sind immer ganz wild auf alles, was „neu und besser" sein soll, aber dann ebbt die Begeisterung ab und sie kehren zur altbewährten Formel zurück.

Mein Rezept ist das Originalrezept. Ich möchte, dass Sie wissen, dass ich nur alte, bewährte Ideen propagiere. Alte Sachen, die fast jeder erfolgreiche Mensch umgesetzt hat. Sachen, die funktionieren. Bewährte Dinge. Dinge, die schon seit Jahrhunderten klappen und sich wahrscheinlich niemals groß ändern werden. Dinge, auf die Sie zählen können. Was man heute braucht, um erfolgreich zu sein, ist im Grunde dasselbe, was schon unsere Vorfahren praktiziert haben. Bitte erwarten Sie keine neuen Erkenntnisse von mir, ich habe keine. Es ist dasselbe alte Zeug, was jeder Erfolgsberater seit Jahrhunderten im Gepäck hat. Sie bekommen lediglich meine persönliche Version davon – die Larry-Version.

Ein Typ schrieb mir einen bösen Brief, in dem er sagte, ich hätte in all meinen Büchern nichts anzubieten, was nicht ganz normaler gesunder Menschenverstand einem auch sagt. Er hat völlig recht. Aber ich habe nun mal festgestellt, dass gesunder Menschenverstand, ähnlich wie Allgemeinbildung und gutes Benehmen, immer mehr am Aussterben ist. Wenn Sie meine Ideen gelesen haben und sagen: „Das ist alles altbekannter, gesunder Menschenverstand", kann ich Ihnen nicht widersprechen.

Andere Kritiker halten mir vor, das, worüber ich spreche, sei doch landauf, landab bekannt. Ich wünschte, die Leute hätten recht. Dem ist aber nicht so. Auch ich bin der Meinung, jeder sollte das alles wissen, aber das ist nun mal nicht der Fall. Selbst wenn ich unrecht haben sollte und es jeder schon weiß – keiner tut es. Das ist so wie mit der alten Maxime: „Wissen ist Macht." Sorry, das stimmt nicht. Wissen ist nicht Macht. Die Umsetzung von Wissen ist Macht. Was Sie wissen oder nicht wissen, macht für Ihr Leben keinen großen Unterschied. Was Sie mit Ihrem Wissen anfangen – das macht den Unterschied.

WISSEN IST NICHT MACHT, SONDERN: DIE UMSETZUNG VON WISSEN IST MACHT.

Hier sind meine Grundprinzipien:

Es ist Ihre verdammte Schuld, wie Ihr Leben aussieht.
Übernehmen Sie die Verantwortung dafür.
Lernen Sie, was Sie brauchen, um es zu reparieren.
Setzen Sie das Gelernte in praktisches Handeln um.
Freuen Sie sich über die Ergebnisse.

Das ist schon so ziemlich alles, was Sie brauchen, um reich, glücklich und erfolgreich zu sein. Ziemlich einfach, nicht wahr? Ich entschuldige mich nicht dafür, dass ich nur ein paar Prinzipien habe. Ich glaube nicht, dass Erfolg so kompliziert ist. Ich stoße überall nur auf diese paar Grundideen, in tausend Varianten. Ich spreche darüber, wie sie sich in bestimmten Situationen auswirken. Ich sage sie auf unterschiedliche Art und Weise. Ich tue das, denn ich möchte, dass am Ende meines Buches keine Frage offen bleibt, dass Sie wissen, welches meine Haltung dazu ist und was Sie tun müssen, um mehr Erfolg zu haben. Ich möchte, dass Sie diese Grundgedanken so oft auf so viele verschiedene Arten hören, dass Sie sie ganz und gar verinnerlichen können.

WIEDERHOLUNG IST DER SCHLÜSSEL ZUR VERINNERLICHUNG.

Ein letzter Gedanke, bevor Sie anfangen:

Dies ist kein Buch über die Philosophie des Erfolgs. Es ist ein Buch über die praktische Anwendung des Erfolgs. Es ist ein Appell, zu handeln. Ich will, dass Sie dieses Buch lesen, es weglegen, den Hintern hochkriegen und etwas tun!

Der Idioten-
Faktor

KAPITEL 1

„Sie haben gesagt, Sie könnten es beweisen; okay, beweisen Sie's mir!"

Ich habe Ihnen schon im Titel dieses Buches versprochen, dass ich Ihnen beweisen kann, dass die Menschen Idioten sind. Hier ist der Beweis:

Fahren Sie zehn Minuten lang eine x-beliebige Straße dieser Welt entlang und beobachten Sie, wie die anderen fahren – und Sie zweifeln nicht mehr daran, dass die Menschen Idioten sind.

Gehen Sie in ein Einkaufszentrum; beobachten Sie die Leute, wie sie ihr Geld ausgeben, beobachten Sie, was sie kaufen – und Sie zweifeln nicht mehr daran, dass die Menschen Idioten sind.

Stellen Sie sich auf den Parkplatz eines x-beliebigen Fast-Food-Restaurants (bitte, stellen Sie sich nur auf den Parkplatz und sparen Sie sich die Kalorien!); beobachten Sie, wie fett die Leute sind, die dort essen gehen – und Sie zweifeln nicht mehr daran, dass die Menschen Idioten sind.

Allein diese drei Tatbestände sollten schon Beweis genug für meine These sein. Aber wo wäre der Spaß, wenn wir jetzt schon aufhören würden? Lassen Sie uns noch genauer hinsehen, und machen Sie sich darauf gefasst, wie ich so gerne sage: „Jetzt wird's heftig!"

Mehr darüber, warum Menschen Idioten sind

Gesundheit

• Sie kennen die Aussage: Das Leben ist kurz. Trotzdem treffen zahllose Menschen Tag für Tag die Entscheidung, ihr Leben mutwillig noch mehr zu verkürzen, indem sie Zigaretten rauchen, mehr essen, als sie sollten und den ganzen Tag nur sitzen, ohne sich zu bewegen. Ist das nicht idiotisch? Ich finde, schon.

• Jedes Jahr sterben allein in den USA ungefähr 300.000 Erwachsene an den Folgen ungesunder Ernährung, geringer körperlicher Ertüchtigung und sitzender Tätigkeiten.

• Mehr als 60 Prozent der Erwachsenen sind nicht regelmäßig körperlich aktiv, 25 Prozent gar nicht. Weniger als 20 Prozent aller High-School-Schüler sind länger als 20 Minuten täglich körperlich aktiv.

• Die Amerikaner geben im Jahr 33 Milliarden Dollar für Light-Produkte und entsprechende Dienstleistungen aus. Wäre es nicht viel billiger, einfach weniger zu essen und spazieren zu gehen? Alle klagen immer, sie hätten zu wenig Geld – ich wüsste sofort, wie man allein in diesem Bereich jährlich 33 Milliarden Dollar einspart.

• Die Leute behaupten alle, sie wollten möglichst lange gesund leben – und doch zünden sich 1,3 Millionen Menschen Tag für Tag Zigaretten an. Jede Zigarette, die man raucht, verkürzt das eigene Leben um etwa 13 Minuten.

• Jeden Tag entscheiden sich unzählige Menschen dafür, ihre Lebenserwartung durch falsche Ernährung zu verkürzen. Ein Durchschnittsamerikaner nimmt über 3.300 Kalorien täglich zu sich. Die empfohlene Kalorienzahl liegt jedoch bei 2.200 Kalorien für Männer und 1.900 für Frauen. Die Leute sind hauptsächlich deswegen fett, weil sie wie Idioten essen. Gerade habe ich eine Studie gelesen, der zufolge, wenn wir weiterhin so zunehmen wie bisher, in 20 Jahren 86 Prozent aller Amerikaner fettleibig sein werden.

Ein kleiner Exkurs: Selbst viele Ärzte sind Idioten, obwohl sie doch jahrelang gelernt haben, was gesund und was krank macht. Die Leute gehen zur Ernährungsberatung, und der Arzt, den sie konsultieren, raucht wie ein Schlot. Ist das noch vernünftig? Wenn Sie zu einem Arzt gehen, der systematisch seine eigene Gesundheit ruiniert, sind Sie doch ein Idiot. Ein dicker Arzt ist in meinen Augen ein unfähiger Arzt. Ein Arzt, der qualmt, sollte eigentlich seine Zulassung zurückgeben. Einem Arzt die Approbation zu erteilen, der gegen so elementare Gesundheitsgrundsätze verstößt, ist so sinnvoll, wie verurteilten Sexualstraftätern Hafturlaub zu gewähren. Meiden Sie Ärzte, die dick sind, solche, die rauchen, solche, die automatisch denken, Medikamente und Operationen seien die erste Antwort auf all Ihre Beschwerden – und solche, die Sie länger als eine halbe Stunde warten lassen.

Ich möchte, dass mein Arzt wie Clark Kent aussieht und unter seinem weißen Kittel wie Superman aussieht, bzw. wie Wonder Woman, wenn es sich um eine Frau handelt. Ich möchte, dass er fit und gesund ist. Wenn Sie einmal einen Klub von Dicken sehen wollen, gehen Sie in ein Krankenhaus, in eine Klinik oder eine Arztpraxis und sehen Sie sich die Mitarbeiter dort an. Man sollte meinen, wenn es jemanden gibt, der's besser wissen müsste, sind das die Leute, die beruflich im Gesundheitswesen arbeiten – von wegen! Auch die sind Idioten!

Eltern sein

• Die Leute sagen, sie möchten ihre Kinder zu guten Menschen erziehen. Natürlich sagen sie das – wer möchte das nicht? Die Wirklichkeit sieht jedoch so aus, dass die durchschnittliche Zeit, in der Eltern sich mit ihren Kindern unterhalten, dreieinhalb Minuten beträgt – in der Woche! Dreieinhalb Minuten! Das sind 210 Sekunden pro Woche, 30 Sekunden am Tag. Klar, wir wollen gute Kinder haben, aber wir beschäftigen uns kaum mit ihnen. Das sollte einen eigentlich verrückt machen oder krank – oder beides.

• Die Leute sagen, sie wollen gute öffentliche Schulen für ihre Kinder haben. Aber nur ein kleiner Prozentsatz aller Eltern besucht Eltern-Lehrer-Vereinigungen oder geht zu Elternabenden.

• 25 Prozent aller jungen Mädchen haben eine Geschlechtskrankheit. Eltern … wo seid Ihr? Warum bringt Ihr Euren Kindern nicht bei, wo die Ursachen dafür liegen? Man könnte das natürlich auch im Unterricht besprechen, aber wir würden es doch nicht wagen, einer Schule die Aufklärung unserer Kinder zu überlassen …

• Die Anzahl fettleibiger Kinder schwankt stark und wächst täglich. 30 Prozent aller amerikanischen Kinder zwischen sechs und 19 Jahren sind entweder übergewichtig oder riskieren, fett zu werden. Daran sind doch hauptsächlich die Eltern dieser Kinder schuld. Sie bezahlen das Essen und stellen es auf den Tisch, vielleicht sollte ich besser sagen, vor den Fernseher? Es sind doch die Eltern, die mit ihren Kindern ins Fast-Food-Restaurant fahren. Es sind doch die Eltern, die schon ihrem Kleinkind Pommes frites in den Mund schieben und meinen, sie würden es damit gesund ernähren.

Ein kleiner Exkurs: Ihre Kinder sind Ihre Angelegenheit. Sie liefern ihnen das Vorbild. Wenn sie dick sind, ist es Ihre Schuld. Wenn sie faul sind, ist es Ihre Schuld. Wenn sie nicht lernen wollen, ist es Ihre Schuld. Sie haben die Aufsicht über sie. Es sind Ihre Kinder, Sie sind für sie verantwortlich. Sie sind der Erwachsene, Ihre Kinder sind noch nicht erwachsen. Sie sind der Chef, die Aufsichtsperson. Seien Sie sich dessen immer bewusst. Sie müssen Ihren Kindern immer ein Vorbild sein. Hier ist ein Tipp für das nächste Mal, wenn Sie sich wundern, warum Ihre Kinder so sind, wie sie sind: Schauen Sie in den Spiegel. Ihre Kinder spiegeln nur das Verhalten, das Sie ihnen als akzeptabel vorleben. Ihre Kinder sind die Miniaturausgabe Ihrer selbst, nichts anderes.

Finanzen

• Die Menschen unterschreiben Verträge mit Kreditgesellschaften, in denen sie sich dazu verpflichten, ihre Rechnung bis zu einem bestimmten Datum zu bezahlen. Gut, alles ist kleingedruckt, aber die Regeln und Bestimmungen müssen schwarz auf weiß da stehen – Sie müssen sie lediglich lesen. Viele Leute bezahlen ihre Rechnung jedoch nicht rechtzeitig, sie bezahlen oft nicht einmal die vereinbarte Mindestrate. (Wahrscheinlich, weil sie ihr Geld schon im Einkaufszentrum oder im Restaurant liegen gelassen haben.) Warum sind sie dann überrascht, wenn die Verzugszinsen nach oben gehen und die Firma die säumigen Zahler der Kreditauskunft meldet und wenn daraufhin ihre

Kreditwürdigkeit nach unten geht? Die Strafen für verspätete Zahlung oder Ausbleiben der Mindestrate standen schwarz auf weiß da. Die Kreditkartengesellschaft hat lediglich getan, was sie zuvor angekündigt hatte. Vielleicht sollten die Kunden dasselbe tun und ihrerseits die Vereinbarungen einhalten. Stattdessen werden Kreditkartengesellschaften, die auf Erfüllung der Vereinbarungen bestehen, als „habgierig" bezeichnet.

• Übrigens – es gibt keinen vernünftigen Grund, mehr als drei Kreditkarten zu besitzen. Sie brauchen keine Kreditkarte einer bestimmten Ladenkette, mit der Sie zehn Prozent des Einkaufspreises sparen können. Das ist nur ein Trick, der Ihnen einredet, Sie sparten zehn Prozent, aber dabei haben Sie in Wirklichkeit nur eine Kreditkarte mehr zu einem hohen Zinssatz, der sich auf Ihre Kreditwürdigkeit auswirkt. Vergessen Sie die zehn Prozent Ersparnis und sehen Sie ein, dass Sie keine weitere Kreditkarte mehr brauchen. Außerdem sparen Sie keine 40 Prozent, wenn Sie etwas zu 40 Prozent Rabatt kaufen. Sie geben 60 Prozent dafür aus. Seien Sie nicht dumm. Wenn Sie es nicht sowieso zum vollen Preis kaufen wollten, sparen Sie gar nichts.

• Ein anderes Beispiel: Eine Hochzeit kostet heute im Schnitt 30.000 Dollar. Dieselben Leute aber, die diesen Betrag für ihre Hochzeit ausgeben (oder sich spendieren lassen), haben hinterher nur selten genug Geld übrig, um ein Haus abzubezahlen. Ist das intelligent? Es sollte einem Paar doch wichtiger sein, in ein gemeinsames Zuhause zu investieren als in eine zwanzigminütige Hochzeit. Ob ich gegen Heiraten bin? Nein, überhaupt nicht. Hochzeiten sind etwas sehr Schönes. Aber opfern Sie nicht Ihre Zukunft für einen einzigen schönen Tag.

• In den letzten Jahren haben mehr und mehr Leute Häuser auf tilgungsfreier Darlehensbasis gekauft. Sie konnten kaum die Zinsen aufbringen, Zinsen plus Tilgung erst recht nicht. Ich nehme an, genau deshalb haben sie sich für ein tilgungsfreies Darlehen entschieden. Man hat ihnen gesagt, irgendwann würde die Rate nach oben gehen und sie müssten dann Zins und Tilgung abbezahlen. Sie unterschrieben einen Vertrag, dass sie das zur Kenntnis genommen haben. Als der Fall eintrat, stellten sie dann entsetzt fest, dass sie sich die neuen Raten nicht mehr leisten konnten. Wem gaben sie dafür die Schuld? Dem Kreditgeber. Wieder einmal wurde der Kreditgeber als habgierig beschimpft. Dabei ist die einzig zutreffende Bezeichnung in diesem Fall das Wort DUMM, und das geht eindeutig an den Kreditnehmer. Also lesen Sie gefälligst, was Sie unterschreiben.

• Ein durchschnittlicher, 50 Jahre alter amerikanischer Staatsbürger hat weniger als 2.500 Dollar Ersparnisse. Sagen wir mal, Sie gehen ab dem Alter von 25 Jahren arbeiten. (Die meisten von uns fangen schon früher an zu arbeiten, ich weiß, aber hier geht es nur um ein Beispiel, das sich leichter rechnen lässt.) Sie gehen also mit 25 arbeiten und sind jetzt 50 Jahre alt. Das heißt, Sie haben in all den 25 Jahren seither nur 2.500 Dollar sparen können? 100 Dollar im Jahr, mehr nicht? Nur 8,33 Dollar pro Monat – zwei Dollar pro Woche? Mehr nicht? Liebe Frau, lieber Herr Normalbürger, wissen Sie, was Sie sind? Ein Idiot!

• Die Wirtschaft liegt darnieder. Die Leute behaupten, sie hätten kein Geld mehr für Benzin oder Milch. Häuser werden zwangsversteigert. Aber die Spieltische in Las Vegas, in Reno, Atlantic City und all den anderen legalen Spielkasinos sind so voll, dass man kaum einen freien Platz findet. 99 Prozent der Leute, die um Geld zocken, können sich eigentlich nicht leisten, auch nur einen Groschen zu verlieren, aber sie geben freiwillig Geld aus für die Reise ins Spielkasino, um dort die Hypothekenrate für ihr Haus zu verspielen. Was für Idioten!

• Viele kaufen längere Garantien auf Geräte und Elektronikteile. Liebe Leute, die Sachen gehen heute nicht mehr so schnell kaputt wie früher, und wenn, dann ist es wahrscheinlich billiger, gleich etwas Neues zu kaufen. Das neue Produkt ist wahrscheinlich sowieso besser als das alte und kostet bestimmt weniger als die Garantieverlängerung.

• Viele spenden an der Haustür Geld für wohltätige Zwecke. Aber vernünftige Wohltätigkeitsorganisationen, die einen guten Ruf haben, werden wohl kaum Leute dazu ausbilden, Ihnen an der Haustür irgendwelche Zeitschriftenabos zu verkaufen. Was für Idioten!

• Andere kaufen Mineralwasser für drei Dollar die Flasche. Das ist eine der einfachsten Formen von Dummheit – in Flaschen abgefülltes Mineralwasser. Punkt. Warum? Die Forschung hat nachgewiesen, dass normales Leitungswasser genauso rein ist wie in Flaschen abgefülltes Mineralwasser. Im Gegenteil, es gibt neuerdings sogar eine erhöhte Zahl von Kindern mit Zahnverfall, weil es dem Flaschenwasser an Fluoriden fehlt. Außerdem sind die vielen Plastikflaschen umweltschädlich. Wenn Sie lieber Wasser aus Flaschen trinken, weil es für Sie bequemer ist, kaufen Sie sich eine Flasche und füllen Sie Ihr Leitungswasser ab.

Leute, die Zeug aus dem Werbefernsehen kaufen, sind Idioten.

Der Rasierapparat von Infinity – „der letzte Rasierer, den Sie sich kaufen müssen." Haben Sie die Werbung gesehen? Sie kaufen diesen Rasierapparat, und er hält angeblich ein Leben lang. Obwohl Sie einen zweiten zum halben Preis bekommen. Frage: Warum braucht man überhaupt einen zweiten, wenn der erste ein Leben lang hält? Wenn Sie wirklich glauben, dass der erste ein Leben lang hält, sind

Sie entweder ein Idiot oder Sie haben vor, sich nächste Woche um-
zubringen.

• „Sie können abnehmen, ohne Ihre Ernährung zu ändern oder
Sport zu treiben." Produkte, die das behaupten, spielen übers Wer-
befernsehen Millionen ein. Wenn Sie denken, eine Pille, eine Salbe
oder ein Getränk würde Ihnen dabei helfen, abzunehmn, ohne
Ihre Ernährung zu ändern oder sich mehr zu bewegen, sind Sie ein
Idiot!

• „Glatze, ade! Volles Haar!" Das kann doch nur ein Witz sein, oder?
Wie wäre es damit: Sprühen Sie Farbe auf Ihre Glatze. O ja, eine Su-
per-Idee. Niemand wird die Farbe auf Ihrem Kopf bemerken.

• „Sie sehen zehn Jahre jünger aus, wenn Sie diese Super-duper-
Anti-Aging-Creme auftragen!" Ladies, Sie sind dumm, wenn Sie
den Mist kaufen. Keine Creme der Welt kann Sie zehn Jahre jünger
machen.

• Zum Schlimmsten, was es an Abzocke gibt, gehört das Zeug, was
im Shopping-Fernsehen für 19,99 Dollar verkauft wird. Kennen Sie
„Pocket Fisherman"?

Ein kleiner Exkurs. Die meisten Leute haben nicht das notwendige
Geld, um sich wichtige Dinge zu kaufen, weil sie ihr Geld für unwich-
tigen Schnickschnack ausgeben. Das, was viele als „notwendig" ansehen, ist in Wirklichkeit reiner Luxus. Wenn ich den Leuten sage, sie
sollen bitteschön im Rahmen ihrer finanziellen Möglichkeiten leben,
dann kommt oft: „Aber Larry, darf ich nicht ein bisschen Spaß haben?" Natürlich dürfen Sie Spaß haben. Versuchen Sie mal, all Ihre
Rechnungen und Schulden rechtzeitig zu bezahlen, Geld auf der Bank

zu haben, Geld anzulegen, etwas für die Ausbildung Ihrer Kinder und für Ihre Altersversorgung zurückzulegen, und dann sagen Sie mir, ob das nicht auch Spaß macht.

Beruf

• Immer wieder bauen sich Menschen eine eigene Firma auf und machen sich selbständig, ohne auch nur ein einziges Buch darüber zu lesen, wie man eine Firma gründet und wie man im Geschäft bleibt. Aber etwas grundlegendes Wissen braucht man schon, wenn man auf selbständiger Basis Erfolg haben will, meinen Sie nicht? Wie bitte – Ihre Verkaufszahlen sind schlecht? Haben Sie denn keine Fachbücher über Vertriebswesen und Verkauf gelesen? Ihr Kundendienst ist schlecht? Es gibt ja nur etwa 10.000 Bücher, die Ihnen erklären, wie man bessere Kundendienstleistungen anbietet. Haben Sie auch nur ein einziges davon gelesen?

• Ich bin immer wieder erstaunt, wie wenige Leute grundlegende Fähigkeiten wie Grammatik und Rechtschreibung beherrschen. So bekomme ich regelmäßig E-Mails von Leuten, die mit den Ellenbogen getippt worden sein müssen – niemand könnte mit den Fingern so viele falsche Tasten drücken. Haben diese Leute denn keine Rechtschreibprüfung? Also bitte. Wenn Sie ein Wort falsch schreiben und Ihr Computer es rot unterringelt, müssten Sie doch sehen, dass etwas mit der Rechtschreibung nicht stimmt! Was mich etwas sauer macht, ist „sie" anstelle von „Sie" und „ihr" anstelle von „Ihr" und solche Sachen. Das Komische ist, dass diese Dinge der Rechtschreibprüfung wohl gar nicht auffallen.

• Viele Leute rufen einen nicht zeitnah zurück. Ich habe Freunde, die sehr viel zu tun haben, reiche Leute, Leute, die mehr Arbeit und andere Dinge zu erledigen haben, als ihre Zeit zulässt. Aber sie rufen mich immer zurück. Ich kenne keinen, der mehr zu tun hat als ich, aber auch ich rufe immer zurück. Aber es gibt andere, die haben fast nichts zu tun und schaffen es trotzdem nicht, einen zurückzurufen. Sie sind nichts anderes als Idioten – und unhöflich obendrein. Unhöfliche Idioten.

• Oder Voice-Mail. Diese technische Einrichtung wird hauptsächlich als Mittel zu dem Zweck missbraucht, seine Anrufe nicht selbst beantworten zu müssen. Was mich am meisten daran ärgert, ist, wenn manche so viele Nachrichten auf ihrer Mailbox haben, dass nichts mehr drauf passt. Wenn das passiert, wissen Sie wenigstens, dass derjenige Sie sowieso nicht zurückruft.

• Die Leute sagen, sie wollen einen sicheren Arbeitsplatz haben, sie wollen befördert werden, sie wollen in der Arbeit respektiert werden oder sie wollen eine Gehaltserhöhung haben. Trotzdem kommen sie oft zu spät und zeigen nur wenig Einsatz. Keine gute Methode, einen sicheren Arbeitsplatz zu erhalten und befördert zu werden.

Ein kleiner Exkurs: Firmen existieren nur aus einem einzigen Grund – um Gewinne zu machen. Die gewinnbringendsten Unternehmen dienen ihrer Kundschaft am besten. Sie sichern ihre Profitabilität, indem sie Mitarbeiter beschäftigen, die mehr wert sind, als sie kosten. Wenn Ihre Firma nicht gut läuft, dann liegt es daran, dass Sie das nicht richtig machen.

Allgemeine Beispiele idiotischen Verhaltens

• Die Leute fahren zum Drive-In-Bankschalter, ohne sich vorzubereiten. Sie warten ab, bis sie dran kommen, füllen dann erst ihren Einzahlungsschein aus und halten damit alle Autos hinter sich auf.

Denken diese Deppen jetzt erst daran, warum sie überhaupt zur Bank gefahren sind? Hätten sie nicht schon vorher wissen können, dass sie einen fertig ausgefüllten Einzahlungsschein abgeben sollten? Und sobald die Chose erledigt ist – weiterfahren! Nicht erst umständlich in der Handtasche herumkramen oder die Unterlagen ins Handschuhfach stecken. Weiter! Die Leute hinter Ihnen haben auch zu tun und möchten ihre Geschäfte so zügig wie möglich erledigen.

• Dann gibt es die Leute, die ihren Wagen auf ausgewiesenen Behindertenparkplätzen abstellen. Kürzlich habe ich so einen Zeitgenossen darauf hingewiesen, dass er gerade unerlaubterweise auf einem Behindertenparkplatz parkt. Er sagte nur: „Na ja, es war ein harter Tag." Da habe ich zu ihm gesagt: „Der Tag wäre noch viel härter für Sie, wenn Sie behindert wären. Aber vielleicht reicht es ja mittlerweile schon, wenn man fett, dumm und faul ist." Er war so verdutzt, dass er nur noch stotterte, ins Auto stieg und wie ein geölter Blitz wegfuhr.

• Da gibt es Leute, die Alkohol trinken, sich ans Steuer setzen, einen Unfall bauen und dann die Bar und den Barkeeper verklagen wollen, weil er ihnen zu viel serviert hätte. Leute, die sich kochend heißen Kaffee über den Schoß gießen und die Leute verklagen, die ihn gekocht haben. Aber wehe, er wäre nicht heiß gewesen, dann hätten sie sich auch beschwert! Hören Sie damit auf, Leute verklagen zu wollen, bloß weil Sie selbst tolpatschig waren oder nicht wussten, wann Sie genug haben!

• Alle Leute sagen, sie wollen eine großartige Beziehung zu ihrem Ehepartner oder Lebensgefährten haben, aber laut einer kürzlich erschienenen Studie verbringen 65 Prozent aller Menschen mehr Zeit vor dem Computer als mit ihrem Schatzilein. Wie kommt das? Liegt es daran, dass ihr Computer ihnen mehr Zeit widmet? Oder besseren Sex? Au, das tut ja schon weh! Die meisten Menschen geben sich wenig Mühe, gut auszusehen oder zu riechen oder sich gut mit ihrem Schatz zu unterhalten. Sie kriechen mit Mundgeruch ins Bett, stinken wie die Ziegenböcke und schimpfen dann darüber, dass ihre Partnerin keinen Sex mit ihnen haben will.

• Da gibt es Leute ohne Arbeit, die nichts als freie Zeit haben, aber schmutzige Häuser, Autos und ungepflegte Hinterhöfe. Warum wohl? Der Job kann es ja nicht sein, der ihre Zeit in Anspruch nimmt!

• Der Durchschnittsamerikaner liest wie ein Siebtklässler. Man sollte meinen, das größte, intelligenteste und beste Land der Welt würde klügere Menschen hervorbringen, nicht wahr? Die traurige Wahrheit ist, dass wir nicht gerade ein Land von Intelligenzbestien sind. Wir sind in nichts Nummer 1, außer beim Konsumieren. Amerikas Schüler sind in Mathematik und Naturwissenschaften international gesehen weit unter dem Durchschnitt. 40 Prozent der Oberschüler wissen nicht genug, um durch irgendeine Prüfung zu kommen. Das macht anscheinend nicht viel aus, denn sie werden trotzdem in die nächsthöhere Klasse versetzt. Es gibt High-School-Absolventen, die ihr eigenes Abgangszeugnis nicht lesen können!

• Es ist eine bekannte Tatsache, dass die Menschheit ihre Umwelt systematisch zerstört. Wir tun so, als könnten wir nichts dagegen machen, und das macht uns alle zu Idioten. Nur die Ruhe, ich will hier kein Plädoyer für Umweltschutz halten. Aber könnten wir nicht wenigstens recyceln, um dem Planeten ein bisschen zu helfen?

• Die Leute sehen Verbrechen und wenden höflich den Kopf ab, wenn andere zusammengeschlagen, überfahren und sogar vergewaltigt werden. Kürzlich habe ich in einem Fernsehbericht gesehen, wie Leute in einem Park ruhig weitergelaufen sind, während ein paar Jugendliche direkt neben ihnen ein Auto zerstört haben. Alles war nur inszeniert, um zu prüfen, ob es Leute geben würde, die sich einmischen. Stundenlang gingen Dutzende von Menschen vorbei, nur einer rief die Polizei oder wandte sich an die Jugendlichen. Als die Leute anschließend befragt wurden, warum sie nichts gegen die Jugendlichen unternommen hätten, war eine der häufigsten Ausreden: „Was geht mich das an? Es war ja nicht mein Auto." Widerlich.

• Da geben Leute Jahr für Jahr Millionen Dollar für Astrologen und so weiter aus. Das darf doch nicht wahr sein! Niemand kann Ihre Zukunft vorhersagen – außer Sie selbst. Nehmen Sie endlich Ihre Zukunft in die eigene Hand und hören Sie damit auf, diesen Scharlatanen Geld in den Rachen zu werfen!

• Viele Menschen fragen nach Rat, sie betteln geradezu darum. Es ist, als täten sie alles für einen guten Rat. Sie bezahlen sogar dafür. Aber sie beherzigen den Rat nicht, die Idioten! Ihr Arzt wird Ihnen genau sagen, was Sie tun müssen, um gesünder zu leben. Und, tun Sie's? Wahrscheinlich nicht. Sie wissen es doch besser als so ein dahergelaufener Arzt, der acht Jahre Medizin-Studium hinter sich hat. Sie tun, was Sie für richtig halten, egal ob Sie wissen, was Sie da tun oder nicht. Die Leute fragen einen Reichen, wie man es anstellen muss, reich zu werden. Der Reiche sagt ihnen, was sie zu tun haben. Und, tun sie es? Pustekuchen! Jeder fragt mich dauernd, was er tun muss, um erfolgreicher zu werden. Früher habe ich den Leuten genau erklärt, was sie tun sollten. Ich habe mir die Zeit genommen, mit ihnen zu arbeiten und ihnen Schritt für Schritt zu erklären, was sie tun müssten. Haben sie's getan? Nur die wenigsten. Ich denke schon darüber nach, ob ich nicht ein Buch schreiben soll mit dem Titel: „Sorgen? Was soll's? Sie tun es doch sowieso nicht!"

• Die Leute behaupten immer, sie wollten eine bessere Regierung haben; dabei gehen nur 60 Prozent aller Wahlberechtigten an die Urne. Im historischen Querschnitt, über die Zeiten hinweg, ist es sogar nur die Hälfte. Wollen die Leute wirklich besser regiert werden? Klar wollen sie das, aber viele sind zu faul, um wählen zu gehen. Ich habe kürzlich auf meiner Website einen Blog übers Wählengehen geschrieben. Ich fand es erstaunlich, dass es Leute gibt, die schreiben, Wählen sei sinnlos und reine Zeitverschwendung, da wir sowieso in keiner echten Demokratie lebten. Ich nehme an, sie wollten mich nur wütend machen. Also – gehen Sie wählen! Das ist ein Grundrecht, ein Privileg, das Sie auch in Anspruch nehmen sollten. Ich gehe wählen, weil ich will, dass sich etwas ändert, weil ich Interesse am Gemeinwohl habe. Ein Grund zu wählen jedoch zählt für mich persönlich mehr als jeder andere: Ich will meckern dürfen. Wer nicht wählen geht, hat auch kein Recht zu meckern. Geben Sie dieses Recht nie aus der Hand.

• Die Leute sagen, sie wollen, dass die Regierenden ehrlich zu ihnen sind – aber fast 20 Prozent aller Steuerzahler hinterziehen Steuern.

Ein paar kurze Beispiele, die beweisen, dass die Menschen Idioten sind:

Jeans für 300 Dollar.

Lotterien. Ihre Gewinnchance liegt bei eins zu 176 Millionen.

Blinker am Auto. Sie waren lange als Option nicht mal vorgesehen. Warum verwenden die Leute sie manchmal, ein andermal nicht?

Kettenbriefe, heute oft in Form von Ketten-E-Mails. „Wenn Sie die Kette abreißen lassen, werden Sie unglücklich", heißt es da oft. Das Einzige, was Sie unglücklich machen könnte, ist, dass Sie jemanden kennen, der dumm genug ist, so einen Kettenbrief an Sie weiterzuschicken.

„Sie können schnell reich werden." Geht das? Wohl nicht. Kein einziger reicher Mensch würde dem zustimmen. Wohlstand kommt nur sehr langsam zustande, außer Sie gewinnen im Lotto, und die Wahrscheinlichkeit, dass Sie das schaffen, habe ich Ihnen ja bereits dargelegt. Mein Tipp: Gehen Sie lieber arbeiten.

Wenn ich in meinem Auto Ihre Auto-Stereoanlage hören kann, dann sind Sie ebenfalls ein Idiot.

Japanische Ginsu-Messersets und andere Dinge, die die Welt nicht braucht.

Transportation Security Administration (TSA). Jemand, der, wie ich, viel reist, weiß, was ich meine.

Wenn Sie sich einen 3.000-Kalorien-Doppel-Cheeseburger mit einer Schiffsladung Pommes einverleiben, hat es auch nicht viel Sinn, sich nur eine Cola light oder ein leichtes Bier dazu zu bestellen, oder?

Das setzt dem Fass die Krone auf: Sieben Prozent aller US-Amerikaner glauben, dass Elvis noch lebt. Na, wenn das kein Beweis dafür ist, dass die Menschen Idioten sind …

DER GRÖSSTE BEWEIS DAFÜR, DASS DIE MENSCHEN IDIOTEN SIND ...

WENN SIE SCHON NICHTS ANDERES LESEN, LESEN SIE WENIGSTENS DAS HIER!

Der Mensch ist das einzige Lebewesen auf der Erde, das sich bewusst dafür entscheidet, unter seinen Möglichkeiten zu leben. Kein anderes Lebewesen tut das, nur der Mensch. Nur Menschen entscheiden sich dafür, ihrem Leben durch eine ungesunde Lebensweise vorzeitig ein Ende zu setzen. Nur Menschen entscheiden sich dafür, weniger zu verdienen, als sie könnten. Nur Menschen entscheiden sich dafür, die Welt, in der sie leben, zu zerstören. Nur Menschen entscheiden sich dafür, nur herumzusitzen und sich körperlich nicht voll zu entfalten. Keine andere Kreatur entscheidet sich dafür, unter ihren Möglichkeiten zu bleiben und ihr Potenzial nicht voll auszuschöpfen. Haben Sie jemals einen Baum gesehen, der zwei Meter hoch ist und plötzlich sagt, „so, das reicht", und beschließt, fortan nicht mehr zu wachsen? Nein, ein Baum wird so groß, wie er nur werden kann. Er bekommt so viele Blätter, wie er eben kann. Er bildet so viele Wurzeln aus, wie er eben kann. Er trägt so viele Früchte, wie er eben kann. Bäume wachsen und bringen Früchte, solange sie leben.

Alle Pflanzen werden so groß, wie sie können. Dasselbe gilt für jedes andere Lebewesen auf der Erde. Ratten und Pferde, Schweine und Hunde – alle werden so groß, wie sie können. Für Fische, Würmer und Amöben gilt dasselbe. Jedes Lebewesen wächst, entwickelt sich und produziert, so viel es kann. Alle, außer dem Menschen. Menschen sind die einzige Spezies im ganzen Universum, die unter ihren Möglichkeiten bleibt, weil sie es so will. Sie kommen in ihrem Leben an einen gewissen Punkt und bleiben in der Entwicklung einfach stehen. Sie entscheiden sich dafür, nicht mehr zu lernen, nicht mehr zu reifen und sich nicht mehr zu entwickeln. Sie entscheiden sich dafür, nicht mehr zu lernen, nichts Neues mehr zu machen, nicht mehr ihren Beitrag zu leisten. Die Menschen hören auf, weil sie es wollen, nicht weil sie müssen, sollten oder dazu gezwungen werden. Es ist ihre freie Entscheidung.

Dies allein ist schon Beweis genug für meine Behauptung, dass die Menschen Idioten sind. Es sollte Sie stutzig machen und Sie dazu bringen, nachzudenken und sich zu sagen: „Der Typ hat absolut recht." Wenn Sie das so noch nie gesehen haben, müssen Sie doch zugeben, dass allein dieser Gedanke es wert war, dieses Buch zu kaufen – selbst wenn Sie es jetzt in die Ecke werfen und nicht mehr weiterlesen sollten.

Sie können, wenn Sie wollen, alle anderen Aussagen in diesem Buch widerlegen, aber in diesem Punkt müssen Sie mir recht geben: Die Menschen entscheiden sich dafür, weniger aus sich zu machen, als sie könnten. Punkt. Ich tue es. Sie tun es. Ich tue jeden Tag weniger, als ich könnte. Sie tun jeden Tag weniger, sind jeden Tag weniger, besitzen jeden Tag weniger, als Sie könnten. Allein die Tatsache, dass Sie das jetzt wissen, sollte Sie schon zu dem Entschluss bringen, Ihrem Leben eine andere Richtung zu geben.

Werden wir mal persönlich.

Ich wette mit Ihnen, Sie finden, nachdem Sie meine Beweise für die Dummheit der Menschen gelesen haben, selbst spontan mindestens zehn andere Gründe, die ich nicht erwähnt habe. So ist es immer. Sobald ich beginne zu beweisen, dass die Menschen Idioten sind, sagen andere mir sofort: „Larry, Du hast die Leute vergessen, die ..." Die Wirklichkeit ist: Wir alle kennen genügend andere, die Idioten sind, ihr Leben verpfuschen und uns anderen damit auf den Wecker gehen!

Und Sie? Was ist mit Ihnen? Sind Sie wirklich so unschuldig? Fragen Sie sich mal, ob Sie nicht auch schon einen der folgenden Sätze gesagt haben:

Ich möchte mehr Geld haben.

Ich möchte eine bessere Beziehung mit meiner Partnerin/ meinem Partner führen.

Ich möchte gute, verantwortungsbewusste Kinder haben.

Ich möchte gern befördert werden.

Ich möchte gern gesund leben.

Ich möchte möglichst lange leben.

Ich möchte glücklich sein.

Ich möchte bald in Rente gehen.

Ich bin für eine bessere Regierung.

Ich wäre gern klüger.

Ich möchte ...

Aussagen wie diese höre ich Tag für Tag. Sie sind aber auch alles, was ich höre. Ich habe die Schnauze voll davon. Die Leute sagen, sie wollen dies und jenes, aber es stimmt einfach nicht. Es ist nichts als eine einzige große Lüge.

Das ist Bullshit

Sie wollen nichts von alledem, was Sie angeblich wollen. Das sind nur leere Worte. Sie wollen, was Sie jetzt haben. Deshalb bekommen Sie auch, was Sie jetzt haben. Wenn Sie etwas anderes wollten, dann bekämen Sie auch etwas anderes. Oder Sie würden zumindest etwas unternehmen, um zu versuchen, etwas anderes zu kriegen als das, was Sie haben. Sie haben sich lange genug angelogen, und es wird Zeit, der Wahrheit ins Auge zu sehen. Die Wahrheit ist: Ihr Leben ist so, wie Sie es haben wollen.

Erfolg ist keine schwere Sache mehr, sobald Sie dieses Prinzip verstanden haben. Ihr Leben ist, wie es ist, weil Sie so und nicht anders gehandelt haben. Ihr Handeln hat dieses Ergebnis bewirkt – nichts anderes. Nicht Ihre Worte, und ganz bestimmt auch nicht Ihre Bedürfnisse. Es war Ihr Handeln. Darüber lässt sich nicht streiten. Egal, was die New-Age-Gurus Ihnen weismachen wollen – Ihr Weg zum Erfolg führt nicht über das Denken. Sie können sich so viel in den Erfolg hineinversetzen, wie Sie wollen, an Ihrem Leben ändert sich nichts. Es geht letztlich immer nur um das, was Sie dafür tun.

Sie haben Maßnahmen ergriffen, um etwas zu erreichen, was Sie gar nicht wirklich wollen. Das Ergebnis ist das Leben, das Sie derzeit führen. Ich schlage Ihnen etwas anderes vor: Handeln Sie so, dass Sie das erreichen, was Sie wirklich wollen. Hören Sie auf, darüber zu reden, was Sie alles wollen. Ich kann es nicht mehr hören. Ich vermute, Ihre Angehörigen und Freunde können es auch schon nicht mehr hören. Niemand will es mehr hören. Vor allem Sie selbst sollten es satt haben, immer wieder dasselbe zu hören, immer wieder dasselbe zu sagen. Und die Ergebnisse, mit denen Sie sich begnügen wollten, auch die sollten Sie satt haben! Sprechen Sie nie mehr über das, was Sie wollen. Das ist reine Zeit- und Energieverschwendung. Zeigen Sie mir einfach, was Sie haben, und ich beweise

Ihnen, was Sie wirklich wollen. Sie wollen das, was Ihre Handlungen Ihnen beschert haben.

„Halt mal! Das ist nicht fair!"

Nichts von wegen, halt mal! Das ist absolut fair! Ich habe nichts gesagt, was nicht stimmt, und Sie wissen es. Nur weil ich die Dinge beim Namen nenne, müssen Sie nicht gleich sauer werden. Vielleicht tritt jetzt schon der Fall ein, vor dem ich Sie gewarnt habe: Wahrheit kann wehtun.

Außerdem sind meine Angriffe – jawohl, Angriffe – nicht persönlich. Ich greife nie den Menschen an, sondern immer nur sein Verhalten.

Allerdings sollten Sie auch verstehen: Wenn ich eine Verhaltensweise angreife, greife ich indirekt auch die Person des Urhebers an. Im Verhalten zeigt sich die Person, die dahinter steht. Wenn Sie sich immer wieder verantwortungslos benehmen, sind Sie wohl auch eine verantwortungslose Person. Ich greife nicht Sie an, sondern Ihre Verantwortungslosigkeit. Gelegentliches verantwortungsloses Verhalten ist verzeihlich, besonders wenn Sie sich hinterher verantwortungsbewusst zeigen und sich für den Lapsus entschuldigen. Selbst der verantwortungsbewussteste Mensch macht von Zeit zu Zeit mal Fehler. Ständiges verantwortungsloses Verhalten jedoch deutet auf einen verantwortungslosen Charakter hin.

> „MEINE MAMA HAT IMMER GESAGT,
> DUMM IST DER, DER DUMMES TUT."
>
> *FOREST GUMP*

Kein völliger Bullshit

Okay, vielleicht bin ich zu weit gegangen, als ich sagte, der Wunsch nach einem besseren Leben wäre totaler Bullshit. Ich glaube schon, dass die Leute sich mehr Erfolg wünschen, als sie bekommen. Es sind keine leeren Worte, die wir nur sagen, um uns besser zu fühlen. Ich glaube, ganz tief innen drin wollen die Menschen wirklich, verzweifelt und von ganzem Herzen mehr Erfolg im Leben, mehr Glück und Wohlstand haben. Sie wollen mehr tun, mehr darstellen und mehr besitzen. Das Problem ist, dass sie es gewohnt sind, zu denken, ihr Leben sei so, wie es ist, durch Schicksal oder Karma, oder, noch schlimmer, ihr Leben und das, was sie erreicht haben, sei die Schuld anderer.

Die Leute schalten ihre Fernsehgeräte an und werden dazu verführt, sich selbst als Opfer anzusehen. Anscheinend sind Kreditkartengesellschaften, Hypothekengesellschaften, Banken, Ölfirmen, Lebensmittelläden und Supermärkte der Grund, warum die Leute pleite und erfolglos sind. Die Leute schalten ihr Radio ein und hören Insolvenzverwalter sagen, sie könnten sie retten, ihre Pleite sei ja nicht ihre eigene Schuld. Und ihre Freunde erzählen ihnen, es sei eine kalte, grausame Welt und es sei nicht verwunderlich, dass sie Probleme haben. Es ist so angenehm, überall zu hören, dass Sie nicht schuld sind an Ihrem armseligen Leben … genau da lauert die Verführung. Wir würden so gut wie alles tun, um nicht akzeptieren zu müssen, dass wir selbst unser Leben zu dem gemacht haben, was es ist. Wir halten nur zu gern an der Idee fest, es sei vielleicht doch jemand anderer daran schuld, dass wir unglücklich sind, wenig Erfolg haben, krank und finanziell am Ende sind. Bitte, lieber Gott, lass andere daran schuld sein! BITTE!

Die Wahrheit ist: Die Leute wollen den Erfolg, den sie kriegen. Sie wollen mehr Geld haben, gesünder sein, bessere Kinder haben und alles andere, was sie sagen. Aber ihr eigenes dummes Denken verleitet sie dazu zu meinen, es würde schon so kommen, bloß weil sie es sagen. Durch Ankündigen allein passiert gar nichts. Wenn Sie sagen, was Sie sich wünschen, machen Sie damit Ihr Bedürfnis nur noch größer, aber Sie ändern nichts. Nur Handeln lässt Ihre Wünsche Wirklichkeit werden.

Larry Winget – ein außergewöhnlicher Idiot

Ja, ich geb's zu, auch ich bin ein Idiot. Ich habe schon tausendmal gesagt, ich selbst bin das beste Beispiel für Dummheit. Ich habe jeden Fehler begangen, den Sie sich nur vorstellen können. Ich habe mein Unternehmen an die Wand gefahren, Bankrott gemacht, beinahe meine Ehe ruiniert, als Vater manchmal kläglich versagt, Zeit verschwendet, manchmal ziemliche Dummheiten gemacht, zu wenig verdient und zu viel ausgegeben, und, und, und ... Ich tue immer wieder Dinge, die im Gegensatz zu dem stehen, was ich eigentlich will. Ich bin faul. Ich rede mich gern heraus, mir selbst und anderen gegenüber. Es ist eine schier endlose Liste. Täglich kommen neue Punkte hinzu. Ich bin nun mal ein Chaot!

Ein Typ hat mal in einer Kritik über mich geschrieben: „Warum hören Sie dem Kerl überhaupt zu? Er gibt selbst zu, dass er schon alle möglichen Fehler gemacht hat und dass er nicht alles kennt, was einen erfolgreich macht. Er sagt, er bezieht all sein Wissen nur aus tausenden von Erfolgsratgebern und aus seinen eigenen Schnitzern." Der Typ dachte wohl, das sei eine vernichtende Kritik meiner Person, während ich es eher als Kompliment auffasste. Ich bin auch nur ein Durchschnittsmensch, der dumme Entscheidungen trifft, Dummheiten macht und sein Bestes tut, um daraus zu lernen. Ich teile mit meinen Zuhörern und Lesern, was ich aus meinen eigenen Fehlern und aus der Lektüre von ungefähr 4.000 Erfolgsratgebern gelernt habe, damit sie nicht dasselbe noch mal durchmachen müssen, was ich durchmachen musste. Ich spreche und schreibe aus eigener Erfahrung, gepaart mit eigenen Recherchen. Ich bin genau der Typ, auf den Sie hören sollten, denn ich war auch schon da, wo ein Großteil der Leute war und bin wieder herausgekommen.

Der Schlüssel zu innerem Wachstum ist das Erkennen Ihrer eigenen Dummheit. Jeder von uns ist dumm. Wir alle sind von Zeit zu Zeit Idioten. Ich habe noch keinen Menschen getroffen, der nicht auch einmal etwas Dummes gemacht hätte. Das Entscheidende ist, nicht nur zuzugeben, dass man ein Idiot ist, sondern sich bewusst zu machen, wann man ein Idiot ist, sodass man es gerade noch rechtzeitig abfangen kann und sich nicht zu viel versaut.

So gesehen, ist es im Leben ein bisschen wie im Golfsport. Nur wenige Golfer, auch unter den Assen, bleiben immer auf dem Fairway beziehungsweise treffen auf Anhieb das Green. Was ich so erstaunlich am Golfsport finde, ist, dass kaum ein Golfspieler richtig gut vom Tee abschlagen kann. Aber beim Golfen geht es ja nicht darum, dass der erste Schlag perfekt sein muss. Es geht darum, einen eventuell schlechten Schlag durch den nächsten, möglichst guten, zu korrigieren. Die besten Golfspieler wissen genau, wie sie einen schlecht platzierten Schlag am besten korrigieren können.

Nun, als Golfer bin ich nicht unbedingt ein As im Ausbügeln schlechter Schläge, aber im Leben schon. Wahrscheinlich liegt es daran, dass ich mir viel Zeit zum Üben genommen habe.

Wenn ich nicht das erreiche, was ich haben wollte, versuche ich mir darüber klar zu werden, warum nicht. Vermutlich habe ich irgendetwas falsch gemacht. Ich habe etwas getan, was nicht zu meinen Worten und Zielen passte. Ich mache da keine Ausnahme – schuld daran bin immer ich selbst. Ich weiß es. Kein schönes Gefühl, klar, aber ich bin mir dessen bewusst. Dieses Wissen und dieses Bewusstsein erlauben mir, schneller zu reagieren, wenn es ums Ausbügeln geht. Das ist das Wichtigste: Sie reparieren es, und zwar möglichst schnell, damit Sie die Schmach Ihrer eigenen Blödheit nicht länger als unbedingt nötig mit sich herumtragen müssen.

Jetzt denken Sie vermutlich: „Larry, wie geht das?" Das zeige ich Ihnen in diesem Buch.

„Aber Larry, das Leben ist hart!"

Okay, wischen wir dieses Argument erst einmal vom Tisch, damit wir anschließend schneller vorankommen. Das Leben ist hart. Ich weiß es. Ich weiß, wie hart Ihr Leben oft ist, denn meines ist es auch.

Wenn Sie herausfinden wollen, wie hart das Leben sein kann, brauchen Sie bloß den Fernseher einzuschalten oder die Zeitung aufzuschlagen. Alle Medien, die es so gibt, erzählen Ihnen rund um die Uhr, wie schwer das Leben doch ist. Sie warnen Sie sogar davor, dass es bald noch viel schlimmer kommen wird. Ich weiß es, weil auch ich viel fernsehe und häufig Zeitungen und Zeitschriften lese. Außerdem bekomme ich Tausende von E-Mails, in denen Leute mir ihre persönlichen, beruflichen und finanziellen Probleme mitteilen. Ich bekomme es von allen Seiten mit, wie Sie wohl auch – das Leben ist wirklich nicht einfach, für niemanden. Wie Sie, stehe ich jeden Morgen auf und muss einen Haufen Probleme bewältigen. Es sind nicht dieselben Probleme, die Sie haben, aber sie sind genauso wirklich für mich, wie es die Ihren für Sie sind.

Wir alle haben mit Schwierigkeiten und Härten zu kämpfen. Niemand ist vor den Schicksalsschlägen des Lebens gefeit. Heben Sie bloß niemals so sehr ab, dass Sie denken, das Leben wäre nicht für alle Menschen hart. Auch für wohlhabende Menschen ist nicht alles nur einfach. Das Leben ist nur in einem anderen Sinne hart zu ihnen als zu den Armen. Mehrere Nullen auf dem Konto machen Ihr Leben nicht automatisch problemfrei. Sie haben dann immer noch Sorgen, vielleicht andere, aber nicht weniger.

Auch wenn Sie gesund sind, ist Ihr Leben nie frei von Schwierigkeiten. Es sind bloß andere als die von kranken Menschen. Auch wenn Sie Arbeit haben, kann das Leben grausam zu Ihnen sein. Sie haben lediglich andere Probleme als die Menschen, die arbeitslos sind.

Nur weil Sie im Moment gerade eine schöne Beziehung führen, bedeutet das nicht, dass es immer so war oder immer so bleiben wird.

Nur weil Ihre Kinder bis heute wohlgeraten sind und Ihnen keine größeren Sorgen bereiten, bedeutet das nicht, dass es immer so bleiben wird.

Wir alle haben mit den Anforderungen zu kämpfen, die unsere komplizierte Gesellschaft an uns stellt. Wir alle haben zunehmend älter werdende Eltern, schwierige Kinder, unerfreuliche Beziehungen, Tod, Krankheit, Geldnot, zu hohe Benzinpreise, Sorgen und Stress und vieles mehr an der Backe.

Ich stimme Ihnen da voll und ganz zu. Aber halten Sie bitte einen Moment lang inne und denken Sie nach:

Wenn das Leben hart ist (und das ist es, das sehe ich genau wie Sie), warum es sich noch schwerer machen, als es ohnehin schon ist? Warum sollten Sie wissentlich Dinge tun, die Ihr Leben noch zusätzlich verkomplizieren, mehr, als es sein muss? Was haben Sie davon, wenn Sie sich selbst im Weg stehen?

KAPITEL 2

Warum die Menschen Idioten sind,

oder:

Zehn Gründe, warum die Menschen ihren eigenen Erfolg kaputt machen

Sie haben sich dieses Buch hier gekauft, weil Sie erfolgreicher werden wollen. Jeder will das. Auch ich. Was die meisten nicht verstehen, ist, dass Erfolg nicht dadurch zustande kommt, dass man mehr von irgendetwas hat. Ich weiß, das ist ein Schock und eine Enttäuschung für Sie. Aber so ist es nun mal.

Sie haben schon alles, was Sie brauchen, um Erfolg zu haben. Erfolg kommt dann, wenn Sie etwas aufgeben, was Sie schon haben. Das Problem ist, dass Sie Ihr Leben mit Dingen vollgestopft haben, die Sie davon abhalten, Erfolg zu erleben. Diese Dinge müssen Sie loswerden, sonst klappt es nicht.

Erfolg kommt, wenn man sich von etwas trennt. Sie müssen Ihre erfolgshemmenden Verhaltensweisen ablegen und Platz für die erfolgsförderlichen schaffen. Um das tun zu können, müssen Sie erkennen, welche Verhaltensweisen und Gewohnheiten Ihrem Erfolg im Wege stehen. Früher habe ich immer gesagt, es gibt nur drei Gründe dafür, dass Menschen zu wenig Erfolg haben, nämlich:

Die Menschen sind dumm.

Die Menschen sind faul.

Die Menschen sind gleichgültig.

Inzwischen haben sich meine Ansichten diesbezüglich etwas geändert. Ich habe mich einige weitere Jahre damit beschäftigt, warum Menschen dumm sind und warum sie ihre Ziele nicht erreichen, warum sie pleite, unglücklich, ungesund, unerfolgreich … kurz alles mit un- … sind, was man nur sein kann. Ich hatte in diesen letzten Jahren immer wieder neu Kontakt zu all diesen un-Leuten und habe mir ihre Klagen und Ausflüchte angehört. Inzwischen, nach einigem Nachdenken über die Frage, inwiefern und warum die Menschen ihrem Erfolg immer wieder im Wege stehen, habe ich meine Liste von drei auf zehn Punkte ausgedehnt.

Zehn Gründe, warum die Menschen ihren eigenen Erfolg kaputt machen:

Die Menschen sind Ignoranten.

Die Menschen sind dumm.

Die Menschen sind faul.

Die Menschen sind gleichgültig.

Die Menschen haben keinerlei Vision.

Die Menschen haben zu niedrige Erwartungen.

Die Menschen erkennen die Folgen ihres Handelns nicht.

Die Menschen haben schlechte Gewohnheiten.

Die Menschen haben schlechte Vorbilder.

Die Menschen haben keinen Plan.

Die Menschen sind Ignoranten

Dies ist der einzige Grund von den zehn Gründen, sich selbst zu sabotieren, den ich persönlich noch verzeihlich finde. Es ist der einzige Grund, für den Sie nicht vollkommen verantwortlich sind, sondern nur bis zu einem bestimmten Punkt. Ignoranz bedeutet nach meiner Definition, dass Sie nicht wissen, was Sie brauchen, um etwas zu tun, zu sein oder zu haben. Sie sind ahnungslos. Das heißt, Sie sind entweder ungebildet oder wissen es eben nicht besser. Die meisten Menschen verstehen den Vorwurf der Ignoranz als Beleidigung. Nach meiner Definition jedoch muss es keine Beleidigung sein. Wir alle kommen unwissend auf die Welt. Es ist nicht unsere Schuld. Wir haben anfangs noch kein Wissen. Wir sind wie eine leere Schultafel, die darauf wartet, beschrieben zu werden, damit wir Entscheidungen treffen können.

In der ersten Zeit nach der Geburt sind unsere Entscheidungen noch ziemlich einfach: Ich bin müde. Ich habe Hunger. Ich habe Bauchweh. Sobald wir gelernt haben, wie wir diese Grundbedürfnisse stillen können, haben wir ein höheres Niveau erreicht. Von Hunger und Müdigkeit aus ging es weiter mit Gehen und Sprechen. Dann sind wir wieder älter geworden und haben bestimmte andere Dinge nicht gewusst. Es gab eine Zeit, da wussten wir nicht, wie man Zahlen zusammenzählt und voneinander abzieht. Wir kannten kein ABC. Dann haben wir es gelernt, und unser Leben hat sich erneut geändert. Aber lange wussten und verstanden wir von alledem nichts. Wir wurden älter, und die Dinge, die wir nicht wussten, änderten sich. Wir verstanden zuerst nichts von Geschichte, von Berufsleben und davon, wie man Computer bedient. Aber je mehr Informationen wir bekommen, je voller unsere leere Tafel wird, desto mehr nimmt unsere Unwissenheit ab und wir können immer komplizierte Entscheidungen treffen, weil wir über immer mehr Informationen verfügen.

Es gab eine Zeit, da wusste ich nicht, wie schön es ist, zu reisen. Ich wusste nicht, welche Gabel ich benutzen sollte oder wie man einen Tisch richtig deckt. Es gab eine Zeit, da wusste ich nicht, wie man Golf spielt, welche Sorten Wein es gibt und wie sie schmecken und dass Moos noch etwas anderes ist als ein Begriff aus dem Pflanzenreich. Ich wusste vieles noch nicht. All das habe ich im Laufe der Zeit gelernt, und dadurch hat sich auch mein Leben geändert. Bis heute gibt es viele Dinge, von denen ich keine Ahnung habe. Aber ich arbeite daran, meine Wissenslücken zu schließen. Ich verbringe Tag für Tag etwas Zeit damit, die Anzahl der Dinge, von denen ich nichts verstehe, zu verringern.

Man muss nicht über alles Bescheid wissen. Manche Wissenslücken sind nicht schlimm. Ich glaube zum Beispiel nicht, dass ich jemals die Lebensbedingungen im Byzantinischen Reich kennen werde. Manchen ist es sehr wichtig, das zu wissen, mir nicht. Es ist nicht schlimm, etwas nicht zu wissen, was nichts mit Ihrem persönlichen Erfolg zu tun hat, aber über wichtige Dinge nicht Bescheid zu wissen, ist unverzeihlich. Sie können es sich nicht leisten, über Geld, die Berufswelt, Elternsein, das Leben, Ihre Gesundheit oder Ihren Erfolg nicht Bescheid zu wissen.

Eine Zeitlang darf man unwissend sein

Eine Zeitlang können Sie es sich leisten. Für kurze Zeit können Sie ohne korrekte Informationen zurechtkommen und sagen: „Ich habe keine Ahnung." (Das ist immer noch besser, als zu behaupten, Sie hätten Ahnung, wenn Sie in Wirklichkeit keine Ahnung haben.) Sie können auch einige Ihrer Schwächen überspielen und sagen: „Ich hab´s nicht besser gewusst."

Sie können also einen gewissen Zeitraum zurecht kommen, ohne Genaueres zu wissen. Nicht lange, aber eine Weile. Es gibt tatsächlich ein paar Leute, die kommen das ganze Leben lang um die Runden, ohne etwas zu wissen. Sie sehen diese Leute jeden Tag. Sie sind Ihre Verwandten, Nachbarn und Bekannten. Sie lavieren sich durchs Leben, ohne recht zu wissen, warum alles im Leben für sie so schwer ist.

Wenn Sie noch nicht überzeugt sind, schalten Sie doch mal Ihren Fernseher ein. Da können Sie sehen, wie der US-Talkmaster Jay Leno irgendwelche Leute auf der Straße interviewt und sie fragt, wie der Vizepräsident der Vereinigten Staate heißt oder in welcher Stadt das Weiße Haus liegt, und es gibt genug, die das nicht wissen. Manche von den Leuten sind so doof, dass Jay sie zu Stars macht und ihre Ignoranz in seiner *Tonight-Show* immer wieder vorführt. Ich finde diese Idioten auch sehr unterhaltsam, aber vor allem finde ich sie entsetzlich dumm.

Aufwachen!

Irgendwann ist der Punkt erreicht, da kann sich niemand mehr auf sein Nichtwissen herausreden, und jeder muss für sich selbst entscheiden, was für ihn notwendig ist, um voranzukommen. Also bitte – geben Sie sich einen Ruck und passen Sie auf. Sehen Sie sich um, schauen Sie, was andere Leute tun und versuchen Sie mitzukriegen, was funktioniert und was nicht.

Es ist wie mit dem alten Witz: Ein Mann geht zum Arzt und sagt: „Wenn ich so mache, tut's weh!" Und der Arzt antwortet: „Dann machen Sie's halt nicht!" Irgendwann sollten Sie einsehen, dass Ihr Verhalten Sie nur belastet und dass Sie damit aufhören sollten. Leider schaffen das manche nicht und müssen den Rest ihres Lebens mit den Früchten ihrer eigenen Dummheit vorlieb nehmen.

Manche wollen einfach nicht lernen, was sie brauchen, um etwas aus ihrem Leben zu machen. Man muss es ihnen zeigen. Man muss ihnen genau erklären, was sie tun sollen. Viele schaffen den Anfang nicht aus eigener Kraft. Sie brauchen jemanden, der sich ihr Leben ansieht, jemanden, der ihnen sagt, dass ihr Verhalten dumm ist und ihnen eine Liste von Punkten an die Hand gibt, die sie ändern sollten. Für diese Leute ist es gut, dass es mich gibt, denn genau das tue ich mit diesem Buch.

Gibt es etwas, was Sie gerne wissen würden oder wissen sollten, aber noch nicht wissen? Gibt es Erkenntnisse, die Ihnen dazu verhelfen könnten, erfolgreicher, gesünder, reicher oder glücklicher zu sein, bzw. ein besserer Vater, eine bessere Mutter zu werden? Die Antwort auf alle diese Fragen ist ein eindeutiges „Ja". Also – um was für eine Art Wissen handelt es sich?

Ich habe Sie schon vorgewarnt, dass Sie hier mitarbeiten müssen. Bitte schreiben Sie diese Dinge jetzt gleich auf. Jetzt gleich, nicht später. Sagen Sie bitte nicht: „Das hat Zeit. Ich warte noch ein bisschen und fülle das hier später aus." Sie werden es später nicht mehr tun. Ich kenne Sie genauso gut, wie Sie sich selbst. Schieben Sie es nicht auf die lange Bank. Tun Sie es jetzt – sofort. Beweisen Sie sich selbst damit, dass Sie bereit für eine Veränderung sind. Schnappen Sie sich einen Stift und legen Sie los.

Meine Liste von Dingen, von denen ich nichts verstehe:

_____

_____

_____

_____

_____

_____

_____

_____

_____

_____

Haben Sie etwas hineingeschrieben? Wenn nicht, dann ist es wieder einmal der Fall, dass Sie behaupten, etwas zu wollen, aber nicht dazu bereit sind, das dafür Nötige auch zu tun. Sie haben einmal mehr unter Beweis gestellt, dass Sie nicht mehr sind als ein zufälliger Beobachter des Erfolgs. Sie sind nicht wirklich am eigenen Erfolg interessiert. Sie reden viel, aber Sie handeln nicht danach. Schämen Sie sich!

Wenn Sie aber die leeren Zeilen ausgefüllt haben, sind Sie ein ernsthafter Anwärter für Ihren Erfolg und wirklich gewillt, bessere Ergebnisse zu erzielen.

Die Menschen sind dumm

Manchmal bespreche ich in meinen Reden und Seminaren die wahren Gründe, warum die Leute nicht mehr Erfolg haben und frage anschließend in die Runde: „Wer von Ihnen ist wirklich dumm?" Einmal, als ich das getan habe, hob ein Typ in der dritten Reihe von vorn die Hand. Ich hielt inne und meinte: „Nun, ich nehme an, Sie haben recht." Natürlich lachte jeder im Saal. Dann bat ich um Ruhe und sprach dem Mann ein Kompliment aus, weil er so ehrlich war, es zuzugeben – denn ich kenne niemanden, der nicht gelegentlich etwas Dummes macht.

Übrigens: Ich weiß, das Wort „dumm" ist für manche Menschen eine ziemliche Beleidigung. Aber wie soll man es sonst nennen, wenn man weiß, dass jemand genau weiß, was er tun müsste, um ein besseres Leben führen zu können, es aber nicht tut? Ich finde, das Wort „dumm" trifft den Sachverhalt nun mal genau.

Jeder weiß doch, was in den meisten Bereichen nötig wäre, damit er Erfolg hat. Ist es etwa nicht so? Lassen Sie es mich beweisen:

Sie wollen abnehmen? Treiben Sie mehr Sport, essen Sie weniger. So einfach ist das. Jeder Arzt weiß es. Ich weiß es. Sie wissen es. Sie brauchen kein Buch, kein Seminar, keinen Mentor oder Trainer und keine Fernsehshow, um Ihnen das zu sagen. Sie wissen es eigentlich selbst.

Sie wollen mehr Geld haben? Geben Sie weniger aus, verdienen Sie mehr. Auch in diesem Fall liegt die Lösung klar auf der Hand und ist unbestritten. Sie kennen sie auch.

Sie wollen bessere Kinder haben? Verbringen Sie mehr Zeit mit ihnen, erklären Sie ihnen, wie man richtig und falsch voneinander un-
terscheidet. So einfach ist das.

Sie wollen eine bessere Paarbeziehung haben? Reden Sie mehr
miteinander, verbringen Sie mehr Zeit miteinander, interessieren Sie
sich für die Gefühle, Emotionen und Ideen Ihrer Partnerin, bzw. Ihres
Partners. Kommen Sie schon. Ist das so schwer? Nein, ist es nicht. Sie
wissen es!

Wollen Sie gebildeter sein? Lesen Sie ein Buch. Besuchen Sie einen
Kurs oder eine Vorlesung.

Ist das schon *alles*, was man braucht, um abzunehmen, zu mehr
Geld zu kommen, nettere Kinder zu haben, bessere Beziehungen zu
bekommen und gebildeter zu werden? Natürlich nicht. Man braucht
dazu mehr als das, manchmal viel, viel mehr, aber es ist ein Anfang.
Wenn Sie auch nur diese paar Dinge umsetzen, haben Sie schon viel
erreicht.

Ich behaupte, jeder von uns weiß im Grunde genau, was er oder
sie in jeder Situation tun müsste, damit die Dinge besser werden. Sie
wissen vielleicht nicht *alles*, was Sie tun müssen, aber zumindest etwas, was Sie tun könnten. Aber während wir Menschen fast immer
wissen, was wir tun sollten, tun es viele von uns nicht. Das ist das wirklich Dumme an uns. Es ist das, was mich persönlich besonders nervt.
Geht es Ihnen auch so – Sie wissen, was zu tun wäre, tun es aber nicht?
Was für ein Mensch sind Sie?

Okay, es ist Zeit für die nächste Liste. Was könnten Sie tun, um
Dinge besser zu machen, die Sie bisher nicht angefasst haben? Sie
haben das Know-how, sind aber so dumm, es nicht anzuwenden?
Diesmal belehre ich Sie nicht mehr darüber, wie wichtig es wäre, die

Zeilen zu füllen. Sie kennen das Spiel. Schnappen Sie sich einen Stift
und legen Sie los.

Meine Liste von persönlichen Dummheiten:

_____

_____

_____

_____

_____

_____

_____

_____

_____

_____

_____

„MANCHE WISSENSCHAFTLER BEHAUPTEN,
WASSERSTOFF SEI, WEIL IN HÜLLE
UND FÜLLE VORHANDEN, DER GRUNDSTOFF
UNSERES UNIVERSUMS.
ICH BESTREITE DAS.
ICH SAGE, ES GIBT MEHR DUMMHEIT
ALS WASSERSTOFF UND NEHME
DAHER AN, DUMMHEIT IST DER GRUNDSTOFF
DES UNIVERSUMS."

FRANK ZAPPA

Die Menschen sind faul

Ich hoffe, ich konnte Ihnen beweisen, dass Sie eigentlich schon wissen, was Sie brauchen, um erfolgreich zu sein. Sie wissen in den meisten, wenn nicht sogar in allen Lebensbereichen besser als ich, was Sie brauchen. Ich wiederum weiß, dass Sie genug wissen, um es besser zu machen, und Sie wissen es auch. Also, warum kriegen Sie es dann nicht besser hin? Haben Sie eine Antwort auf diese Frage? Wie lautet die Antwort? Oder sind Sie jetzt ratlos? Lassen Sie mich helfen. Die Antwort ist sehr einfach, wie so oft. Sie lautet schlicht und ergreifend: Sie sind faul!

Sie sind zu bequem, die Dinge zu tun, von denen Sie wissen, dass Sie sie tun sollten, um Ihre Lebensbedingungen entscheidend zu verbessern. Wie schmeckt Ihnen das? Wie ist es, wenn Sie sich im Spiegel sehen und wissen, dass Sie genau wissen, wie Sie sich verbessern könnten, aber lieber vor der Glotze abhängen, als die Dinge endlich in Angriff zu nehmen?

Sie könnten jetzt ein Buch lesen, um erfolgreicher zu werden, aber nein, Sie sehen lieber die Wiederholung von Seinfeld an, die Folge, die Sie schon dreimal gesehen haben. Toll! Sie wollen mich wohl auf den Arm nehmen?

Sie haben Kinder, denen Sie eigentlich dabei helfen sollten, sich auf ihren Rechtschreibtest morgen vorzubereiten, aber zu dumm, gerade jetzt läuft die Sportschau, und die dürfen Sie nicht verpassen! Was sind Sie doch für ein fauler, armseliger Vater! Keine Zeit für die eigenen Kinder, aber Zeit genug, um irgendein blödes Fernsehprogramm zu glotzen.

Sie haben 40 Pfund Übergewicht und wissen, dass ein Spaziergang Ihnen helfen würde, abzunehmen und länger zu leben, aber Sie kriegen Ihren faulen Hintern nicht hoch. Ihre Ausrede: Sie haben nicht genug Zeit. Warum haben Sie dann genug Zeit, sich im Fernsehen anzuschauen, wie andere Leute ihr überschüssiges Fett loswerden?

Sie hassen Ihren Job oder Sie haben vielleicht gar keinen, und doch „finden Sie nicht die Zeit", an Ihrem Lebenslauf zu arbeiten oder die Stellenanzeigen durchzusehen, um etwas an Ihrer Situation zu ändern. Dabei wette ich mit Ihnen, dass Sie die neueste Folge von „Wer kriegt den Job?" nicht verpasst haben. Wissen Sie, wie man Ironie schreibt? Anscheinend nicht.

Sie finden immer Zeit, Dinge zu tun, die Ihnen Spaß machen. Sie finden immer Zeit, Dinge zu tun, die Ihnen leicht von der Hand gehen. Sie haben jede Menge Zeit, all das zu tun, was nicht wichtig ist. Aber für die wirklich wichtigen Dinge haben Sie komischerweise nie Zeit!

Was ist das Wichtigste?

Es ist schon seltsam, wie wichtig wir manches nehmen, was wir gerade tun. Dann, im Rückblick, stellen wir plötzlich fest, dass es wohl doch nicht so wichtig war, wie wir dachten. Sie kennen bestimmt dieses Gefühl. Es ist, als würden Sie herausfinden, dass Sie wirklich gut in etwas sind, das gar nicht notwendig ist.

Was kann wichtiger für Sie sein, als

all Ihr Potenzial auszuleben?

so wohlhabend zu sein, wie Sie nur können?

so gesund zu leben wie möglich?

mit Ihrer Familie und Ihren Freunden zusammen zu sein?

Ihren Kindern ein guter Vater, eine gute Mutter zu sein?

ein/e gute/r Ehepartner/in zu sein?

Antworten Sie lieber nicht, denn wenn Sie darauf eine konkrete Antwort parat haben, beweist das erst recht, was für ein Idiot Sie sind. Es gibt keine vernünftige Antwort auf diese Fragen. Nichts ist wichtiger. Punkt.

Ich kann schon wieder die Briefe sehen, die ich jetzt bekommen werde: „Wissen Sie nicht, was es heißt, im Stress zu sein, Larry?" „Es ist leicht, zu sagen, wir anderen seien alle faul; Sie sind ein reicher Mann und können vom Bücherschreiben leben. Ich muss in zwei Jobs arbeiten – ich bin alles andere als faul! Woher soll ich denn die Zeit nehmen, mich um all das zu kümmern?"

Okay. Sie haben viel zu tun. Das habe ich jetzt kapiert. Aber es ist mir egal, wie vielbeschäftigt Sie sind, denn das ist nicht wichtig. Soll auf Ihrem Grabstein stehen: „Er hatte zu viel zu tun"? Ich möchte, dass auf meinem steht: „Leer. Alles aufgebraucht." Wollen Sie sich bis zu Ihrer letzten Stunde auf Erden sagen: „Leider war ich zu beschäftigt, um mich um die wichtigen Dinge des Lebens zu kümmern"? Oder wollen Sie in dem Bewusstsein sterben, dass Sie in jedem Bereich Ihres

Lebens Ihr Bestes gegeben haben und lediglich bedauern, dass Sie in der Ihnen gegebenen Zeit nicht noch mehr tun konnten?

Ich kenne genügend Leute, die extrem viel zu tun haben, aber immer noch ein bisschen Zeit finden, daran zu arbeiten, ihre Lebensumstände zu verbessern. Es gibt alleinerziehende Mütter, die in zwei Jobs arbeiten, die es schaffen, ihre Kinder gut zu versorgen und dann noch in die Abendschule zu gehen, um ihre Lebenssituation und die ihrer Kinder zu verbessern. Wie sie das machen? Ich habe keine Ahnung. Ganz sicher sind sie erstaunlich fleißige Menschen. Aber sie sind nicht erstaunlicher, als Sie es sein können. Denken Sie daran – wenn es einer schafft, können es die anderen auch schaffen. Die Leute, die es schaffen, können das, weil sie keine Ausreden erfinden. Sie gönnen sich eben keine Auszeit. Auch sie haben kaum freie Zeit, aber ein besseres Leben ist ihnen wichtig genug, um zu tun, was immer notwendig ist, ob es nun gerade passt oder nicht.

Ich verstehe ja, dass Sie viel zu tun haben. Aber das sollte Ihnen nicht so wichtig sein wie ein besseres Leben.

WENN ES EINER SCHAFFT, KÖNNEN ES DIE ANDEREN AUCH SCHAFFEN.

Ich bekomme immer wieder Briefe von Leuten wie diesen alleinerziehenden Müttern, die mir erzählen, was sie alles unternommen haben, um erfolgreich zu werden. Ich bekomme sie von allen möglichen Leuten aus allen nur erdenklichen Bevölkerungsschichten und Herkunftsländern, solchen mit Gesundheitsproblemen, familiären Problemen, wirklich schlimmen persönlichen Schicksalen, und so weiter. Die Leute erzählen mir, was sie alles an Schwierigkeiten überwunden haben, viele haben Erstaunliches geleistet. Diese Briefe ermutigen mich, den Leuten, die ich ansprechen darf, weiterhin ordentlich auf den Wecker zu gehen und ihnen zu sagen, sie sollten ruhig auch mal über ihren eigenen Schatten springen. Diese Leute, die mir geschrieben haben, hatten genug Gründe, alles andere als erfolgreich zu sein, aber sie haben es geschafft, über den eigenen Schatten zu springen, ihre Ausreden hinter sich zu lassen und ihr Leben in die eigene Hand zu nehmen. Auch sie waren vielbeschäftigt, aber sie haben es geschafft.

Noch einmal: Wenn es einer schafft, können die anderen es auch schaffen. Aber das geht erst, wenn Sie wirklich bereit sind zuzugeben, dass Sie faul sind. Auch ich bin faul. Ich gebe es zu. Ich könnte mehr tun. Auch Sie könnten mehr tun. Ich frage Sie lediglich: Was könnten Sie noch tun, um Ihr Leben besser zu gestalten?

Es gibt ganz bestimmt Lebensbereiche, in denen Sie faul sind. Sie wissen es. Schreiben Sie sie bitte auf:

Meine Liste der Dinge, zu denen ich zu faul bin:

_____

_____

_____

_____

_____

_____

Die Menschen sind gleichgültig

Wenn Sie sich durch die ersten drei Möglichkeiten, Ihren eigenen Erfolg kaputt zu machen, durchgebissen haben, das heißt, wenn auch Sie zugeben können, dass Sie manchmal ignorant, dumm und faul sind, dann wird Ihnen klar, dass es noch einiges gibt, was Sie nicht wissen, aber wissen sollten. Außerdem wird Ihnen jetzt klar, dass es manches gibt, was Sie wissen, mit dem Sie aber nicht viel anfangen können. Wenn Sie wissen, was zu tun ist, es aber trotzdem nicht tun, bedeutet das, dass Sie faul sind. Warum sind Sie faul? Sicher nicht, weil Sie keine Zeit hätten. Diese Ausrede habe ich bereits abgehandelt. Ein durchschnittlicher Millionär hat dieselbe Zeit zur Verfügung wie ein durchschnittlicher Obdachloser. Was also könnte es sonst sein? Hmmm, wie wär's damit? Es ist Ihnen ganz einfach egal! Ja, Sie kümmern sich nicht genug darum, sich zu ändern. Es ist Ihnen einfach nicht wichtig genug.

Auch mit diesem Punkt werde ich sicher erbitterten Widerspruch ernten. Als ich meine „dumm, faul und gleichgültig"-Philosophie in einem früheren Buch abgehandelt habe, schrieb eine Frau die folgende Kritik dazu.

> „‚Es ist ihnen doch egal!' Seine Theorie: ‚wenn Sie sie wirklich lieben würden, würden Sie alles in Ihrer Macht Stehende für Ihre Frau tun' passt nicht zu mir, denn er meint, dass eine Hausfrau, die den ganzen Tag gearbeitet hat, nach Hause kommt, Essen kocht, abwäscht, den Kindern bei den Hausaufgaben hilft, sie badet und noch ein bisschen Wäsche wäscht und abspült, das nur als Ausrede nimmt dafür, dass sie ‚sich nicht richtig pflegt'. So ein Quatsch!
>
> Ich glaube, ich würde mich lieber ausgiebig schminken und frisieren, um ‚meinem Gatten zu beweisen, wie

*wichtig er mir ist', als mich um Zuhause und Familie zu
kümmern, aber ... o je, dann wäre ich ja wiederum faul,
oder wie?"*

Was mich angeht, gebe ich ihr recht. Ich glaube tatsächlich, wenn
eine Frau ihren Mann wirklich liebt, wird sie ab und zu die Wäsche
Wäsche sein lassen, die Kinder ein bisschen früher ins Bett schicken,
sich die Haare stylen, sich schminken und ihrem Mann zeigen, wie sehr
sie ihn immer noch liebt. Ich glaube, wenn das mehr Frauen von Zeit
zu Zeit täten, gäbe es mehr glückliche Ehemänner, Ehefrauen und
Ehen. Ich glaube, genau dasselbe gilt auch für uns Männer. Es ist mir
egal, wie müde Sie heute Abend sind, wie hart Sie heute schon gearbeitet haben und was noch alles daheim zu erledigen wäre, Jungs.
Manchmal solltet Ihr einfach heimkommen, duschen, ein bisschen Par-
füm versprühen, Euch nett anziehen, eine Babysitterin nehmen und
Eure Frau schön zum Essen ausführen.

Ich glaube, Sie sollten sie genügend lieben, um alles andere hintan
zu stellen und alles zu tun, damit Sie ein besserer Ehemann und Vater
sind, weil es Ihnen wichtig ist. Sind die anderen Dinge auch wichtig?
Natürlich sind sie das. Aber manchmal, nicht jeden Abend, aber manchmal, muss man eben etwas mehr tun.

Die letzte Frage der Briefschreiberin verdient etwas mehr Aufmerksamkeit. Es geht um das, was ich hier ansprechen möchte: „ ... dann
wäre ich ja wiederum faul, oder wie?" Vielleicht wäre sie in meinen
Augen faul, aber wahrscheinlich nicht. Die Frau ist sicherlich sehr flei-
ßig. Das gestehe ich gerne zu, also sie ist bestimmt nicht faul. Sie
macht das, was ihr wichtig ist. Ich möchte nur, dass sie entscheidet,
was ihr wichtig ist – dass sie jenseits der Details auf das große Ganze
achtet. Sie sollten das, was Sie machen, tun, weil es für Sie persönlich
wichtig ist – nicht, weil es praktisch oder leicht ist oder weil es Spaß
macht, sondern weil es Ihnen wichtig ist.

Es geht um Prioritätensetzung und Ausgleich. Manchmal hat die Hausarbeit Vorrang, manchmal die Hausaufgabenbetreuung der Kinder, manchmal die Wäsche. Aber manchmal tun Sie das, was sein muss, egal ob Sie sich danach fühlen, es jetzt tun wollen oder gerade genug Zeit dazu haben, denn das Richtige ist, dass Sie Ihre Ehefrau und Ihre Beziehung obenan stellen sollten. Alles, was wirklich wichtig ist, braucht regelmäßig Ihre Aufmerksamkeit – manchmal Ihre ungeteilte Aufmerksamkeit. Was die Frau mit dem Leserbrief angeht, sage ich: Die Kinder oder die Wäsche oder das Abendessen sind nicht grundsätzlich wichtiger als ihr Ehemann, aber sie muss zu einer gegebenen Zeit für sich entscheiden, was ihr jeweils gerade wichtiger ist und ihr Alltagspensum etwas herunterfahren, um sicher zu stellen, dass alles, was ihre Aufmerksamkeit verdient hat, diese Aufmerksamkeit auch bekommt.

Wie Sie herausfinden, was Ihnen wichtig sein sollte

Das ganze Leben lang dreht sich alles darum, herauszufinden, was Ihnen wichtig ist. In meinem Buch „Goodbye Pleite, hello Luxus. So wird Ihr Kontostand zu Ihrem besten Freund" habe ich gezeigt, dass Ihr Umgang mit Geld dokumentiert, was Ihnen wichtig ist. Wenn für Sie zählt, wie elegant Sie aussehen, dann geben Sie wahrscheinlich besonders viel Geld im Einkaufszentrum aus. Wenn Ihnen viel an einer sicheren finanziellen Zukunft liegt, sparen und investieren Sie Ihr Geld lieber. Sehen Sie jetzt, wie einfach es ist? Gehen wir noch einen Schritt weiter: Wenn Sie all Ihr Geld im Einkaufszentrum liegen lassen, ist Ihnen Sparen völlig gleichgültig. Mit anderen Worten, Sie sind an einer gesicherten finanziellen Zukunft nicht interessiert, denn Sie geben Ihr Geld nicht so aus, wie Sie es sonst tun würden.

Das gilt aber nicht nur in Gelddingen. Wer raucht, zeigt damit, dass er kein großes Interesse an einem langen, gesunden Leben hat. Wie wäre es sonst zu erklären? Als Raucher wissen Sie, dass jede einzelne Zigarette Ihr Leben verkürzt und Ihre Lebensqualität drastisch senkt. Trotzdem tun Sie es, denn es ist Ihnen egal. Die Zigarette ist Ihnen wichtiger. Ein paar Momente des Genusses und der Selbstzufriedenheit zählen für Sie mehr als Ihre Gesundheit und Ihre Familie.

Wenn Sie kein einziges Buch über Erfolg gelesen haben, wenn Sie nicht immer wieder mal studieren und lernen, wie man erfolgreicher wird, dann heißt das nichts anderes, als dass Ihnen Erfolg einfach nicht so wichtig ist.

Wenn Sie wie ein Schwein fressen und schließlich irgendwann wie ein Schwein aussehen, sind Ihre Gesundheit und Ihr gutes Aussehen Ihnen offensichtlich nicht so wichtig. Ihre Familie wohl auch nicht, denn sonst würden Sie sich wohl kaum bewusst dafür entscheiden, früher zu sterben, als es sein müsste.

Au weia! Sehen Sie, jetzt, wie es funktioniert? Sie sind es nicht gewohnt, dass jemand so deutlich mit Ihnen spricht, nicht wahr? Manche von Ihnen werden jetzt herumstottern, wie unfair ich doch sei, so etwas zu sagen. Was, bitte schön, ist an meinen Aussagen unfair? Ist es nicht fair, wenn ich sage, dass der Bereich, in den Sie viel Zeit, Energie und Geld stecken, Ihnen wichtig ist? Das ist meines Erachtens eine absolut gerechte und zutreffende Aussage. Und im Umkehrschluss gilt auch: Wenn Sie keine Zeit, keine Energie und kein Geld in einen bestimmten Bereich Ihres Lebens stecken, dann haben Sie daran wohl kein Interesse.

Werden wir mal ein bisschen deutlicher

Dass sich die durchschnittliche Mutter, der durchschnittliche Vater nur dreieinhalb Minuten pro Woche ernsthaft mit ihren Kindern unterhalten, kann nur bedeuten, dass ihre Kinder ihnen ziemlich gleichgültig sind. Wenn Sie rauchen, obwohl Sie wissen, dass Sie als Nichtraucher erheblich länger leben könnten, kann das nur bedeuten, dass es Ihnen wurscht ist.

Wenn Sie sich dafür entscheiden, lieber fernzusehen als mal ein Buch zu lesen, das Sie weiterbringt und Ihnen zu einem besseren Job verhilft, heißt das eben, dass Sie sich keinen Deut darum scheren, für Ihre Familie zu sorgen.

Wenn Sie sich keine Mühe geben, im Job wirklich Ihr Bestes zu geben, solange Sie in der Firma sind, dann ist Ihnen Ihre Arbeit wurscht.

Wenn Sie Ihre Rechnungen nicht pünktlich bezahlen, heißt das, dass es Ihnen egal ist, ob Sie Ihr Wort halten oder nicht – und dass es Ihnen an Rechtschaffenheit fehlt.

Wenn Sie bei der nächsten Wahl nicht wählen gehen, heißt das, dass es Ihnen gleichgültig ist, in welche Richtung sich unser Land entwickelt.

Wenn Sie sich nicht die Zeit nehmen, Ihrer Partnerin, bzw. Ihrem Partner zu sagen, wie sehr Sie sie/ihn lieben und es ihr/ihm deutlich zu zeigen, dann ist es wohl so, dass dieser Mensch Ihnen ziemlich gleichgültig ist.

Wenn Sie so sind wie der Durchschnittsamerikaner mit 50, der weniger als 2.500 Dollar auf der hohen Kante hat, bedeutet das nichts anderes, als dass Ihnen Ihre eigene Altersvorsorge und die Ausbildungskosten Ihrer Kinder ziemlich schnuppe sind.

„So schwarz-weiß, wie Du es darstellst, ist es nicht, Larry."

O doch, genauso ist es. Hören Sie auf, sich weiszumachen, nichts im Leben sei schwarz oder weiß. Dinge sind entweder richtig oder falsch, entweder gut oder schlecht, entweder schwarz oder weiß. Hören Sie endlich damit auf, Ihr dummes Verhalten mit Vernunftgründen zu legitimieren, indem Sie alles in den grauen Bereich schieben. Wenn sie mit einer Frage konfrontiert werden, auf die sie keine klare Antwort geben wollen, sagen die Leute gern: „Das ist eben eine Grauzone." Es gibt keine Grauzonen. Fangen Sie damit an, mehr darüber nachzudenken, wie Sie Ihr Leben wieder in Ordnung bringen können, und Sie werden bald feststellen, dass das Leben viel einfacher wird. Auch Entscheidungen fallen Ihnen wesentlich leichter, wenn Sie sich auf eine Kategorie festlegen. Auch Ihre tausend Ausreden halten dann nicht mehr stand – was Sie wiederum dem Erfolg näher bringt.

Halt – haben Sie gesagt, es ist Ihnen wichtig?

Quatsch. Es ist Ihnen nicht wichtig, sonst würden Sie Zeit, Energie oder Geld in die Sache investieren.

> WENN SIE NICHT ZEIT, ENERGIE
> UND GELD IN EINE SACHE STECKEN, IST SIE
> IHNEN GLEICHGÜLTIG.
> IHRE ZEIT, IHRE ENERGIE, IHR GELD
> GEHEN IMMER DAHIN,
> WO ES IHNEN WICHTIG ERSCHEINT.

„Aber gesund sein, eine gesicherte Zukunft haben, lange leben ... all das ist mir doch wichtig!"

Okay, wie Sie meinen. Sie haben gewonnen. Ich streite nicht länger mit Ihnen herum. Ich glaube Ihnen, dass diese Dinge Ihnen wichtig sind. Ihre Familie, Ihre Gesundheit und alles Übrige sind Ihnen wichtig. Anscheinend jedoch nicht so wichtig, dass Sie Zeit, Energie und Geld hineinstecken können. Letzten Endes sollten Sie sich selbst fragen: „Sind sie mir wichtig genug?"

Wann sind Ihnen die Dinge wichtig genug, sodass Sie bereit sind, Ihr Verhalten zu ändern?

Wahrscheinlich erst dann, wenn es zu spät ist oder wenn es fast zu spät ist.

Es ist schon seltsam, dass gesundes Essen und körperliche Betätigung immer erst dann wichtig werden, wenn Sie einen Herzinfarkt erleiden. Dann wird es eine Angelegenheit, die höchste Priorität genießt. Warum mussten Sie erst einen Herzinfarkt bekommen, um zu verstehen, wie wichtig das alles ist? Wäre es nicht billiger und weniger schmerzhaft gewesen, diesen blöden Herzinfarkt nicht erleiden zu müssen?

Rauchen war für Sie kein Problem – bis zu dem Tag, als bei Ihnen Lungenkrebs diagnostiziert wurde. Jetzt haben Sie jede Menge Flecken auf der Lunge, müssen zum Hypnotiseur, um sich das Rauchen abzugewöhnen und müssen Nikotinkaugummi kauen. Hätten Sie das alles nicht schon tun können, bevor Sie Lungenkrebs bekamen?

Muss es erst soweit kommen, dass Ihr Haus versteigert wird, bis Sie verstehen, dass Sie zu viel Geld im Einkaufszentrum ausgegeben haben?

Mit Ihrem Partner Sex zu haben, war Ihnen lange Zeit nicht so wichtig – bis Sie herausgefunden haben, dass er eine Affäre hat, nicht wahr? Seien Sie beruhigt, dasselbe gilt auch für Männer und ihre Partnerinnen.

Müssen Sie erst Ihre Familie verlieren, bevor Sie kapieren, dass Sie besser mehr Zeit zu Hause und dafür weniger Zeit im Büro verbracht hätten?

Legen Sie lieber fest, was Ihnen wichtig ist, bevor eine Tragödie beginnt. So können Sie Ihre Zeit, Energie und Ihr Geld rechtzeitig in die Dinge investieren, die für Sie besonders zählen.

Neue Schuhe sind langfristig gesehen nicht wichtig, besonders dann nicht, wenn Sie verschuldet oder mit den Raten fürs Auto im Rückstand sind.

Die Partie Golf mit Ihren Freunden ist nicht so wichtig wie die Zeit, die Sie gemeinsam mit Frau und Kindern verbringen können.

Müssen Sie deshalb das Schuhekaufen und das Golfspiel komplett aufgeben?

Natürlich nicht. Es geht um ein ausgeglichenes Zeitverhältnis. Es geht darum, die Prioritäten richtig zu setzen. Es geht darum, zu wissen, was wirklich wichtig ist und diesen Dingen die nötige Aufmerksamkeit zu widmen.

Das Problem ist, dass viele nicht wissen, was wirklich wichtig für sie ist. Sie behaupten, es zu wissen, aber ihr Handeln widerspricht ihren Worten. Und Sie? Was ist Ihnen wirklich wichtig? Schreiben Sie es bitte hierhin.

Was mir wirklich wichtig ist:

_____

_____

_____

_____

_____

_____

_____

_____

In diese Liste gehören zum Beispiel die Namen Ihrer Partnerin/Ihres Partners und Ihrer Kinder. Gesundheit sollte auch darin vorkommen. Altersvorsorge, Geld für die Ausbildung Ihrer Kinder, Investitionen und andere Gelddinge gehören dazu. Anderen mit Ihrer Zeit und Ihrem Geld zu helfen – es wäre schön, wenn Sie auch das auf der Liste hätten. Wichtig ist, dass Sie all die Dinge nennen, die Ihnen persönlich wichtig sind.

Okay, nachdem wir diese Liste erstellt haben, wird es Zeit für die nächste Liste. Diese Liste wird Ihnen deutlich machen, was Ihnen momentan wirklich und nachweisbar wichtig ist. Vergessen Sie, was Sie gerade als wichtig bezeichnet haben – finden wir lieber heraus, was Ihnen wirklich wichtig ist. Alles, was Sie dazu tun müssen, ist, sich anzusehen, in was Sie momentan Ihre Zeit, Ihre Energie und Ihr Geld stecken. Ich könnte Ihnen nach fünf Minuten Rundgang durch Ihr Haus sagen, was Ihnen wichtig ist. Geben Sie mir dreißig Sekunden Zeit zur Inspektion Ihres Wandschrankes oder zehn Minuten zur Ansicht Ihrer Kreditkarte und Ihrer Kontoauszüge. Zeigen Sie mir Ihren Terminkalender und Ihr Scheckheft. Erzählen Sie mir in zehn Minuten, womit Sie diese Woche Ihre Freizeit zugebracht haben. Mehr brauche ich nicht, um zu wissen, was Ihnen wirklich wichtig ist.

Da ich aber nicht durch Ihr Haus gehen, nicht in Ihre Unterlagen sehen und mit Ihnen persönlich reden kann, um all das herauszufinden, müssen Sie es selbst tun. Nehmen Sie sich ein paar Minuten Zeit und analysieren Sie Ihr Leben; sehen Sie sich an, was Sie gemacht haben, um herauszubekommen, was Ihnen wirklich wichtig ist. Gehen Sie durch Ihr Haus und schreiben Sie auf einen Notizblock, was Sie in Ihren Regalen und in Ihren Schränken haben. Sehen Sie sich Ihr Scheckheft, Ihre Kontoauszüge und Kreditkartenbelege an, und Sie werden feststellen, wofür Sie Ihr Geld ausgeben. Sehen Sie auch in Ihre Garage.

Ich könnte Sie auch einen ganzen Tag begleiten und herausfinden, was Ihnen wichtig ist und womit Sie Ihre Zeit verbringen.

Dann würde ich sehen, wie hart Sie arbeiten, wie viel Zeit Sie vor der Glotze sitzen und wie viel Zeit Sie zusammen mit Ihrer Familie verbringen. Auch das geht aus offensichtlichen Gründen nicht. Also tun Sie es bitte selbst. Analysieren Sie selbst, womit Sie Ihre Zeit verbringen und finden Sie heraus, was Ihnen etwas bedeutet.

Damit Sie das tun können, gebe ich Ihnen noch eine Liste, die Sie bitte ausfüllen sollen. Diese Liste beruht auf überprüfbaren Nachweisen. Füllen Sie sie erst aus, nachdem Sie Ihr ganzes Leben eingehend geprüft haben. Wie viele Stunden verbringen Sie mit Ihren Kindern? Wie viel Zeit verbringen Sie allein mit Ihrer Partnerin/Ihrem Partner? Haben Sie mehr DVDs oder mehr Bücher? Ist Ihr Kühlschrank voller Soda oder voller Fruchtsaft? Ist Tiefkühlpizza darin, oder Fleisch und Gemüse? Ist Ihr Kleiderschrank voll und Ihr Bankkonto leer? Die Antworten auf diese Fragen werden Ihnen sagen, was Ihnen wirklich wichtig ist und woran Ihnen wirklich viel liegt.

Betrügen Sie nicht, wenn Sie diese Liste schreiben. Versuchen Sie nicht, besser auszusehen, als Sie tatsächlich sind. Seien Sie ehrlich. Dies ist nicht die Zeit, Ergebnisse zu frisieren. Es ist Zeit für Sie, endlich mit sich selbst ins Reine zu kommen und herauszufinden, was mit Ihrem Leben nicht stimmt und was Sie tun können, um es zu korrigieren.

Die Dinge, die mir nachweislich wichtig sind:

_____

_____

_____

_____

_____

_____

_____

Waren Sie auch wirklich ehrlich? Gehen Sie die Liste jetzt gleich noch einmal ganz durch. Haben Sie etwas ausgelassen? Es kann sein, dass Ihnen später, bei der weiteren Lektüre dieses Buches, noch andere Dinge einfallen, die auch auf diese Liste gehören. Wenn das der Fall sein sollte, gehen Sie auf diese Seite zurück und schreiben Sie diese Punkte noch dazu.

Die Menschen haben keinerlei Vision

Einer der Gründe dafür, dass die Menschen zu wenig Erfolg haben, ist, dass sie sich kein Bild davon machen können, wie ein erfolgreiches Leben für sie persönlich aussehen müsste. Sie können zusehen, wie andere Menschen Erfolg haben, aber sie können sich nicht vorstellen, dass so etwas auch in ihrem Leben passiert.

Sie stecken in einem Loch fest; sie sehen, wie das Leben jetzt ist oder früher war, anstatt sich vorzustellen, wie es künftig sein könnte. Sie müssen über das Bild Ihres bisherigen Lebens hinausgehen und sich Ihr Leben ganz konkret so vorstellen, wie es für Sie aussehen soll.

Meine eigene Vision fürs Leben

Wenn man sich meinen Hintergrund und die Art, wie ich aufgewachsen bin, ansieht, muss man sagen, dass ich mit ganz anderen

Lebensaussichten angefangen habe, als mein Leben sich später entwickelt hat. Ich hätte die Sichtweise haben können, dass das Leben nun mal schwer ist und dass ich es schwer haben würde, meine Rechnungen zu bezahlen und zu kämpfen haben würde, um voranzukommen. Ich würde hart arbeiten müssen, hie und da ein paar schöne Momente haben, aber es würde immer wieder sehr schwierig für mich sein. So war das Leben für meine Eltern, und es hätte auch leicht für mich so kommen können, wenn ich nicht ganz andere Vorstellungen für mein Leben entwickelt hätte.

Ich hätte auch für ein großes Unternehmen arbeiten können, hätte ein hübsches kleines Haus in einer hübschen kleinen Straße in einer hübschen kleinen Stadt in Oklahoma haben können, wo ich aufgewachsen bin. Wenn das meine Vorstellung gewesen wäre, hätte ich immer noch mehr erreicht als viele andere in meiner Familie.

Aber so wollte ich mein Leben nicht führen. Ich hatte immer schon eine große Vision für mein Leben. Schon mit dreizehn Jahren entschied ich, ich wollte niemals arm sein. Ich wollte später einmal ein reicher Mann werden. Ich wusste noch nicht, wie ich das anstellen sollte, aber ich hatte diese Vorstellung vom Leben.

Obwohl ich aus ärmlichen Verhältnissen kam und in einer alten Baracke aus dem ersten Weltkrieg wohnte, die mein Vater zu einem Haus umgebaut hatte, sah ich mich in einem großen Haus leben, zu dem jeder, der eintreten durfte, nur noch „Wow!" sagen würde. Ich stellte mir vor, ich würde viele Schränke voller schicker Klamotten haben, Uhren, Schmuck und Juwelen besitzen und wie ein Millionär leben.

Als ich als professioneller Redner anfing, nahm ich mir vor, sehr erfolgreich zu werden. Ich sah mich als den angekündigten Vortragskünstler auf großen Firmenevents und großen öffentlichen Veranstaltungen mit tausenden von Menschen. Ich war sogar so kühn, ins Fernsehen zu wollen.

Als ich anfing, Bücher zu schreiben, stellte ich mir meinen Namen auf den Bestsellerlisten der *New York Times* und des *Wall Street Journal* vor.

All diese Bilder hatte ich schon lange im Kopf – ohne zu wissen, wie und wann es passieren würde.

Wissen Sie was? Irgendwann in meinem Leben habe ich all das erreicht – und noch viel mehr. Heute lebe ich so, wie es mir immer schon vorgestellt habe.

Wie das alles so gekommen ist? Ich habe an meiner Vision festgehalten und hart gearbeitet, damit sie wahr wurde. Ich habe mich geweigert, eine kleinere Vision zu akzeptieren oder diesbezüglich irgendwelche Kompromisse einzugehen. Ohne meine Vision hätte ich die Wirklichkeit nie erreicht.

Ihre derzeitige Vision muss nicht so bleiben

Hier ist meine gute Nachricht an Sie: Sie können Ihre Vorstellung vom Leben jederzeit ändern. Sie können daran arbeiten, das Bild in Ihrem Kopf zu löschen und es durch ein neues zu ersetzen. Alles, was Sie dazu brauchen, ist etwas Fantasie und eine Menge harte Arbeit, um das, was Sie sich vorstellen, Wirklichkeit werden zu lassen.

Viele Menschen glauben, das, was sie erreicht haben, sei schon alles, was möglich ist. Sie denken, mehr ist nicht drin, nach dem Motto: „Diese Karten hat mir das Leben gegeben, und ich muss, so gut es geht, damit spielen." Nein, das müssen Sie nicht. Das Schöne am Leben ist, dass Sie sich immer weigern können, mit den Karten zurechtkommen zu müssen, die man Ihnen gegeben hat und dass Sie immer wieder verlangen dürfen, dass neu gemischt und ausgeteilt wird. Und hier noch eine gute Nachricht: Sie selbst sind der Geber. Teilen Sie sich doch einfach selbst ein neues Spiel aus.

Ich höre oft den lächerlichen Satz: „Es ist, wie es ist." Das sagen die Leute immer dann, wenn sie nach einer Entschuldigung für einen bestimmten Ist-Zustand suchen. Ich finde das totalen Blödsinn. Sie sollten lieber etwas Genaueres sagen, wie: „Es ist, wie ich es zulasse." Oder: „Es ist, wie es ist, denn ich bin bereit, es so hinzunehmen." Oder: „Es ist, wie es ist, denn mehr erwarte ich gar nicht." Oder: „Es ist, wie es ist, weil ich zu dumm und zu faul bin, etwas daran zu ändern." Ich selbst habe diese ganze „so ist es nun mal"-Mentalität nie akzeptiert. Stattdessen geht mein Leben nach dem Motto: „Es ist, was ich daraus mache!" Ich denke da immer an dieses dumme Lied „Que Sera, Sera", das so beliebt war, als ich noch jung war und in dem es heißt: „Was kommt, das kommt, die Zukunft kann ich nicht sehen …" Doch, Sie können Ihre Zukunft sehen. Sie können Ihre Zukunft auch gestalten. Sie müssen es nur wollen.

Wie sieht Ihre Vorstellung vom Leben aus? Ach, Sie sind sich da noch nicht so sicher? Lassen Sie mich Ihnen helfen. Die Antwort lautet: Sie leben gerade nach dieser Vorstellung. Sehen Sie sich Ihr Leben genau an, und Sie werden feststellen, dass Sie so leben, wie Sie es sich vorgestellt haben. Ihr Haus entspricht Ihrer Vision. Ihre Beziehung entspricht Ihrer Vision. Das Geld in Ihrer Brieftasche entspricht Ihrer Vision. Alles ist so, wie ich schon eingangs gesagt habe: Ihr Leben verläuft so, wie Sie es haben wollen, ansonsten würde es anders verlaufen. Ihr Leben ist so wie das Bild, das Sie sich davon machen – sonst wäre es anders.

Mögen Sie Ihr derzeitiges Leben nicht? Dann sollten Sie sich eine neue Vision, eine neue Vorstellung zulegen.

Meine neue Vorstellung von meinem Leben:

_____

_____

_____

_____

_____

_____

_____

Die Menschen haben zu niedrige Erwartungen

Die meisten von uns haben den Punkt erreicht, an dem wir von anderen Menschen nicht mehr viel erwarten. Manche von uns sind so sehr von schlechten Erfahrungen abgestumpft, dass sie von anderen Menschen nur noch Dummheiten erwarten. Auch ich muss mir diesen Vorwurf gefallen lassen. Ich starte mit der grundlegenden Erwartung, dass die Menschen Idioten sind und warte darauf, dass sie mir das Gegenteil beweisen. Das Traurige ist, dass sie das selten tun.

Im Berufsleben haben die meisten von uns so viele schlechte Erfahrungen gemacht, dass wir nur noch miesen Kundendienst erwarten. Guter Service überrascht uns total.

Wir erwarten, dass die Leute zu spät kommen, dass sie unfreundlich sind, dass sie ihre Arbeit nur halbherzig tun. Warum? Weil die meisten Menschen zu spät kommen, unfreundlich sind und ihren Job nur halbherzig tun.

Wir erwarten nicht viel von unseren Untergebenen – und die enttäuschen uns nicht.

Auch als Untergebene erwarten wir nicht viel von unseren Vorgesetzten und Arbeitgebern, und sie geben uns immer wieder recht darin.

Wir erwarten von Jugendlichen, dass sie unhöflich, desinteressiert und gelangweilt sind. Und was geben sie uns zurück? Genau das.

Wenn Sie von Menschen nicht viel erwarten, geben sie Ihnen auch nicht viel. Aber je mehr Sie von ihnen erwarten, desto mehr bekommen Sie auch von ihnen.

DIE MENSCHEN SIND SO GUT ODER SO SCHLECHT, WIE SIE ES VON IHNEN ERWARTEN.

Die Lösung heißt: Erwarten Sie mehr von anderen Menschen.

„Aber Larry, müssen Sie sich auf diese Weise nicht auf zahlreiche Enttäuschungen gefasst machen?"

Klar muss ich das. Ein Großteil der Leute wird meine Erwartungen nicht erfüllen, egal was ich sage oder tue. Auch Ihnen wird es oft so gehen. Aber manchmal wird Sie jemand überraschen. Wenn es mir passiert, dann bin ich begeistert!

Gelegentlich finden Sie auch eine Person oder eine Firma, die Ihre Erwartungen erfüllt oder sogar übertrifft. Wann immer mir so etwas passiert, glaube ich wieder ein bisschen an die Menschheit. Außerdem finde ich, es ist besser, viel zu erwarten und enttäuscht zu werden, weil man nichts bekommt, als nichts zu erwarten und nichts zu bekommen.

ES IST BESSER, VIEL ZU ERWARTEN UND ENTTÄUSCHT ZU WERDEN, WEIL MAN NICHTS BEKOMMT, ALS NICHTS ZU ERWARTEN UND NICHTS ZU BEKOMMEN.

Vor Kurzem entschied ich mich dafür, einen neuen Gehweg zu meinem Haus bauen zu lassen. Meine Frau Rose Mary und ich wollten einen mit Saltillo-Fliesen belegten Gehweg von der Hauseinfahrt zu unserer Eingangstür legen lassen. Ich sprach mit einem Fliesenfachgeschäft; sie sagten, sie kennen einen sehr netten Typ, der so etwas gut machen könne. Ich rief ihn an und vereinbarte einen Termin mit ihm. Ob Sie's glauben oder nicht, er kam pünktlich vorbei. Er nahm die Flächenmaße, die er brauchte und versprach, im Laufe des Tages sein Angebot zu faxen. Zwei Tage später war das Angebot immer noch nicht gekommen. Als ich ihn anrief, kam er mit allen möglichen Ausreden. Ich sagte ihm, ich erwarte, dass er ein gegebenes Versprechen auch einhalte. Er entschuldigte sich und sagte, ich bekäme das Fax am nächsten Tag. Ich habe nie wieder von ihm gehört.

Ich rief einen anderen Mann an, Willie von der Firma Classic Home Improvements. Auch er kam pünktlich, wie der andere Typ. Ich erzählte ihm von meiner Enttäuschung mit dem anderen Burschen und sagte, ich erwartete, dass die Leute ein gegebenes Versprechen auch einhielten – dass sie tun, was sie zugesagt haben, wann und wie sie es zugesagt haben. Er sagte, er sehe das genauso, und ich könne mich auf ihn verlassen. Ich dachte: „Na schön, mal sehen." Er sagte mir für den nächsten Tag sein Angebot zu. Und siehe da, das Angebot kam wie versprochen am nächsten Tag. Er rief mich an, um sicher zu gehen, dass ich es erhalten hatte. Er fragte mich, ob ich noch Fragen hätte. Er sagte mir, von wann bis wann er die Arbeiten ausführen würde. Ich fragte ihn, ob er sich auch daran halten würde. Er antwortete: „Wenn ich Ihnen mein Wort gebe, dann meine ich das auch. Ich verspreche nichts, was ich nicht einhalten kann." Ich erteilte ihm den Auftrag. Es war eine meiner besten Entscheidungen. Er machte meinen Gehweg exakt so, wie ich ihn haben wollte, pünktlich und zum vereinbarten Preis. Es gab keine einzige unliebsame Überraschung. Ich hatte absolut nichts zu meckern, was nicht leicht ist, denn ich bin sehr gut im Meckern. Weil er seine Arbeit so gut machte, durfte er mittlerweile schon einen Anbau für mich bauen, eine Stützmauer um mein Haus herum errichten, meine Schlafzimmer-Veranda fliesen und ein Weinlager für mich anlegen – und wer weiß, was ich ihm noch alles für Aufträge gebe. Dieser Typ hat all meine Erwartungen erfüllt und sogar übertroffen, und allein schon aus diesem Grund werde ich ihm immer wieder Arbeit geben.

Erwarten Sie mehr – auch von sich selbst

Es ist ziemlich leicht, mehr von anderen zu erwarten. Sie zeichnen einfach eine Linie in den Sand und entscheiden, dass Sie nicht gewillt sind, darüber hinauszugehen. Dann teilen Sie diesen Standard den Leuten, mit denen Sie geschäftlich zu tun haben, mit und stehen zu Ihrem Wort. Eigentlich nicht schwer.

Erstaunlich ist nur, wie schwierig die Sache wird, wenn Sie den Spieß umdrehen und von sich selbst mehr erwarten wollen. Dann erst merken Sie, wie ernst es Ihnen mit Ihrer Selbstverbesserung wirklich ist. Erst wenn Sie den Willen haben, die Grenzlinie in den Sand vor sich zu zeichnen und von Ihren Vorgaben nicht abzuweichen, auch wenn es um Ihre eigene Leistung geht, wissen Sie, dass Sie bereit sind, sich wie ein seriöser Geschäftsmann zu benehmen, dass Sie den Kinderschuhen entwachsen und in der Lage sind, Ihr Leben selbst in die Hand zu nehmen. Vielleicht ertappen Sie sich hier und da dabei, dass Sie sich denken: „Verdammt, musste ich die Linie wirklich so eng ziehen?"

Wenn ich hohe Erwartungen an mich stelle, bin ich stolzer auf das, was ich geschafft habe. Ich habe dann mehr Selbstbewusstsein. Was ich mir auferlege, mögen manche unrealistisch nennen – aber ich stelle fest, dass ich dann auch besser für meine Arbeit bezahlt werde.

Auch meine Familienmitglieder sind sehr leistungsbereite Menschen, denn ich setze auch in sie hohe Erwartungen, die sie erfüllen sollten. Ich habe von meinen Söhnen immer das Beste erwartet.

Ich war keiner dieser fanatischen Väter, die herumbrüllen und ihre Kinder fortwährend antreiben, sie sollten härter arbeiten. Sie wissen bestimmt, welche Sorte Väter ich meine – die, die auf dem Sportplatz oder in der Turnhalle ihre kleinen Möchtegern-Asse anfeuern und sich zum Affen machen, indem sie die Seitenlinie entlanglaufen und die Spieler und Trainer anschreien. Das war nie mein Ding. Ich ließ die Jungs ihre Hobbies je nach Interesse selbst aussuchen und erwartete, dass sie das für ihr Talent und ihre Fähigkeiten Beste geben würden. Auch wenn sie nicht zu den Besten gehörten, bedeutete das nicht, dass sie nicht ihr Bestes geben konnten. Das war alles, was ich von ihnen erwartete – setzen Sie sich auch einen höheren Standard, der Ihrer Bestleistung entspricht und tun Sie alles, um Ihr Bestes zu geben.

Meine Jungs haben immer gesehen, wie hart ich zu arbeiten bereit war, weil ich in der Top-Liga meines Berufes mitspielen wollte. Sie haben gesehen, dass ich hohe Erwartungen an mich selbst stellte und bereit war, so hart wie auch immer nötig zu arbeiten, um meinen Traum Wirklichkeit werden zu lassen. Heute sind sie mir in diesem Punkt sehr ähnlich.

Patrick Winget

Mein jüngerer Sohn Patrick ist Modedesigner. Er und sein Freund Brad Day, der jedermann alles verkaufen kann, haben schon mit ihren eigenen Modekreationen angefangen, als Patrick noch die Schule für Design und Merchandising in Los Angeles besuchte. Sie mussten kämpfen, wie es jede junge Firma tun muss. Sie hatten jede Menge Ideen, aber kaum Kapital, um diese Ideen zu finanzieren. Aber sie schafften es. Wie? Durch harte Arbeit und den eisernen Willen, alles für den Erfolg Nötige zu tun. Beide lebten sie von fast nichts. Sie arbeiteten 20 Stunden am Tag und schliefen nachts oft auf dem Boden ihres kleinen, vollgestopften Büros und Ateliers. Wenn er Geld verdiente, gab Patrick es für seine Ausbildung aus. Wenn er sich entscheiden musste zwischen Lebensmitteln und einem Buch über Modedesign, das ihn dazu inspirierte, bessere Designs zu kreieren, wählte er immer das Buch. Man kann eine Mahlzeit auslassen, aber man sollte nie eine Chance auf mehr Bildung und Inspiration ungenützt lassen. Die kleine Firma von Patrick und Brad wurde schließlich so groß, dass sie entweder eine größere Geldspritze brauchte oder dazu verurteilt war, einzugehen. Da niemand willens war, ihnen die Summe, die sie brauchten, zu leihen, sahen sie sich gezwungen, das kleine Unternehmen aufzugeben. Sie hatten einen größeren Bankkredit zurückzuzahlen und schuldeten mir eine erkleckliche Summe, aber sie versicherten mir, sie würden beides abzahlen.

Zu jener Zeit brachte ein Kunde, der ihre Kreationen immer bewundert hatte, das Geld auf und bezahlte Patrick und Brad dafür, dass sie eine weitere Mode-Linie für ihn kreierten. Jetzt können sie wieder das tun, was sie am besten können und verdienen obendrein einen Haufen Geld damit. Sie arbeiten immer noch lange und sind nach wie vor bereit, alles nur Mögliche zu tun, um erfolgreich zu werden. In nur drei Monaten konnten sie ihren Bankkredit zurückzahlen. Auch mir geben sie regelmäßig Raten zurück und werden bei der Larry-Bank bald nicht mehr in der Kreide stehen.

Beide haben mir tausendmal gesagt, sie würden niemals pleite gehen, denn sie wollten reich werden und jedes nur erdenkliche Opfer bringen, um es auch zu bleiben. Wie haben sie es geschafft, zuerst pleite zu sein und ums nackte Überleben kämpfen zu müssen und heute so gut dazustehen? Weil sie das und nichts anderes von sich selbst erwartet haben.

Tyler Winget

Mein älterer Sohn Tyler ist Polizist. Er ist ein wirklich guter Polizist – besser, als er sein müsste. Er begnügt sich nicht damit, Streife zu fahren und nicht viel zu tun, außer zur Arbeit zu gehen, Knöllchen zu verteilen und sein Gehalt einzustreichen, wie so viele seiner Kollegen. Es gibt viele Polizisten, die bis zu ihrer Pensionierung nichts anderes tun. Das ist ja nicht schlimm, wenn einem das genügt, aber es ist nicht die Vorstellung, die Tyler von seinem Beruf hat.

Er ist ein Adrenalin-Junkie. Er mag den Kick, die Aufregung. Als er zur Army ging und man ihn fragte, was für eine Tätigkeit er dort anstrebe, erzählte ihm sein Rekruten-Betreuer etwas von Schreibtischtätigkeiten und Berufen, die einen auf das spätere Leben im Zivilberuf vorbereiten. Tyler antwortete nur: „Ich will eine Waffe tragen und Sachen in die Luft jagen." Also wurde er Fallschirmjäger, schoss mit großkalibrigen Waffen, wurde Waffenexperte und Scharfschütze. Jetzt, als Polizist, kämpft er gegen das organisierte Verbrechen. Er mag Blut und Schlachten und liebt es, die wirklich üblen Jungs hinter schwedische Gardinen zu bringen. Man lebt als Polizist dieser Sorte nicht lange, wenn man nicht willens ist, in jedem Aspekt des Berufes der Beste zu sein. Deshalb wird er nie die Art Cop sein, die den Beruf gemächlich macht. Dazu erwartet er zu viel von sich.

Er besucht jeden Waffen-Lehrgang, den er bei der Polizei nur machen kann. Er besucht jedes Training, das er wahrnehmen kann, egal wer es anbietet, und das auf eigene Kosten. Er geht täglich ins Fitnessstudio, um möglichst fit zu sein. Er geht zum Muay-Thai-Kickboxen, zum brasilianischen Jiu-Jitsu, zum Boxen und in andere Zweikampf-Techniken, denn er könnte das Training ja eines Tages gebrauchen, um sein eigenes Leben oder das anderer zu retten. Es macht ihm Spaß, andere zu schlagen und geschlagen zu werden. (Das verstehe ich überhaupt nicht, aber so ist er nun mal!) Aber nicht nur das: Er arbeitet in jeder Hinsicht hart in seinem Job, um überall der Beste zu sein. Er muss das nicht tun. Ich erwarte es nicht von ihm, auch seine Frau erwartet es nicht von ihm. Und auch sein Job verlangt es nicht unbedingt, aber er selbst erwartet es von sich.

Das respektiere ich am meisten an ihm – seine Fähigkeit, nur das Beste von sich selbst zu erwarten und es auch wahr zu machen.

Seien Sie stolz auf sich

Ich bin extrem stolz auf meine beiden Söhne. Ich bin auch stolz darauf, dass es mir als Vater gelungen ist, herauszufinden, wie ich ihre guten Eigenschaften fördern kann. Aber das Wichtigste ist, dass auch sie stolz auf sich sind. Wir drei haben für uns selbst die Entscheidung getroffen, ein Leben lang möglichst erfolgreich sein zu wollen. Warum? Weil wir es können. Noch einmal: Es geht nicht darum, immer und überall der Beste zu sein – es geht darum, unser Bestes zu geben.

Und Sie? Welche Erwartungen stellen Sie an sich selbst? Sie kennen jetzt meine Meinung, dass Sie genau das im Leben bekommen, was Sie von sich erwarten. Schon wieder leuchtet dieses unangenehme Lämpchen auf, nicht wahr?

Sie leben so, wie Sie es erwarten. Wenn Sie mehr erwarten würden, bekämen Sie auch mehr. Die nächste Stufe können Sie sich schon denken: Machen Sie eine Liste, was Sie von sich erwarten.

Was ich von mir erwarte:

_____

_____

_____

_____

_____

Haben Sie, während Sie diese Zeilen ausgefüllt haben, darüber nachgedacht, ob Sie das Beste von sich erwarten? Wenn nicht, sehen Sie Ihre Liste daraufhin noch einmal durch, um sicher zu sein, dass Sie nur das Beste von sich selbst erwarten.

Die Menschen erkennen die Folgen ihres Handelns nicht

Die beliebteste Frage, die mir in Interviews für Radio, Fernsehen, Zeitungen und Zeitschriften immer wieder gestellt wird, ist: Warum machen die Menschen so viel Dummes? Dabei ist es unerheblich, ob ich gerade über Beruf, Geldangelegenheiten, Elternrolle, Beziehungen oder einen anderen Lebensbereich gesprochen habe.

Die Antwort ist ganz einfach: Menschen tun, was sie tun, weil sie glauben, es hätte keine Folgen, wenn sie etwas anderes tun.

MENSCHEN SIND, WIE SIE SIND, WEIL SIE GLAUBEN, ES HÄTTE FÜR SIE KEINE FOLGEN, ANDERS ZU SEIN.

Denken Sie an den altbekannten Witz: „Warum lecken Hunde sich selbst ab?" Die Antwort lautet: „Weil sie können." Warum tun die Leute das, was sie tun? Weil sie können. Häufig kommen die Leute mit jedem erdenklichen Verhalten durch, weil sie keinerlei Folgen zu befürchten haben. Folgen kontrollieren das Verhalten. Schlechtes Verhalten wird wiederholt, wenn es keine unangenehmen Konsequenzen hat.

Folgen kontrollieren das Verhalten

Ich habe über dieses Modell im Hinblick auf das Thema Personalführung bereits in meinem Buch „Mach Deinen Job! Das einfache

Geheimnis für Erfolg im (Berufs-)Leben™ geschrieben. Wenn Sie Mitarbeiter unter sich haben und wollen, dass sie ein ganz bestimmtes Verhalten wieder und wieder zeigen, müssen Sie dieses Verhalten belohnen. Gutes Verhalten wird wiederholt, sobald man es belohnt. Dieses Modell funktioniert genauso gut anders herum: Schlechtes Verhalten wird wiederholt, wenn es nicht bestraft wird. Das Ignorieren ist allein schon die Belohnung für schlechtes Verhalten.

Wenn Ihr Kind im Wohnzimmer Ihres Hauses Ball spielt und dabei eine Lampe kaputt macht, ohne dass Sie es dafür bestrafen, stehen die Chancen gut, dass es immer wieder im Wohnzimmer Ball spielt.

Wenn eine Firma schlechten Kundendienst anbietet, die Kunden ihr aber weiterhin Aufträge und Geld geben, hat das keine Konsequenzen für die Firma, und ihr schlechter Kundendienst wird nicht besser.

Wenn eine Mitarbeiterin eine Viertelstunde zu spät zur Arbeit erscheint und niemand etwas sagt, wird sie es wahrscheinlich immer wieder tun. Warum auch nicht? Wenn es keine Folgen hat, geht ein bestimmtes Verhalten so lange weiter, bis es zur Gewohnheit wird. Ein Verhalten zu ändern, das schon zur Gewohnheit geworden ist, ist sehr schwierig. Es ist besser, es gleich zu stoppen, wenn es zum ersten Mal vorkommt, als abzuwarten, bis es zur Gewohnheit wird. (Mehr über das Beenden schlechter Gewohnheiten demnächst.)

Wenn ich Ihnen sage, dass Sie sich verbrennen, wenn Sie auf eine heiße Herdplatte fassen, und Sie tun es und verbrennen sich tatsächlich die Finger, ist es sehr wahrscheinlich, dass Sie es danach nicht mehr tun werden. Wenn Sie sich dennoch zum zweiten Mal verbrennen, sind Sie wirklich ein Idiot! Der Schmerz des Sich-Verbrennens ist die Folge; er wird verhindern, dass sich das Verhalten wiederholt. Sie haben Ihre Lektion gelernt.

Ich glaube fest daran, dass es sehr sinnvoll ist, die Folgen von Verhaltensweisen zu verstärken und die Leute den Schmerz falscher

Entscheidungen spüren zu lassen. Nur wenn sie ihn spüren, lernen sie ihre Lektion.

Dummheit sollte wehtun!

In meiner Fernsehshow Big Spender, in der ich verschuldete Menschen beraten habe, fand ich es immer gut, wenn die Leute, die ich schonungslos mit ihrer Situation konfrontiert habe, in Tränen ausbrachen. Ich mochte es, wenn sie schluchzten! Ich mochte es nicht deshalb, weil ich besonders gemein bin, sondern weil nur jemand, dem seine Dummheit wirklich weh tut, sein Verhalten wahrscheinlich ändern wird.

Genau aus diesem Grund bin ich so gegen staatliche Kautionen für in Schwierigkeiten geratene Menschen. Erstens wird alles, in was sich die Regierung einmischt, grundsätzlich langwieriger als zugesagt, komplizierter als nötig und teurer als erwartet. Am meisten bin ich gegen diese Freikäufe, weil die Leute, die da vom Staat freigekauft werden, die schmerzhaften Folgen ihrer Fehler nicht zu spüren bekommen.

Wenn Leute sich ein Haus kaufen, das sie sich eigentlich gar nicht leisten können und dann irgendwann die Raten nicht mehr bezahlen können, muss die Bank ihr Haus zwangsversteigern. So sind nun mal die Spielregeln. Alles stand ganz klar in ihrem Kaufvertrag drin, als sie sich für den Kauf des Hauses entschieden haben. Es kommt also nicht wirklich überraschend. Wenn die Regierung sie jetzt freikauft und sie mit ihrem Fehler durchkommen, können die Leute die schmerzhaften Folgen ihres Handelns nicht wahrnehmen. Das heißt, es hat gar keine Folgen für sie. Also lernen sie auch nichts daraus.

Ungefähr jeder Zweite, der pleite geht, ist irgendwann wieder bankrott. Die erste Kaution war ihnen keine Lehre. Da sie nichts aus ihrem früheren Verhalten gelernt haben, werden sie es bei nächster Gelegenheit wieder so machen.

Die Strafbank des Lebens

Warum gibt es Grenzen, Verträge, Gesetze, Regeln und Bestimmungen und Zäune? Um ethische, moralische und körperliche Grenzen zu markieren, mit deren Hilfe wir in der menschlichen Gesellschaft auf friedliche, vernünftige Weise zusammenleben können. Wenn man die Grenzlinie überschreitet und die Regeln bricht, gibt es Sanktionen; wäre das nicht so, würde bald das Chaos unter uns herrschen.

Spiele haben feste Regeln. Wer sie bricht, bekommt die Folgen zu spüren. Können Sie sich etwas so Einfaches wie ein Dame-Spiel vorstellen, ohne dass es Regeln gibt? Da würde doch jeder andauernd „Dame!" schreien, wann immer er will. Das ist nicht richtig. Selbst Hockey, ein Spiel, bei dem es möglich ist, mit den Fäusten zu kämpfen, jemandem die Zähne auszuschlagen und trotzdem weiterzuspielen, hat einige Regeln und Folgen. Im Hockey gibt es eine Strafbank; dahin kommt, wer die Regeln bricht.

Auch im Leben gibt es eine Strafbank. Natürlich heißt sie nicht so, weil wir unsere Ergebnisse nicht als Strafe auffassen.

Unsere Strafbank im Leben sind Krankheiten, Arbeitslosigkeit, Armut, Unglücklichsein und Einsamkeit. Wahrscheinlich haben Sie diese Dinge noch nie als Strafen empfunden, aber sie sind es. Jeder dieser Situationen ist eine Folge – eine Folge Ihrer Entscheidungen, Ideen, Überzeugungen, Gedanken, Worte und Handlungen.

Die meisten Leute erkennen nicht den engen Zusammenhang zwischen ihrem Verhalten und der Wirkung, die es erzeugt. Stattdessen nennen sie es lieber Pech oder geben der Gesellschaft die Schuld. Wir alle erleben die Folgen unserer Entscheidungen; sie sind schmerzhaft, und die Folgen sind die Lektionen, die wir zu lernen haben. Wenn Sie Ihre Lektionen lernen, können Sie alles erreichen, wofür Sie bereit sind zu arbeiten. Wer die Lehren des Lebens ignoriert, muss sie so lange wiederholen, bis er sie gelernt hat. So lange sitzen Sie auf der Strafbank des Lebens.

Vor einigen Jahren habe ich selbst einmal ein paar dumme Entscheidungen in meinem eigenen Telekommunikationsunternehmen getroffen. Diese Entscheidungen führten dazu, dass meine Firma bankrott ging. Da ich der Geschäftsführer des Unternehmens war und eigenhändig alle Kreditverträge und Steuererklärungen unterschrieben hatte, ging auch ich selbst schließlich bankrott. Es war furchtbar hart für mich. Es war erniedrigend, peinlich und schließlich wirklich verheerend. Trotzdem war es das Beste, was mir passieren konnte. Denn dieses schlimme Erlebnis, das ich durch mein Handeln und meine Entscheidungen herbeigeführt hatte, gab mir wichtige Lektionen in Sachen Lebensführung, Unternehmensführung und Umgang mit Geld mit. Diese Lektionen sind im Grunde das, was ich heute weitergebe und womit ich meinen Lebensunterhalt verdiene. Diese Lektionen sind der Grund dafür, dass Sie dieses Buch hier lesen. Ich hätte bitter werden können, winseln und mich in meinem Selbstmitleid suhlen können. Ich hätte arm bleiben und mich nur noch von Lebensmittelgutscheinen und Almosen ernähren können. Ich hätte sagen können: „Ich mache nie wieder eine Firma auf!" und stattdessen lieber wieder für jemand anderen arbeiten können. Aber ich habe nichts von alledem getan. Ich habe es verwunden und wieder von vorne angefangen. Ich will hier nicht angeben. An dem, was ich getan habe, war eigentlich nichts Besonderes. Andere Menschen haben weit größere Hindernisse überwunden, als ich es musste und sind damit erfolgreicher geworden, als ich es bin. Ich erzähle Ihnen meine Geschichte nur, um Ihnen zu zeigen, dass das Leben uns immer wieder wichtige Lehren erteilt. Diese Lektionen bekommen wir als Folgen zu spüren. Ich habe meine Lektionen bekommen. Sie waren alles andere als angenehm. Im Gegenteil, sie waren Gott sei Dank so unangenehm, dass ich so etwas nie wieder erleben möchte. Deshalb habe ich getan, was ich konnte, um meine Lektion zu lernen und sie nicht wiederholen zu müssen. Das Ergebnis war mein Erfolg.

„WENN DIE LEUTE, DIE ENTSCHEIDUNGEN TREFFEN, DIESELBEN SIND, DIE DIE FOLGEN DIESER ENTSCHEIDUNGEN AUSBADEN MÜSSEN, WERDEN VIELLEICHT ENDLICH BESSERE ENTSCHEIDUNGEN GETROFFEN."

JOHN ABRAMS

Die Liste meiner „Folgen":

_____

_____

_____

_____

_____

_____

_____

_____

_____

**„IN DER NATUR GIBT ES ENTWEDER
BELOHNUNG ODER BESTRAFUNG.
AUF JEDEN FALL HAT ALLES KONSEQUENZEN."**

ROBERT INGERSOLL

Die Menschen haben schlechte Gewohnheiten

Wir haben gesehen: Die Leute machen oft Dummheiten. Weil sie die Folgen ihrer dummen Handlungen nicht erkennen, machen sie damit weiter. Diese Handlungen werden akzeptiert und immer wieder wiederholt, bis sie zu festen Gewohnheiten werden. Es ist ein einfacher Prozess, der sich Tag für Tag auf eine Million unterschiedliche Arten und Weisen wiederholt. Vielleicht haben Sie das erste Mal, als Sie sich Socken anzogen, mit Ihrem linken Fuß begonnen. Beim zweiten Mal haben Sie wieder mit dem linken Fuß begonnen. Nach ein paar Wochen Sockenanziehen ist es Ihnen zur Gewohnheit geworden, mit dem linken Fuß anzufangen.

Wenn Sie jetzt auf einmal mit dem rechten Fuß anfangen würden, käme Ihnen das ziemlich seltsam vor. Das ist ein Beispiel für den Gewöhnungsprozess. Wir erkennen erst, dass wir uns etwas angewöhnt haben, wenn die Gewohnheit schon besteht und sich tief in unser Gedächtnis eingegraben hat. Dann ist es schon zu spät. Wir haben es uns angewöhnt, ob wir wollen oder nicht. Nun ist das Sockenanziehen keine wichtige Angelegenheit.

Es ist nicht wirklich wichtig, wie Sie es tun und mit welchem Fuß Sie anfangen. Der ganze Vorgang ist eher unbedeutend. Andere Dinge jedoch sind nicht so unwichtig. Manche Dinge sind wirklich wichtig. Die meisten Ihrer Gewohnheiten haben eine größere Bedeutung für Ihr Leben und das Ihrer Umgebung, als wie Sie Ihre Socken anziehen.

Schlechte Gewohnheiten

Die meisten Menschen denken, sie kennen ihre schlechten Gewohnheiten. Ich habe mit Menschen über ihre schlechten Gewohnheiten geredet. Viele haben etwas geantwortet wie: „Ich? Ich habe keine schlechten Gewohnheiten. Ich trinke nicht, und ich rauche nicht." Manche denken wohl, das wären die einzigen schlechten Gewohnheiten, die zählen. Sie denken beim Thema schlechte Gewohnheiten nur an Rauchen, zu viel essen, Geld ausgeben und andere Dinge, deren negative Wirkung nur allzu bekannt ist. Aber einige der schlimmsten Gewohnheiten sind viel weniger offensichtlich als diese. Schlechte Gewohnheiten haben nicht immer sichtbare, sofortige negative Auswirkungen und können einem trotzdem im Laufe des Lebens jede Chance auf Erfolg rauben.

Ich habe zum Beispiel ein paar Freunde, die gewöhnlich immer zu spät kommen. Sie wissen, wann sie zugesagt haben, da zu sein, und schaffen es trotzdem niemals pünktlich. Zuspätkommen ist respektlos gegenüber denjenigen Menschen, mit denen man verabredet ist. Wenn Sie das Ihren Kunden gegenüber tun, kann es dazu führen, dass Sie Kunden verlieren. Diese Gewohnheit ist eine, die man leicht beheben kann. Fangen Sie einfach früher an. Machen Sie sich klar, dass Sie Ihr Wort gegeben haben und ein Mensch sein wollen, der sein Wort hält. Zuspätkommen ist ein einfaches Beispiel mit tiefgreifenden negativen Folgen. Es gibt viele schlechte Gewohnheiten, die viel weniger sichtbar sind und über die viele gar nicht nachdenken.

Schlechte Grammatikkenntnisse sind eine schlechte Gewohnheit, die Sie all Ihrer Erfolgsaussichten berauben kann. Dasselbe gilt für schlampige, billige Kleidung. Oder für eine affektierte Art zu reden, wie sie einige eingebildete Damen haben. Diese besonders schlimme Gewohnheit kann Sie einiges kosten, denn sie kann dazu führen, dass Sie nicht mehr ernst genommen werden. Würden Sie sich eine Rechtsanwältin nehmen, die so spricht: „O mein Gott, denken Sie bloß!

Wie reizend! Aber wirklich!" Nein. Von einer Anwältin erwarten Sie, dass sie Autorität in der Stimme hat und hervorragend kommunizieren kann.

Oder denken Sie an diese Floskel: „Wissen Sie, worüber ich spreche?" Nein, ich weiß nicht, worüber Sie sprechen. Oder die: „Das ist meine Meinung!" Ich weiß – es muss aber noch lange nicht meine eigene sein.

Die einzige Möglichkeit, eine schlechte Gewohnheit zu beenden

Egal, was Sie sich angewöhnen, ob es gute oder schlechte Gewohnheiten sind, sie sind nur sehr schwer zu abzulegen. Laut Studien dauert es mindestens drei Wochen, eine Gewohnheit zu entwickeln, bzw. zu beenden. Das bedeutet: Wenn Sie mit einer Gewohnheit brechen wollen, müssen Sie mindestens drei Wochen lang damit ganz aufhören. Das ist sehr schwierig. Der Schlüssel zum Beenden einer schlechten Gewohnheit ist, das, was Sie bisher getan haben, durch etwas anderes zu ersetzen. Sie können nicht einfach damit aufhören, etwas zu tun – Sie müssen es durch eine neue Aktivität ersetzen. Wenn Sie jeden Samstagvormittag ins Einkaufszentrum gehen und dort Geld ausgeben, das Sie nicht haben, ersetzen Sie das Einkaufszentrum durch etwas anderes. Wie wäre es mit einer Bibliothek, dem Park oder einer anderen Aktivität, die Sie kein Geld kostet? Ihre neue Gewohnheit ist, jeden Samstagvormittag an diesen neuen Ort zu gehen. Tun Sie es ruhig, aber gehen Sie ab jetzt dahin, wo es für Sie positive statt negativer Folgen hat.

Verlassen Sie sich nicht auf Ihre Willenskraft. Die Willenskraft wird gern überschätzt. Sagen wir mal, Sie haben es sich zur Gewohnheit gemacht, ein üppiges Abendessen zu sich zu nehmen, dann drei oder vier Stunden fernzusehen, bis Sie müde werden, ins Schlafzimmer zu wanken und zu schlafen, bis der Wecker Sie aus Ihren Träumen reißt und Sie zur Arbeit müssen. Ich habe damit übrigens das typische Abendprogramm von ungefähr 80 Prozent aller erwachsenen Amerikaner beschrieben.

Wenn diese Gewohnheit Sie fett, dumm und faul macht (kein Wunder, wenn man das Abend für Abend macht), dann wollen Sie vielleicht irgendwann doch etwas daran ändern. Wie machen Sie das am besten? Einfach damit aufhören? Wie wollen Sie aufhören? Bitte antworten Sie mir! Genau – Sie können nicht einfach mit einer Sache aufhören. Sie müssen die schlechte Gewohnheit durch eine andere ersetzen.

Was können Sie tun, anstelle den Abendbrottisch zu verlassen und sich vor die Glotze zu setzen? Das müssen Sie wissen – anderenfalls werden Sie es nicht schaffen, mit der schlechten Gewohnheit aufzuhören. Ihre Willenskraft wird nur schwach entwickelt sein, solange Sie keine neue Aktivität als Ersatz finden. Wenn Sie sich dafür entscheiden, Ihre Zeit mit Lesen anstatt mit Fernsehen zu verbringen, schlage ich Ihnen vor, immer ein paar interessante Bücher auf einem Regal bereit zu halten. Falls nicht, werden Sie nichts haben, um die Zeit sinnvoll zu füllen und bald wieder vor der Mattscheibe sitzen. Wenn Sie gerne mit Ihren Kindern spielen, rate ich Ihnen, ein Spiel oder eine Aktivität vorzubereiten. Sie sollten Ihre neue Aktivität griffbereit parat haben, um damit die alte zu ersetzen – wenn nicht, fallen Sie bald wieder in die alte zurück.

Welche Gewohnheiten haben Sie? Nehmen Sie sich eine Minute Zeit und überlegen Sie, was von dem, was Sie täglich tun, Ihr Leben prägt. Sie werden naturgemäß nicht länger als fünf Sekunden brauchen, um auf Ihre offensichtlichen schlechten Gewohnheiten zu kommen. Ein bisschen länger werden Sie brauchen, um die weniger sichtbaren Gewohnheiten herauszufinden, die Ihnen Ihre Zukunft verbauen. Denken Sie gründlich darüber nach. Fangen Sie gleich damit an.

Die Liste meiner „Gewohnheiten":

_____

_____

_____

_____

_____

_____

_____

_____

_____

_____

Die einzige Möglichkeit, diese schlechten Gewohnheiten loszuwerden, ist, sie durch etwas Neues zu ersetzen.

Überlegen Sie sich im Voraus, was dieses Neue für Sie sein könnte. Schreiben Sie jetzt ein paar Aktivitäten auf, mit denen Sie das Loch füllen können, das sich durch Aufgeben der alten Gewohnheiten auftut.

Meine neuen Aktivitäten:

_____

_____

_____

_____

_____

WER EINE HANDLUNG SÄT, ERNTET EINE
GEWOHNHEIT.
WER EINE GEWOHNHEIT SÄT, ERNTET EINEN
CHARAKTER.
WER EINEN CHARAKTER SÄT, ERNTET EIN
SCHICKSAL.

UNBEKANNT

Die Menschen haben schlechte Vorbilder

Ich mag alle Tiere, ob Pelz- oder Federvieh. Ich bin auf einer Farm mit vielen Tieren aufgewachsen, mit Tieren und Geflügel aller Art. Ich sehe mir auch immer gern Naturfilme im Fernsehen an. Durch Beobachtungen an Tieren habe ich viel über das Leben gelernt. Eines, was ich gelernt habe, ist, dass Gänse, wie viele andere Geflügelarten, geprägt werden. Prägung ist das, was passiert, sobald ein Gänschen geboren wird. Gänschen werden von jedem Lebewesen geprägt, das sie nach der Geburt als erstes sehen und als ihr Muttertier ansehen. Deshalb dürfen die Menschen verwaiste Gänschen nicht anfassen, damit das Gänschen nicht unwiderruflich durch sie geprägt wird. Viele Fernsehbeiträge handeln von diesem Thema. Es gibt sogar einen Film namens „Amy und die Wildgänse", in dem erzählt wird, wie kleine Wildgänse von Menschen geprägt wurden und dann nicht fliegen konnten, weil die Menschen ihnen das Fliegen nicht beibringen konnten. Schließlich mussten die Menschen sich in die Lüfte begeben, um den Gänschen das Fliegen beizubringen.

Wir Menschen werden in ähnlicher Weise geprägt wie die Gänschen. Wir richten uns nach dem und ahmen das nach, was wir als kleine, leicht zu beeindruckende Babys sehen. Es prägt unsere Überzeugungen, wer wir sind und was wir können. Sie lernen Ihre Muttersprache dadurch, dass Sie sie Tag für Tag hören. Sie lernen Tischmanieren dadurch, dass Sie beobachten, wie Ihre Familie isst. Sie lernen sogar, was Sie essen sollen, indem Sie Ihre Vorbilder beobachten. Und Sie entwickeln Ihre Vorlieben und Abneigungen je nachdem, was Ihre Eltern und Verwandten mögen, bzw. nicht mögen.

Aber es geht noch weiter: Wenn Sie mit Menschen in einem Haushalt aufwachsen, die nicht zur Arbeit gehen und erwarten, dass der Staat sich um sie kümmert, anstatt sich eine Arbeit zu suchen und ihren Lebensunterhalt selbst zu bestreiten, werden Sie wahrscheinlich in Ihrem Leben nicht viel arbeiten. Stattdessen starren Sie an die Wand, gehen zum Sozialamt und holen sich Ihre Stütze ab. Deshalb gibt es heute Sozialhilfeempfänger bereits in der fünften Generation.

Wenn Sie in einem Haushalt großwerden, in dem es Arbeitsmoral gibt, einen Sinn für Rechtschaffenheit und dafür, dass man seine Rechnungen pünktlich bezahlt, stehen die Chancen gut, dass Sie selbst auch so ein Mensch werden.

Mein Vater hat sich nie für Football interessiert. Während meiner Kindheit und Jugendzeit haben wir uns nicht ein Football-Spiel gemeinsam im Fernsehen angesehen. Deswegen interessiere ich mich bis heute kein bisschen für diesen Sport. Mein Vater liebte Boxen. Schon als kleiner Junge habe ich mir, wenn die Phil Silvers Show vorbei war, freitags abends immer Boxkämpfe im Fernsehen anschauen dürfen. Wir haben Popcorn gemacht und uns die Boxkämpfe dazu angesehen. So bin auch ich ein Fan des Boxsports geworden. Witzigerweise habe ich seither immer Lust auf Popcorn, sobald ich Boxen im Fernsehen sehe. Das war meine Prägung.

Dicke Kinder haben fast immer dicke Mütter und Väter.

Kinder, die gerne lesen, stammen aus Familien, denen Lesen wichtig ist.

Menschen, die andere missbrauchen, wachsen meist in Familien auf, wo mindestens ein Elternteil sie ebenfalls missbraucht hat.

Kleine Sportskanonen kommen in der Regel nur aus Familien, denen Sport schon immer wichtig war.

Wir alle prägen andere

Wir lernen, indem wir andere beobachten: Unsere Eltern, ältere Brüder und Schwestern, Tanten und Onkel, unsere Lehrer, die Leute aus dem Fernsehen. Wir alle lernen, auf eine bestimmte Art und Weise zu handeln, weil wir es anderen abgeschaut haben.

Ihre Eltern haben Ihnen durch ihr direktes Vorbild beigebracht, welches Verhalten akzeptiert werden kann und welches nicht. Sie waren Ihre Vorbilder, und denen sind Sie gefolgt – zumindest so lange, bis Sie Ihre Erlebnisse, Ihr Wissen und Ihren Einflussbereich erweitert und neue Möglichkeiten zu handeln gelernt haben.

Als Vater oder Mutter sind Sie wiederum Ihren Kindern ein Vorbild. Was für ein Vorbild sind Sie ihnen? Ich könnte noch viel mehr zu diesem Thema sagen, aber ich glaube, das hebe ich mir für ein extra

Buch zu dem Thema auf. Wie es heißen soll? Hören Sie auf, Kinder dumm zu erziehen.

Was ich damit sagen will, ist: Schlechte Vorbilder sind einer der Gründe, warum Menschen Dummheiten machen. Sie sind eine gute Ausrede – eine Zeitlang. Wie in allen Dingen, sollten Sie sich im Laufe Ihres Lebens der Tatsache bewusst werden, dass es Zeit wird, Ihre Vorbilder hinter sich zu lassen und ein höheres Niveau von Verantwortung zu erreichen, das auf dem beruht, was Sie als korrektes Verhalten erkannt haben.

Ein schlechtes Vorbild bezahlen?

Manche Leute gehen so weit, schlechte Vorbilder dafür zu bezahlen, dass sie ihnen dabei helfen, erfolgreich zu werden. Denken Sie nur an die sogenannten Lebensberater – Leute, die größtenteils nach dem Motto verfahren: „Hier ist der Blinde des Blinden Führer."

Alles, was Sie tun müssen, ist, ins Internet zu gehen und 99 Dollar für ein Online-Seminar auszugeben, und schon dürfen Sie sich „Zertifizierter Lebensberater" nennen. Selbstverständlich können Sie aber auch bis zu 15.000 Dollar ausgeben, um binnen zwei Jahren Lebensberater zu werden. Es gibt keinen national anerkannten Standard und kein Anerkennungsverfahren für Lebensberater und einschlägige Ausbildungseinrichtungen; das heißt, jeder kann eine Lebensberater-Schule aufziehen, ein Zeugnis ausgeben und einen entsprechenden Titel verleihen.

Man braucht mehr Geld und mehr Fleiß, um Schiedsrichter zu werden, als um Lebensberater zu werden. Wahrscheinlich verdient man später auch mehr Geld damit – und hilft mehr Menschen damit. Außerdem bekommen Sie als Schiedsrichter eine Trillerpfeife! Ich für meinen Teil vertraue einem Typ mit einer Trillerpfeife mehr als den meisten Lebensberatern.

Kürzlich schrieb mir eine Frau, Lebensberater sei ihr Traumberuf. Sie erklärte, anderen Menschen zu helfen sei ihre Leidenschaft. Jeder, der sie kenne, habe ihr versichert, sie sei eine großartige Zuhörerin. Daher kombinierte sie diese zwei Fähigkeiten und entschied, der Beruf des Lebensberaters sei die perfekte Lösung für sie, denn sie war der Ansicht, beide zusammen wären der Schlüssel, um Menschen zu trainieren. Sie bat mich, ihr bei der Erfüllung ihres Traumes zu helfen. Sie sagte, sie wäre bestimmt bald „die beste Lebensberaterin, die es gibt" – allerdings sei sie momentan noch arm, habe Versagensängste, brauche Unterstützung und eine stabile Beziehung.

Wahrscheinlich lachen Sie jetzt – ich jedenfalls musste lachen, als ich den Brief las. Ich antwortete, ich könne ihr bei der Erfüllung ihres Traumes nicht helfen. Ich sagte ihr, sie habe nichts zu bieten – außer dem Wunsch, anderen Menschen zu helfen. Sie habe die Fähigkeit, sich anzuhören, wie andere über ihr eigenes bedauernswertes Leben jammern, wie sie es mir gegenüber tat. Sie selbst brauche eine Lebensberaterin, und deshalb könne sie keine werden. Eigentlich hätte ich hinzufügen müssen, dass sie dringender einen Grundkurs in Grammatik und einen in Rechtschreibung bräuchte, aber aus Gutmütigkeit ließ ich diese Kritik weg.

„Aber jeder braucht doch mal eine hilfreiche Hand, Larry."

DIE HILFREICHSTE HAND, DIE SIE BEKOMMEN KÖNNEN, SITZT ... AN IHREM EIGENEN HANDGELENK.

Was ich damit sagen will: Bezahlen Sie nicht andere Leute, um das Chaos, das Sie angerichtet haben, zu reparieren – vor allem dann nicht, wenn deren Leben noch chaotischer ist als Ihr eigenes.

BEZAHLEN SIE NICHT ANDERE LEUTE, UM DAS CHAOS, DAS SIE ANGERICHTET HABEN, ZU REPARIEREN.

Nicht jede Beratung ist schlecht. Ich bin nicht dagegen, dass man sich in bestimmten Lebenslagen Hilfe und Beratung sucht. Meine eigene Firma bietet auch Training und Begleitung auf der Basis meiner Kenntnisse für all jene an, die zum Erreichen bestimmter Ziele Hilfe und Ermutigung brauchen. Aber die Begleitung bei einem bestimmten Verfahren oder in einer bestimmten Situation ist etwas anderes, als wenn Menschen sich darauf verlassen, dass andere ihr Alltagsleben für sie in die Hand nehmen. Es geht mir also nicht um ein Plädoyer gegen Persönlichkeitstraining oder gegen alle Lebensberater. Ich sage nur: Überlegen Sie sich gut, ob Sie das wirklich brauchen, bevor Sie teuer dafür bezahlen müssen. Außerdem rate ich Ihnen, die Referenzen des Beraters eingehend zu prüfen. Wenn der Mensch nicht erfolgreicher ist als Sie selbst, ist es nur Zeitverschwendung, denn er kann Ihnen nichts beibringen, was Sie nicht sowieso schon wissen.

Ich bin sicher, es gibt ein paar großartige Menschen in diesem Gewerbe, die anderen wirklich helfen können. Aber es gibt auch eine Menge Scharlatane in diesem Beruf, also seien Sie auf der Hut. Um das zu verdeutlichen, drehe ich ein altes Sprichwort einfach um und sage: „Die, die nichts können, coachen." Das gilt auch für Motivationsredner. Es gibt sogar eine Menge Motivationsredner, die sich mit Vorträgen allein nicht ernähren konnten und deswegen Lebensberater wurden, um sich über Wasser zu halten. Ich nehme nicht an, dass Sie auf so einen Berater scharf sind, oder? Ich meine arme, erfolglose Kreaturen, deren einziger Rat ist, alles positiv zu sehen.

Natürlich weiß ich, dass das grobe Verallgemeinerungen sind, so nach dem Motto: „Schusterskinder tragen keine Schuhe." Ich bin sicher, es gibt Schusterskinder, die sich sehr wohl Schuhe leisten können. Aber Verallgemeinerungen wie diese sollen Ihnen eine Warnung sein: Vergewissern Sie sich, dass die Leute, die Sie dafür bezahlen, dass sie Ihnen etwas beibringen, Ihnen auch etwas beibringen können. Vergewissern Sie sich, dass sie Vorbilder für Sie sind und den Weg kennen, den Sie mit ihnen gehen wollen. Gehen Sie auf Nummer sicher, dass sie selbst den Weg geschafft haben, den sie Ihnen für viel Geld zeigen wollen.

Ich hatte einmal eine Firma, die schließlich tief in den roten Zahlen steckte. Ich engagierte ein paar Unternehmensberater, die mir aus der Patsche helfen sollten. Nachdem ich viel zu viel Geld bezahlen musste und mir Dinge anhören musste, die ich selbst längst wusste, fand ich heraus, dass meine Berater im Grunde noch schlechter dran waren als ich selbst. Sie sahen gut aus. Das, was sie sagten, klang gut. Sie waren fähige Verkäufer. Aber ansonsten waren sie Nieten. Ihr eigener Betrieb stand kurz vor dem Konkurs, und sie schrammten so an der Pleite entlang. Das war mir eine Lehre. Seither bin ich skeptisch im Umgang mit allen Beratern, Trainern, Ratgebern, Schriftstellern und Rednern. Ich will immer erst Nachweise für ihre Qualität und Erfahrung sehen. Und ich will klare Ergebnisse sehen.

Wenn ich einen Finanzberater engagiere, will ich doch, dass er mein Geld mehrt oder mir zumindest genauso viel Geld herbeischafft, wie ich es geschafft hätte und dass auch er sein Geld in Anlagen investiert, deren Kauf er mir empfiehlt.

Wenn ich einen Arzt bezahle, dann möchte ich, dass er mir in Gesundheitsfragen nicht nur Ratschläge erteilt, sondern selbst ein Vorbild ist.

Ich möchte, dass mein Versicherungsagent besser versichert ist als ich selbst.

Ich möchte, dass mein Zahnarzt bessere Zähne hat als ich.

Ich möchte, dass derjenige, den ich geschäftlich um Rat frage, sein Geschäft besser führt als ich.

Bevor Sie Ihr sauer verdientes Geld jemandem in den Rachen schmeißen, der Ihnen helfen soll, vergewissern Sie sich, dass derjenige sein Handwerk besser versteht als Sie. Stellen Sie die richtigen Fragen. Finden Sie die Wahrheit heraus.

Ich nicht!

Manche von Ihnen denken jetzt vielleicht, das, was ich tue, macht mich zum Lebensberater. Bitte nennen Sie mich nicht so. Wie schon Kierkegaard sagte: „Mich benennen heißt, mich kleiner machen." Alles, was ich tue – ich betone, alles –, ist, Sie daran zu erinnern, dass Sie die Fähigkeit besitzen, Ihr Leben selbst zu ändern. Sie selbst haben die Kraft dazu. Sie brauchen dazu niemand anderen. Sie müssen nur Ihre Fehler erkennen und sich daran erinnern, dass Sie sich jederzeit ändern können, wenn Sie dazu bereit sind, alles dazu Notwendige zu tun. Ich stelle Ihnen nur die Werkzeuge dafür zur Verfügung. Denken Sie sich mich als eine Art Baustoffhändler. Ich kann Ihr Haus nicht für Sie bauen, aber ich kann Ihnen das Material verkaufen, das Sie dazu brauchen. Ob Sie das Baumaterial auch tatsächlich mitnehmen und zum Bauen verwenden, liegt ganz bei Ihnen.

Welche Lektionen habe ich von meinen Vorbildern gelernt?

_____

_____

_____

_____

_____

Die Menschen haben keinen Plan

Während ich diese Zeilen schreibe, sehe ich eine Fernsehreportage über den Schauspieler Ed McMahon, dessen Haus vor der Zwangsversteigerung steht. Der arme alte Ed ist im hohen Alter von 85 Jahren in finanziellen Schwierigkeiten, weil er gesundheitsbedingt seit 18 Monaten nicht mehr arbeiten kann. Es scheint, als habe er sich das Genick gebrochen und sei nicht mehr arbeitsfähig. Hey Ed, wie kommt´s, dass Du mit 85 Jahren überhaupt noch arbeiten musst? Bei Deiner Karriere und trotz all dem Geld, das Du verdient hast, ist Dein Haus noch nicht abbezahlt? Wie ist das möglich? Im Interview sagte Ed, er hätte einen besseren Plan gebraucht.

Es ist eine traurige Geschichte. Traurig ist sie nicht, weil Eds Haus zwangsversteigert werden muss – das ist seine eigene Schuld. Traurig ist sie, weil sie wieder mal beweist, dass man einen Plan braucht, egal wie berühmt und wie reich man ist. Ich nehme an, auch Ed hatte einen Plan, aber wahrscheinlich keinen sehr guten. Ich frage mich, wer ihn da wohl über den Tisch gezogen hat ...

Jedermann arbeitet nach einem bestimmten Plan. Auch Sie arbeiten entweder nach Ihrem eigenen oder nach einem fremden Plan. Das Problem dabei ist, dass es bei den meisten Menschen kein sehr guter Plan ist. Woher ich das weiß? Da brauche ich mir nur die Ergebnisse anzusehen. Wenn Sie keine guten Ergebnisse erzielen, dann taugt Ihr Plan nichts.

Was ist Ihr Plan?

Im Moment leben Sie gerade nach Ihrem Plan. Wie funktioniert Ihr Plan für Sie? Führen Sie das Leben, das Sie führen wollen? Sind Sie so erfolgreich, wie Sie es sein wollen? Wenn nein, warum nicht? Ihr Plan hat Ihnen die Ergebnisse beschert, die Sie derzeit haben.

Die Leute denken die ganze Woche darüber nach, was sie an ihrem freien Tag tun wollen, aber auf die Planung ihrer Zukunft verwenden sie keine Minute. Wenn der freie Tag gekommen ist, entscheiden sie, was sie tun wollen, mit wem sie es tun wollen, wie lange und was es kosten darf. Habe ich recht oder nicht?

Warum machen Sie dasselbe nicht auch mit Ihrem Leben? Welche Arbeit wollen Sie ausüben, wie wollen Sie Ihre Freizeit verbringen, mit wem zusammen und wie viel darf es kosten? Klingt das nicht vernünftig? Gut. Was also ist Ihr Plan? Ach, Sie haben gar keinen? Doch, Sie haben bestimmt einen, nur vielleicht keinen guten.

Die meisten Menschen haben einen vagen und unvollständigen Plan. Sie planen dumme Sachen, wie: „Ich möchte gerne glücklich sein." Nicht, dass das ein dummes Ziel wäre, aber wie gelangt man dahin? Auch ich möchte glücklich sein. Aber ich weiß, dass das für mich bedeutet, dass ich gesundheitsbewusst lebe, dass ich genug Geld habe, um zu tun, was ich will, dass ich etwas tun will, was mich beruflich erfüllt und mir die nötige Zeit lässt, um mein Familienleben und meine Freundschaften zu pflegen. Wie sieht Ihr Plan zum Glücklichsein aus? Bloß weil Sie es sagen, wird er noch lange nicht eintreten. Wenn Sie einen schriftlichen Plan haben, werden die Chancen aber auf jeden Fall größer!

Ich selbst habe eine Liste, eine sehr lange Liste. Sie umfasst mein ganzes Leben, und zwar alle Lebensbereiche. Manche Punkte auf dieser Liste sind mit Zeitangaben versehen, andere nicht. Es gibt Punkte, die betreffen meine Gesundheit, meinen Besitz, meine Karriere, meine Freizeit, meine Familie und bestimmte geheime Dinge, die nur mich persönlich etwas angehen. Für manche Punkte auf meiner Liste habe ich Extra-Pläne gemacht. Ich weiß genau, was ich zu tun habe, um sie Punkt für Punkt umzusetzen. Ich weiß auch, dass ich noch einiges lesen muss, um zu wissen, wie ich manches umsetzen kann. Bei anderen Dingen muss ich noch Geld sparen, damit sie Wirklichkeit werden. Für andere Punkte muss ich mir etwas Zeit freischaufeln, um sie umsetzen zu können.

Ich möchte Sie jetzt noch nicht mit all den Details verwirren, wie genau Sie Ihren Plan umsetzen können. Das zeige ich Ihnen später. Jetzt möchte ich lediglich, dass Sie Ihren Plan niederschreiben. Wie soll Ihr Leben aussehen? Was möchten Sie gerne tun? Wohin wollen Sie gehen? Mit wem möchten Sie Ihre Zeit verbringen? Wie viel Geld werden Sie brauchen, um sich all das leisten zu können? Verstanden? Gut. Dann machen Sie sich ans Werk.

Mein Lebensplan

Finanzen: _____

_____

_____

_____

_____

Körperliche Gesundheit: _____

_____

_____

_____

_____

Geistige Entwicklung: _____

_____

_____

_____

_____

Soziale Kontakte: _____

_____

_____

_____

_____

Karriere: _____

_____

_____

_____

_____

Spiritueller Bereich: _____

_____

_____

_____

_____

Familienleben: _____

_____

_____

_____

_____

Intime Angelegenheiten: _____

_____

_____

_____

_____

Geben Sie es auf!

Ich habe bereits darüber gesprochen: Erfolg haben wollen bedeutet nicht nur, etwas hinzuzugewinnen, sondern auch, etwas loszulassen. Jetzt, da Sie einen Plan haben, aus dem hervorgeht, was Sie wollen, brauchen Sie auch einen Plan der Dinge, auf die Sie verzichten wollen.

Worauf wollen Sie verzichten, um gesünder zu leben? Rauchen? Fast-Food?

Worauf wollen Sie verzichten, um mehr Geld übrig zu haben? Aufs Einkaufen?

Worauf wollen Sie verzichten, um mehr Zeit für Ihre Kinder zu haben? Golfspielen? Überstunden machen?

Sehen Sie, wie es funktioniert? Sehen Sie sich Ihre Pläne noch einmal genau an und schreiben Sie auf, worauf Sie bereit sind zu verzichten.

Meine Liste von Dingen, auf die ich verzichten möchte:

KAPITEL 3

Wie höre ich auf, ein Idiot zu sein?

Jetzt kennen Sie die zehn Gründe, warum Sie Ihr eigenes Leben sabotieren. Ich weiß, dass mindestens einer davon auch für Ihr Leben und Ihre derzeitige Lebenslage gilt.

Ich weiß es deshalb, weil einige davon auch für mich gelten. Niemand von uns ist frei von selbstzerstörerischen Verhaltensweisen. Inzwischen sollten Sie einige Anregungen bekommen haben, wie Sie Ihrem Leben eine Wende geben können. Jetzt beginnt Ihre Lebensreise, und Sie wollen bestimmt endlich wissen, was Sie tun können, um das Leben zu führen, von dem Sie immer schon geträumt haben. Gut.

Fangen wir an:

Wenn Sie aufhören wollen, ein Idiot zu sein, brauchen Sie dazu drei Dinge: Erkenntnis, Bildung und Anwendung.

ERKENNTNIS   **BILDUNG**   **UMSETZUNG**

Erkenntnis

Selbsterkenntnis ist der erste Schritt zur Besserung. Sie müssen erkennen, was Sie falsch gemacht haben. Wenn Sie nicht mal erkennen, dass Sie ein Problem haben, wie wollen Sie es dann lösen?

Der erste Schritt jedes Zwölf-Punkte-Programms ist: Geben Sie zu, dass Sie der sind, der Sie sind. Wenn Sie bisher ein Idiot waren – wie wir alle –, dann halten Sie jetzt inne und geben Sie erst mal zu, dass Sie ein Idiot sind. Halten Sie Ihre eigene private Anonyme-Idioten-Sitzung ab und sagen Sie zu sich: „Hi, mein Name ist Larry und ich bin ein Idiot." (Aber verwenden Sie nicht meinen Vornamen, sondern Ihren eigenen, sonst sind Sie ein noch größerer Idiot.) Sie brauchen sich nicht dafür zu schämen, zuzugeben, dass Sie eine Menge Dummheiten in Ihrem Leben gemacht haben. Sie brauchen sich nur zu schämen, wenn Sie ein Idiot sind, es jeden in Ihrer Umgebung spüren lassen und es dann noch nicht mal zugeben können. Das ist wirklich sehr peinlich.

Erinnern Sie sich noch daran, wie Star Jones ein paar Wochen in der Talkshow The View fehlte? (Ja, ich sehe The View. Es ist eine der Freiheiten, die ich mir herausnehme.) Und dass sie in der Zeit, in der sie fehlte, jede Menge Kilo verlor? Offensichtlich hatte sie sich einer Bypass-Operation unterzogen. Alle Fernseh-Boulevardmagazine zerrissen sich das Maul darüber, jeder wusste es – aber Star stritt es ab und bewies damit, dass sie eine Idiotin ist. Hätte sie es offen zugegeben, hätte es keinen gejuckt. Wer auf diesem Planeten schert sich überhaupt darum, was Star Jones tut oder nicht tut? Aber durch ihr Leugnen hat sie jedermann gezeigt, dass sie eine Idiotin ist.

„Mission erfüllt." So stand es auf einem Banner an Deck eines Marineschiffes, hinter George W. Bush, der uns nach dem Irak-Angriff allen Ernstes weismachen wollte, wir hätten unser Ziel schon erreicht. Ich glaube, es war eine der dümmsten Reden, die jemals ein amerikanischer Politiker ans Volk gehalten hat. Ich kenne nicht einen einzigen Menschen außer George W. Bush selbst, dem nicht klar wäre, was für ein schlimmer Fehler diese ganze Rede war. Ob er es wenigstens hinterher zugegeben hat? Von wegen! Die ganze Welt weiß es – aber er schafft es nicht, über seinen Schatten zu springen und zu sagen, nun ja, vielleicht war es ja ein Fehler von mir. Natürlich ist der gute George ein leichtes Angriffsziel, aber allein schon dieses eine Statement, ganz zu schweigen von seinen sonstigen Schnitzern, zeigt uns, dass er ein Idiot ist. Jetzt schreibt mir bitte keine Briefe oder Mails, Leute; es geht nicht darum, ob man Republikaner oder Demokrat, Unabhängiger oder sonst was ist. Es geht darum, zu erkennen, dass man etwas Dummes gesagt hat und es zurückzunehmen, insbesondere dann, wenn es die ganze Welt besser weiß.

„Ich hatte nie Sex mit dieser Frau." Also komm, Bill Clinton, natürlich hattest Du. Ich weiß, dass Du da in einer argen Klemme stecktest, aber Du hättest die Wahrheit lieber gleich offen zugeben sollen. Es war nicht dieser Sex, der Dich reingeritten hat, sondern Deine Lüge. Ich mag ihn eigentlich, aber damals wusste ich, dass auch Bill Clinton ein Idiot ist.

Paris Hilton musste ins Gefängnis, weil sie gegen ihre Bewährungsauflagen verstoßen hat. Im Gefängnis stieß sie auf Gott, und fortan wurde die Bibel ihr Lieblingsbuch. Ein paar Tage später, in der Talkshow Larry King Live, als Larry sie nach ihrem Lieblingsbibelvers fragte, fiel ihr nicht ein einziger Vers ein. Ich nehme an, sie hatte ihn vergessen – wie sie ja überhaupt so manches vergisst, wie mir scheint.

Jimmy Swaggart – ein leuchtendes Vorbild!

Ich liebe Jimmy! Warum? Der arme Kerl war ein völliger Idiot, und trotzdem respektiere ich ihn, den guten alten Pfarrer Swaggart, den Pionier der Fernsehprediger. Warum? Jimmy Swaggart wurde mit einer Nutte erwischt. Eine Dummheit wahrhaft biblischen Ausmaßes, oder wie wir in Oklahoma zu sagen pflegen: „Da hat er sich selbst ins Chili gepinkelt!" Und wie ist er damit umgegangen? Hat er es bestritten? Nein! Er trat vor seine treuen Schäflein im Fernsehen und gab seinen Fehler offen zu. Er weinte und bat öffentlich um Vergebung. Er sagte: „Ich habe gesündigt!" Mit tränenüberströmtem Gesicht sahen wir ihn da stehen, heulend und zähneklappernd, wie es in der Bibel steht.

Ich hatte nie für möglich gehalten, dass ein Jimmy Swaggart mir etwas beibringen könnte. Aber in jenem Moment brachte er mir – und der übrigen Welt – eine wichtige Lektion bei: Wenn Du Dich wie ein Idiot benommen hast, rede Dich nicht heraus. Gib es einfach zu und bitte um Verzeihung.

Ich habe Jimmy sogar eine Übung gewidmet, die ich erfunden habe. Ich nenne sie die Jimmy-Swaggart-Übung. Im Fernsehen, in der Today Show von Matt Lauer, habe ich gesagt, Leute, die in finanziellen Schwierigkeiten stecken, sollten vor den Spiegel treten, sich selbst ins Gesicht sehen und eine Jimmy-Swaggart-Gedenkminute einlegen.

Wir alle haben schon Sachen gemacht, deren wir uns hinterher schämen mussten. Wir haben Dinge getan und gesagt, die nicht nur uns selbst, sondern auch andere betrafen. Die Erkenntnis Ihrer eigenen Dummheit ist der erste Schritt zur Veränderung.

Legen auch Sie eine Jimmy-Swaggart-Gedenkminute ein. Sie werden sehen, Sie fühlen sich danach besser. Sehen Sie in Ihr Spiegelbild und gestehen Sie sich Ihre eigene Dummheit ein. Weinen Sie ein paar Tränen. Wenn Sie das getan haben, kehren Sie wieder an den Schreibtisch zurück und schreiben Sie hier Ihren Jimmy-Swaggart-Moment nieder.

Mein Jimmy-Swaggart-Moment:

_____

_____

_____

_____

_____

_____

Haben Sie es wirklich getan? Hatten Sie Ihren Jimmy-Swaggart-Moment? Nun, da Sie ihn hinter sich haben, lassen Sie ihn hinter sich. Ich weiß, ich habe Sie so lange genervt, bis Sie endlich Ihre Fehler zugegeben und die Verantwortung für sie übernommen haben. Ich habe Sie gebeten, zum Spiegel zu gehen und ein paar Tränen zu vergießen. Ich habe Sie sogar gebeten, das alles niederzuschreiben. Gut. Jetzt sage ich Ihnen: Lassen Sie es hinter sich. Quälen Sie sich nicht zu lange mit Selbstmitleid.

Es gibt nichts Schlimmeres als jemanden, der sich andauernd entschuldigt und uns daran erinnert, was für ein Idiot er doch war. Wir wissen es jetzt! Also bringen Sie die Sache möglichst bald in Ordnung und lassen Sie sie hinter sich. Dieser Gedanke ist das Ergebnis von etwas, das mein Sohn Tyler zu mir gesagt hat, als er mir erzählte, er habe schon mit 19 Jahren den Schlüssel zum Erfolg gefunden. Er sagte, letztendlich komme es darauf an:

„WENN SIE MIST BAUEN, KEIN PROBLEM.
GEBEN SIE'S ZU, KORRIGIEREN SIE ES –
UND VERGESSEN SIE'S."

TYLER WINGET

Ein guter Rat, mein Sohn.

Machen Sie's auch so. Machen Sie weiter. Aber wohin? Was kommt als Nächstes?

Erkenntnis der Situation und Selbsterkenntnis sind der erste Schritt. Bildung und Anwendung sind die nächsten.

Bildung

„DER HERR HAT DIR ZWEI ENDEN GEGEBEN,
EINS ZUM DRAUFSITZEN UND
EINS ZUM NACHDENKEN. DEIN ERFOLG
HÄNGT DAVON AB, WELCHES DU NIMMST.
MIT DEM HINTERN DU VERLIERST,
MIT DEM KOPF DU GEWINNST."

TIM HANSEL

Die Leute würden es besser *machen*, wenn sie *wüssten*, wie. Das lässt sich nur durch bessere Bildung ändern.

Hier liegt das Problem bei den meisten, üblicherweise verwendeten Lehrmethoden: Wir bringen den Leuten bei, wie man sich richtig verhält, bevor wir ihnen sagen, wie man sich falsch verhält. Wenn Sie mit Leuten arbeiten, die es nicht besser wissen (etwa mit denen, die ich weiter oben als Ignoranten bezeichnet habe), können Sie mit dem richtigen Verhalten anfangen. Dasselbe gilt auch für Kinder. Sie sparen eine Menge Zeit, wenn Sie Kindern von vornherein die richtige Art zu leben, zu essen und sich zu benehmen beibringen, sodass sie sich falsche Verhaltensweisen erst gar nicht wieder abgewöhnen müssen.

Aber Leute, die schon jahrelang falsche Verhaltensweisen praktizieren, müssen erst einen beachtlichen Aufwand betreiben, um sich
diese wieder abzugewöhnen, bevor sie lernen können, wie man´s richtig macht. Deshalb ist mein Ansatz ein anderer als der der meisten
Erfolgs-Gurus: Ich zeige Ihnen, dass das, was Sie bisher getan haben,
Ihnen nicht die Ergebnisse bringt, die Sie haben wollen und zeige
Ihnen erst dann, wie es richtig geht. Die meisten Lehrer machen es
anders – sie sagen Ihnen, wie´s geht, ohne Ihnen zu beweisen, dass
Sie zuerst Ihre falschen erlernten Verhaltensweisen ablegen müssen.

So ist es auch in Finanzangelegenheiten. Es gibt eine Menge Finanz-
Gurus, die sich Mühe geben, den Leuten beizubringen, wie sie reich
werden können. Es gibt so viele Möglichkeiten, reich zu werden, wie
es reiche Menschen gibt. Es gibt nicht den einen, richtigen Weg dahin.
Aber egal, für welchen Weg Sie sich entscheiden, Sie werden erst
reich, wenn Sie endlich damit aufhören, das zu tun, was Sie in der
Armut verharren lässt. Kürzlich habe ich auf einer großen öffentlichen Versammlung gesprochen; das Thema war, wie man reich wird.
Zu diesem „Reichwerde-Wochenendseminar" gehörten mehrere unterschiedliche Experten, die auf der Bühne auftraten und die Leuten
davon überzeugen wollten, dass man reich werden könne, wenn
man Kram im Internet verkauft, zur Zwangsversteigerung anstehen-
de Häuser kauft und so Zeug. „Auch Sie können Millionär werden –
und zwar schnell und einfach!", lautete das Hauptthema. Ich war der
letzte Redner. Ich habe ihnen gesagt, dass es zwar möglich sei, reich
und ein Millionär zu werden, wenn man die Tipps meiner Vorredner
befolgt, aber dass es doch sehr unwahrscheinlich sei. Dann habe ich
sie gefragt: „Also, wenn Sie alles Notwendige tun und tatsächlich
reich werden, was machen Sie dann mit all Ihrem Geld? Haben Sie
einen Plan? Oder wollen Sie nur das Geld?" Die Leute wollten Geld
verdienen, hatten aber keinen Plan, wofür sie es ausgeben, wie sie es
anlegen und wozu sie es verwenden wollten. Das heißt, sie hatten

immer noch die Denke armer Leute. Sie würden im Grunde armselige Menschen bleiben, auch wenn sie zu Geld kämen. Ich bringe den Leuten nicht bei, wie man reich wird. Ich sage ihnen, was sie brauchen, um nicht länger pleite zu sein. Man muss den Leuten erklären, nicht länger wie arme Schlucker zu leben und zu denken, sondern schon wie die Reichen zu denken, auch wenn sie es noch nicht sind. So herum funktioniert es – in jedem Lebensbereich:

Sie können den Menschen nicht beibringen, wie man gesünder lebt, wenn Sie ihnen nicht vorher sagen, welche Lebensweisen ungesund und daher zu vermeiden sind.

Sie können den Leuten nicht beibringen, gute Eltern zu werden, wenn Sie ihnen nicht vorher sagen, was von dem, was sie bisher getan haben, pädagogisch schlecht war.

Sie können den Leuten nicht beibringen, wie sie es richtig machen, solange Sie ihnen nicht gezeigt haben, was falsch ist und wie man aufhört, das Falsche zu tun. Sie wissen erst dann, was falsch war, wenn sie mit den negativen Folgen ihres Verhaltens konfrontiert werden. Erst wenn sie die negativen Folgen zu spüren bekommen und begreifen, dass es ihr Verhalten war, das diese negativen Folgen herbeigeführt hat, werden sie verstehen, was richtiges Handeln ist und eher bereit sein, sich zu ändern.

Allerdings ist Bildung nur dann ein probates Mittel, um Ihre Ziele zu erreichen, wenn Sie wirklich lernbereit sind. Die Leute sind dann am ehesten lernbereit, wenn es für sie um sehr viel geht.

Zurück zu der Zeit, als ich noch ein erfolgreicher kleiner Unternehmer in der Telekommunikationsbranche war. Ich habe diese Story schon in meinen früheren Büchern ausführlich erzählt und will das alles hier nicht noch mal aufwärmen. Viele wissen, dass ich einmal sehr erfolgreich war und dann alles durch eine Reihe schlechter Entscheidungen und dummer Fehler verloren habe. Aber wie die Geschichte weitergeht, beweist, wie wichtig Lesen und Lernen für uns alle sind.

Nachdem ich mein Unternehmen verloren hatte, habe ich die Entscheidung getroffen, ein professioneller Redner zu werden. Alles, was ich brauchte, war ein Publikum. Ich wusste, ich hatte etwas Wichtiges zu erzählen und konnte das auch richtig gut rüberbringen. Mein Ziel war es, Vertriebstrainer zu werden, denn ich hatte schon viel Trainingsmaterial für den Vertrieb und Verkauf verfasst und war ein preisgekrönter Verkäufer und Vertriebsleiter. Als ich meiner Frau sagte, ich wolle professioneller Vortragsredner werden, fragte sie mich: „Aber Du weißt doch noch gar nichts über diesen Beruf, oder?" Ich musste zugeben, dass sie recht hatte. Ich wusste was über Unternehmen und Geschäftsführung und darüber, wie man ein Unternehmen gegen die Wand fährt, aber ich hatte keine Ahnung, wie die Arbeitsbedingungen für Vortragsredner aussahen. Also ging ich an die Arbeit. Ich studierte den Beruf des Vortragsredners. Ich sprach mit Vertretern des Berufes, die gut verdienten und mit anderen, die zu kämpfen hatten und nicht wirklich gut im Geschäft waren. Ich entschied mich dafür, zu denen zu gehören, die gut verdienten. (Das ist übrigens kein Witz, sondern ein echter Tipp: Wenn Sie im Geschäftsleben Erfolg haben wollen, orientieren Sie sich immer an den Leuten, die gut verdienen.)

Aber ich studierte nicht nur die Arbeitsbedingungen dieses Berufes. Ich studierte das, was andere Redner erzählten. Ich wollte wissen, worüber all die „Großen" des Gewerbes sprechen – nicht, um sie zu kopieren, sondern um etwas anderes sagen zu können als sie. Außerdem war ich begierig zu erfahren, wie sie ihre Botschaft an den Mann brachten und warum man ihnen dafür so viel bezahlte. Ich studierte ihren Sprachstil. Ich beobachtete die großen Redner, Prediger, Politiker und Autoren und hörte ihnen ganz genau zu. Ich besaß einmal mehr als 150 Audio-Reihen und noch mehr Videos, hergestellt vom Nightingale-Conant-Verlag. Ich war wahrscheinlich damals ihr bester Kunde. Jetzt, 20 Jahre später, habe ich meine eigene

Nightingale-Conant-Reihe mit dem schönen Titel: „Erfolg ist Ihre eigene verdammte Schuld". Mein Ziel, eines Tages meine eigene Nightingale-Conant-Reihe zu bekommen, stand schon 20 Jahre, bevor sie mich tatsächlich anriefen, auf meiner Liste.

Ich hörte mir jede CD der Serie an und sah mir jedes einzelne Video mindestens zwanzigmal an. So lernte ich nicht nur viel übers Sprechen, sondern erfuhr auch viele gute Personaltrainingstipps für mich selbst, was ein zusätzlicher Nutzen der Methode war. Ferner las ich Woche für Woche mindestens drei Bücher und entwickelte eine meiner besten Gewohnheiten: Das Bücherverschlingen.

Warum ich das alles tat? Mein Risiko war hoch. Ich war soeben bankrott gegangen und brauchte dringend Geld. Ich konnte mir keine neue Bauchlandung leisten. Mein neuer Beruf musste einfach ein Erfolg werden. Ich hatte keine Zeit zu verlieren. Deshalb war ich bereit, alles zu tun, um erfolgreich zu werden.

Ich erinnere mich noch gut an mein erstes Treffen der Oklahoma Speakers Association, des Rednerverbandes von Oklahoma. Als ich mich vielen der erfahrenen Rednerkollegen vorstellte und ihnen sagte, ich hätte gerade erst angefangen, sei aber fest entschlossen, erfolgreich zu werden, lachte mir einer von ihnen ins Gesicht und meinte: „Man braucht in diesem Geschäft mindestens fünf bis sechs Jahre, um erfolgreich zu werden." Ich antwortete, so lange hätte ich nicht Zeit, ich hätte nicht mal fünf bis sechs Wochen Zeit – ich müsse sofort erfolgreich werden. Mit dieser Zielsetzung, dem Zwang und dem brennenden Wunsch zum Erfolg wird einem Bildung sehr wichtig.

Siehe da – innerhalb von fünf bis sechs Wochen konnte ich schon ganz gut von meinem Beruf leben. Heute, 20 Jahre später, kämpfen die Jungs, die mich damals auslachten, immer noch ums Überleben.

Suchen auch Sie verzweifelt Erfolg im Leben? Haben Sie wirklich den brennenden Wunsch, glücklicher, reicher und erfolgreicher zu werden? Wenn ja, dann ist der Zeitaufwand, den Sie brauchen, um ein paar Bücher zu lesen, Cassetten und CDs zu hören und Videos anzusehen, bestimmt kein allzu großes Opfer für Sie auf dem Weg zu einem besseren Leben.

Bildung räumt auf mit falschen Informationen

Etwas anderes Tolles an mehr Bildung ist, dass sie mit vielen mangelhaften Informationen aufräumt, die Sie einmal gelernt haben.

> „NICHT DAS, WAS EIN MANN WEISS,
> TUT IHM WEH, SONDERN DAS,
> VON DEM ER WEISS, DASS ES NICHT SO IST."
>
> *MARK TWAIN*

Wir alle haben eine Menge Sachen gelernt, die gar nicht stimmen, aber unser Leben entscheidend beeinflussen. Wir haben sie so oft gelernt und so lange danach gelebt, dass wir Stein und Bein schwören könnten, das alles wäre wahr.

Meine Mutter hat immer gesagt, wenn man im Winter keinen Hut trägt und sich dabei den Kopf verkühlt, kann man sich erkälten. Aber das stimmt nicht. Meine Mutter ist nicht dumm. Sie hat mir sehr viel über das Leben beigebracht, darüber, wie man ein guter Mensch wird und viele andere wertvolle Dinge. Aber was diese eine Information anbelangt, liegt sie total daneben. Aber es war eben etwas, was sie ihrerseits schon von ihrer Mutter gelernt hatte, und sie glaubt noch heute daran, dass es stimmt. Ich kann sagen, was ich will, um ihr zu beweisen, dass es nicht stimmt, sie ist und bleibt davon überzeugt. Sie hat ein dummes Vorurteil übernommen und es niemals hinterfragt.

Sie ist nun mal überzeugt, dass es stimmt, und es gehört zu ihren Grundüberzeugungen.

Noch vor hundert Jahren dachten die Menschen, die Erde wäre eine flache Scheibe. Die allgemeine Überzeugung war die, dass man mit einem Schiff bis ans Ende der Welt segeln und dort abstürzen könne. Das stimmte zwar nicht, aber es setzte allem, was die Menschen auf Erden taten, Grenzen. Erst als ein paar Jungs diesen Irrglauben anzweifelten, wurde die Welt größer und alles veränderte sich.

Sie haben bestimmte Dinge gelernt und glauben felsenfest daran, dass sie wahr sind, aber es ist nun einmal Tatsache, dass einige davon nicht stimmen. Solche unkorrekten Überzeugungen schränken Ihre Aussichten auf Erfolg ein. Bildung hilft Ihnen dabei, diejenigen Informationen zu erkennen, die Sie irrtümlicherweise für richtig hielten, die aber in Wirklichkeit nicht stimmen. Diese Informationen müssen Sie herausfiltern und aus Ihrem Gedächtnis streichen.

Aber Bildung allein ändert nichts für Sie. Sie müssen handeln, wie die paar Jungs, die in die Boote gestiegen sind und das Denken der Wissenschaftler, die Erde sei eine Scheibe, revolutioniert haben. Sie müssen selbst in Ihr eigenes kleines Boot steigen und bis über den Rand des Bekannten hinaus segeln, um den Beweis anzutreten, dass Sie noch weiter hinaus können.

Wissen allein wird Ihre Welt nicht erweitern. Sie müssen dieses Wissen praktisch anwenden.

Umsetzung

Verdammt! Schon wieder dieses Wort „Umsetzung", nicht wahr? „Umsetzung", das bedeutet auch wieder Handeln – gute, altmodische, harte Arbeit. Wenn Sie sagen, Sie wollen sich anstrengen, werden die Leute um Sie herum lächeln und wohlwollend nicken. Wenn Sie sagen, Sie handeln auf der Grundlage dessen, was Sie wissen, werden die Leute sagen, „natürlich". Aber wenn Sie von Arbeit sprechen, duckt sich jeder weg. Was auch immer die Leute sagen, die Wirklichkeit sieht so aus, dass sie alles tun wollen, außer hart arbeiten.

Natürlich gibt es diese neue Generation von Idioten, die sagen, Arbeit sei gar keine echte Arbeit, solange man das, was man tut, gern macht. Aber das, liebe Freunde, ist nur dummes Gewäsch! Jeder, der Ihnen sagt, Sie bräuchten nur zu lieben, was Sie tun und schon sei es keine Arbeit mehr, ist ein völliger Idiot. Ich mag das, was ich tue, sehr gern, trotzdem fühlt es sich meistens wie Arbeit an. Auch wenn ich manche Aspekte meiner Tätigkeit liebe, ist es immer noch Arbeit. Das ist für mich völlig okay, denn ich habe die Wahrheit verstanden: Arbeit ist Arbeit! Es ist keine Freizeit, keine gesellige Zeit, keine Zeit zum Genießen. Es ist und heißt Arbeitszeit! Ich habe sogar ein Buch geschrieben mit dem Titel „Mach Deinen Job", in dem es um diesen Begriff und viele andere Aspekte von Arbeit geht. Der kritische Schritt des Handelns, das heißt des Ärmel-Hochkrempelns, ist der eine Schritt, der so gerne ausgelassen wird. Es gibt eine ganze Denkschule, die behauptet, man müsse gar nicht arbeiten, man komme auch durch Denken zum Erfolg! Sind Sie schon durch diese Schule gegangen? Es ist eine Schule für Hirnamputierte! Die Absolventen dieser Schule bekommen alle ein Diplom in die Hand gedrückt – und das heißt Enttäuschung. Sie können nicht durch reines Denken zum Erfolg gelangen.

REINES WUNSCHDENKEN IST KEINE STRATEGIE, DIE ZUM ERFOLG FÜHRT.

Auch wenn Sie noch so gern schlanker werden wollen und sich noch so sehr darauf konzentrieren, Ihr Idealgewicht zu erreichen – wenn Sie nicht bald Ihren fetten Hintern erheben und zur Tat schreiten, werden Sie immer fett bleiben.

Sie können den besten Plan der Welt haben, wie Sie mehr verkaufen können, aber wenn Sie nicht mit Ihren Kunden sprechen, klappt es nicht.

Sie können die besten Absichten haben, mehr Zeit mit Ihrer Familie zu verbringen, aber wenn Sie nicht wirklich damit anfangen, sich Zeit für sie zu reservieren, bleibt es bei leeren Worten.

Erzählen Sie mir nicht, was Sie alles planen. Verschwenden Sie nicht meine und Ihre eigene Zeit damit, mir Ihre Erfolgsstrategie in allen Details zu erläutern. Zeigen Sie mir einfach nur, was Sie unternehmen, um erfolgreich zu werden. Ihre Handlungen erzählen mir alles, was ich wissen muss. Es ist schön, wenn man einen ausgeklügelten strategischen Plan hat, aber wenn Sie diesen Ihren Plan nicht umsetzen, bleibt es bei schönen Worten.

Wenn Sie mir erzählen, dass Sie eine halbe Stunde früher aufstehen, um diese halbe Stunde lang in Ruhe zu lesen, bevor der Rest Ihrer Familie wach wird, glaube ich Ihnen, dass Sie es ernst meinen. Beachten Sie bitte, dass ich nicht gesagt habe, dass Sie beabsichtigen, um sechs Uhr morgens aufzustehen, sondern, dass Sie tatsächlich um sechs Uhr morgens aufstehen. Mich interessiert, was Sie wirklich tun, nicht, was Sie tun wollen.

Wenn Sie mir erzählen, dass Sie jeden Tag eine halbe Stunde zu Fuß gehen oder lieber die Treppen als den Aufzug nehmen oder keine Pommes frites mehr essen, weil Sie Ihre Gesundheit ernst nehmen, stehe ich voll hinter Ihnen.

Zeigen Sie mir, was Sie tun. Nicht, was Sie tun wollen, worüber Sie reden, was Sie hoffen, woran Sie denken – sondern, was Sie wirklich und wahrhaftig tun.

Tut mir leid, aber Sie wissen noch nicht genug

Ich möchte jetzt sofort mit einem bestimmten Gedanken aufräumen. Sie denken ihn wahrscheinlich sowieso, also reden wir offen darüber. Egal, wie viel Sie studieren, wie viel Sie lernen, wie viel Sie jetzt schon wissen – Sie glauben bestimmt, Sie wüssten noch nicht genug, um Ihr Ziel zu erreichen. Sie haben recht. Sie wissen bestimmt noch nicht alles, was Sie wissen sollten, um Ihr Ziel zu erreichen. Aber Sie wissen schon genug, um darauf hinzuarbeiten. Das ist alles, was Sie wirklich wissen müssen – wie Sie anfangen.

> ## SIE MÜSSEN NICHT GUT SEIN, UM ANFANGEN ZU KÖNNEN, ABER SIE MÜSSEN ANFANGEN, UM GUT SEIN ZU KÖNNEN.
>
> *UNBEKANNT*

Tun Sie vorerst nur so ...

Überrascht, dass ich das sage? Es klingt, als wollte ich Ihnen raten, zu betrügen, wo ich doch sonst bei jeder Gelegenheit predige, man soll authentisch sein. Ich sage nicht, Sie sollen betrügen, ich sage nur, Sie sollen selbstbewusst an Ihre Aufgaben herangehen, auch wenn es am Anfang noch ein wackeliges, unverdientes Selbstvertrauen ist. Handeln Sie so lange selbstbewusst, bis Sie durch Ihr Handeln tatsächlich das notwendige Selbstvertrauen erlangen.

Sie können Ihr Selbstvertrauen in vielfältiger Weise beeinflussen, was wenig mit Ihren tatsächlichen Fachkompetenzen zu tun hat. *Lernen Sie gleich von Anfang an die richtige branchenübliche Sprache, den richtigen Fachjargon.* Das Wissen, wie man etwas richtig ausdrückt, ist ein wichtiger Schritt auf dem Weg zur beruflichen Könnerschaft. Wollen Sie Tennisspielen lernen? Dann fangen Sie am besten damit an, dass Sie Fachausdrücke wie „love" für null, Vorteil, Angabe, Matchpoint, Grundlinie und so weiter üben, damit Sie, wenn Sie draußen Tennis üben, nicht gleich als blutiger Anfänger entlarvt werden. Das Mindeste, was Sie tun können, ist, sich den korrekten Fachjargon einzuprägen. Den nicht zu kennen, zeugt von einem Mangel an Respekt Ihrer Tätigkeit gegenüber. So, und jetzt schnappen Sie sich einen Footballschläger und schlagen Sie ein Ass!

Ziehen Sie sich korrekt an. Es ist wie beim Turnen in der Oberstufenklasse: Sie müssen entsprechend angezogen sein. Sie müssen sich so anziehen, wie Sie anderen gegenüber auftreten wollen. Einem Polizisten würde man wohl kaum denselben Respekt entgegenbringen, wenn er nicht seine Uniform anhätte. Eine Uniform flößt den Leuten Respekt ein. Sie steht für Diensteifer. Ich denke, das ist der Grund dafür, dass Schiedsrichter oft gestreifte Trikots anhaben. Aus demselben Grund tragen Militärs Bänder und Medaillen an ihren Uniformen – um zu zeigen, was sie schon erreicht haben. Es ist ein Teil der Außenwirkung, des Image. Wenn Sie auf dem Weg sind, eine Aufgabe zu meistern, müssen Sie das richtige Image ausstrahlen.

Als ich Golf lernen wollte, habe ich mir erst mal die richtige Kluft gekauft, um auf dem Rasen nicht wie ein Volltrottel auszusehen. Habe ich deswegen besser gespielt? Leider nicht. Aber wenn ich als Anfänger schon wie ein Idiot spiele, will ich nicht auch noch wie einer aussehen.

Strahlen Sie aus, dass Sie genau wissen, was Sie tun. Ich erinnere mich noch, wie ich das erste Mal nach New York City kam. Ich war Anfang zwanzig und ging zusammen mit einem Freund auf einen Kongress. Ich war ein richtiges Landei, ein dummer Junge aus Oklahoma, der noch nie in einer Großstadt wie dieser war. Ich ging mit hoch erhobenem Kopf umher und staunte nur so, wie hoch die riesigen Wolkenkratzer um mich herum waren. Eines Abends ging ich mit meinem Kumpel die Straße entlang, da wurden wir von einem Polizisten aufgehalten, der uns fragte, woher wir denn kämen. Als wir ihm sagten, wir kämen aus Oklahoma, nickte er nur und meinte, wir sollten uns lieber ein Taxi nehmen und zurück in unser Hotel fahren. Als ich ihn fragte, warum, antwortete er, uns könne alles Mögliche passieren, wenn wir um diese Tageszeit in diesem Viertel herumspazierten. Wir waren ganz erstaunt. Ich meinte: „Aber sehen Sie doch – auch alte Weiblein laufen hier um diese Zeit noch allein herum. Warum sollen wir hier nicht zu zweit auf die Straße gehen können?"

Der Cop sagte, die kleinen alten Frauen sähen eben so aus, als wüssten sie, was sie tun. Sie gehörten hierher, und niemand würde sie angreifen. Wir aber sähen so aus, als gehörten wir nicht hierher und wüssten nicht, was wir tun und wären leichte Beute für alle Arten von Verbrechern. Wir nahmen uns ein Taxi und fuhren ins Hotel zurück. Es war mir eine Lehre. Deswegen rate ich Ihnen: Wirken Sie immer so, als gehörten Sie dahin und als wüssten Sie genau, was Sie tun, auch wenn das nicht immer der Fall sein sollte.

Legen Sie sich die richtige Ausrüstung zu. Wenn Sie zur Bowlingbahn gehen, gibt man Ihnen ein Paar spezieller Schuhe und eine Bowlingkugel zum Spielen (außer, Sie sind ein geübter Spieler und bringen Ihre eigenen Sachen mit.) Aber auch wenn Sie ein geübter Spieler sind, hat man Ihnen beim ersten Mal diese Sachen bestimmt geliehen. Sie wussten noch nicht, wie man richtig spielt, aber da Sie die richtige Ausrüstung gestellt bekamen, konnten Sie zumindest so tun als ob, bis Sie es gelernt hatten. Wenn Sie nicht die richtige Ausrüstung hätten, würden Sie wie ein Idiot aussehen.

Warum ist es so wichtig, die richtige Ausrüstung zu haben? Zum Bowlen braucht man rutschfeste Schuhe, sonst landet man bei dem glatten Holzboden im Nu auf dem Hintern. Außerdem braucht man einen Ball, den man entlang der Bahn rollt, um damit die Kegel umzuwerfen. Es wäre schwierig, einen Holzklotz, ein Brecheisen oder einen Stamm zu rollen, deshalb muss es eben eine Kugel sein. Wäre es ein Holzbrett, dann würde das Ganze „Brettern" statt „Bowlen" heißen, und das ist etwas ganz anderes. Aber es ist auch keine Schüssel (engl. bowl), und doch sagt man „Bowlen", warum, weiß der Henker ... Aber ich schweife ab. Jedenfalls brauchen Sie die richtige Ausrüstung. Dasselbe gilt fürs Golfspiel – und für jeden Beruf. Wenn Sie Landschaftsgärtner sind, kommen Sie auch nicht mit einer einfachen Schere vorbei, um den Rasen zu mähen. Ein Polizist jagt Gangster nur mit der Pistole – außer in England, wo die Bobbies bekanntlich mit Schlagstöcken bewaffnet sind.

Auch im Leben ist es wichtig, immer die richtige Ausrüstung zu haben. Sehen Sie sich in Ihrem Haus um und prüfen Sie, ob Sie alles besitzen, was Sie zum Erfolgreichsein brauchen. Haben Sie Bücher zum Thema Erfolg? Na ja, wenigstens eins haben Sie ja – dieses hier. Besitzen Sie noch andere? Sie wollen doch in Gelddingen besser Bescheid wissen. Lesen Sie auch den Wirtschaftsteil Ihrer Zeitung? Sehen Sie sich Wirtschaftsmagazine im Fernsehen an? Entscheiden Sie, was Sie tun und was Sie werden wollen und besorgen Sie sich erst einmal die dementsprechende Ausrüstung.

Finden Sie einen erfolgreichen Menschen und eifern Sie ihm nach. Damit allein lösen Sie Ihre schwierigen Aufgaben noch nicht, aber Sie können dem Beispiel eines Menschen folgen, der schon in Ihrer Lage war und weiß, was er tut.

Mein Freund Brad ist ein Anfänger im Golfen. Er erzählte mir, als er anfing, habe er einen Freund, der ziemlich gut Golf spielt, gefragt, ob er ihn einige Tage lang begleiten und genau beobachten dürfe. Der Freund willigte ein. Brad nahm nicht einmal seine eigenen Golfschläger dazu mit. Er sah einfach nur zu, wie sein Freund alles machte. Er studierte, wie man sich dem Ball auf dem Tee nähert, wie man den Ball auf dem Rasen platziert und welchen Schläger man wann einsetzt. Brad fragte den Freund nach dem Sinn einer jeden Bewegung, die er machte und schrieb sich alles auf. Dann begann er, auf der Grundlage seiner Notizen zu spielen. Nachdem er viel geübt hatte, spielte er schon bald ganz ordentlich. Warum? Weil er es richtig anfing, indem er sich ein erfolgreiches Vorbild zum Nachahmen suchte, es genau studierte und dann, basierend auf seinen eigenen Beobachtungen, alles selbst in die Tat umsetzte.

Wenn Sie einen erfolgreichen Menschen finden, an dem Sie sich orientieren können, streiten Sie nicht mit ihm. Nichts ärgert einen erfolgreichen Menschen mehr, als wenn ein nicht Erfolgreicher mit ihm über den richtigen Weg zum Erfolg diskutiert. Seien Sie respektvoll. Schließlich ist derjenige bereit, seine Erfahrung und seinen Sachverstand mit Ihnen zu teilen. Seien Sie ihm dankbar dafür.

So tun als ob – funktioniert das?

Gestern Abend sah ich eine Episode meiner Lieblings-Fernsehshows, in der es ums Thema Kochen geht. Ich hätte zu gern eine eigene Fernsehsendung, in der ich kochen darf! In der Show geht es grundsätzlich immer darum, dass eine Gruppe von Möchtegern-Küchenchefs einem Gremium von Kochexperten beweisen soll, dass sie die Fähigkeit haben, Gastgeber ihrer eigenen Fernsehkochshow zu sein. Dazu müssen sie natürlich gut kochen können, aber sie brauchen auch persönliche Ausstrahlung, da es ja eine Fernsehsendung ist. In einer Übung mussten die Kandidaten das zusehende Publikum von ihren sichtbaren technischen Fähigkeiten überzeugen. Man gab ihnen verschiedene Aufgaben, zum Beispiel eine Auster auszulösen, ein Huhn zum Braten herrichten, eine Ananas schälen und Ähnliches. Ein Typ sollte eine Kokosnuss öffnen. Er trat mit Hammer und Nagel direkt vor die Kamera und erklärte genau, wie es geht. Seine Vorführung überzeugte mich so sehr, dass ich mir sicher war, es bei Bedarf auch selbst so machen zu können. Erst als die Experten ihren Kommentar zu jedem abgaben, hörte ich, dass es so gar nicht funktioniert. Trotzdem gewann der Typ den Wettstreit, weil er es mit so viel Selbstvertrauen gemacht und seine Fähigkeiten so überzeugend „verkauft" hatte wie kein anderer. Er tat nur so, als ob – aber absolut gekonnt.

„So tun, als ob" funktioniert nur eine Zeitlang

Früher oder später muss man zeigen, dass man es wirklich kann. Man kann nicht immer nur so tun, als ob. Das geht eine Weile, aber irgendwann muss man das Versprochene schon einlösen. Sie dürfen nur so lange so tun, als ob, wie Sie brauchen, um herauszukriegen, wie es geht. Auch wenn Sie noch nicht erfolgreich sind, müssen Sie schon wie ein Erfolgsmensch auftreten. Auch wenn Sie noch nicht reich sind, müssen Sie schon wie ein Reicher auftreten. Auch wenn Sie noch nicht ganz gesund sind, müssen Sie schon so tun, als wäre Sie gesund. Denn nur wenn Sie es tun, gewöhnen Sie sich an die Haltung eines erfolgreichen, wohlhabenden und gesunden Menschen. Wer hat die Ausstrahlung eines erfolgreichen Menschen? Nur ein erfolgreicher Mensch. Sehen Sie, wie es funktioniert? Cool, was? Indem Sie zuerst so tun als ob, es dann aber auch wahr machen, erreichen Sie Ihr Ziel – und Ihr Traum wird Wirklichkeit.

Der einfachste Aktionsplan

Suchen Sie sich etwas aus und machen Sie es anders als bisher – egal, was. Bitte lesen Sie diesen Satz noch mal, er ist sehr wichtig. Suchen Sie sich etwas aus und machen Sie es anders als bisher – egal, was. Wenn Ihr Leben nicht so klappt, wie es soll, kann sich jede noch so kleine Veränderung positiv auswirken. Jede Veränderung Ihres Handelns bringt ein anderes Ergebnis.

Ihre Ergebnisse sind die Folge Ihrer Handlungen. Wenn Ihnen die Ergebnisse, die Sie erzielen, nicht gefallen, müssen Sie etwas anders machen. Diese simple kleine Idee ist der Schlüssel zu Ihrem neuen Leben. Wenn Sie etwas anderes als bisher tun, bekommen Sie auch andere Ergebnisse.

„Was soll ich ändern?" Egal, was. Vielleicht auch alles. Wenn ich mit meinen Ergebnissen nicht mehr zufrieden wäre, würde ich alles Mögliche ausprobieren, sogar auf der anderen Seite des Ehebettes schlafen, wenn´s sein muss. Ob das funktioniert? Weiß ich nicht, aber es kann nicht schaden. Vielleicht hat es zur Folge, dass ich mich dann nicht mehr so wohl in meinem Bett fühle und eher aufstehe. Das wäre auch nicht von Nachteil.

JEDE VERHALTENSÄNDERUNG HAT ANDERE ERGEBNISSE ZUR FOLGE.

Jedes neue Handeln ist richtig

Sorgen Sie sich nicht zu sehr darum, wie Sie richtig handeln. Selbst wenn sich Ihr Handeln irgendwann als falsch herausstellt, können Sie das noch rechtzeitig herausfinden, es korrigieren und anschließend richtig machen.

Handeln ist, wie einen Ball eine schiefe Ebene hinunterlaufen zu lassen. Es entwickelt eine Eigendynamik. Wenn Sie anfangen, ergibt eine Handlung die andere, diese wiederum eine andere, und bevor Sie es richtig merken, haben Sie schon etwas Bedeutendes erreicht.

„Ich habe Angst, einfach loszulegen."

Vor ein paar Jahren habe ich ein großartiges Buch gelesen – es heißt „Selbstvertrauen gewinnen – Die Angst vor der Angst verlieren" und ist von Susan Jeffers (Kösel Verlag, 6. Aufl. 1998).

Lesen Sie das Buch selbst, wenn Sie die Möglichkeit dazu haben, aber vorerst genügt es, dass Sie sich den Titel verinnerlichen. Bestimmt haben auch Sie vor so manchen Dingen und Situationen Angst. Da kommt man nicht drum herum. Auch ich habe sehr oft Angst. Ja, sogar ich! Als ich zusammen mit David Bach, Jennifer Openshaw, Keith Ferrazzi und Robert Kiyosaki in einer Fernsehshow als einer der weltgrößten Geldberater auftreten musste, hatte auch ich Lampenfieber. Ich bin normalerweise, wenn ich auf die Bühne gehe und meine Vorträge halte, sehr selbstsicher – egal, wer da vor mir sitzt, wie groß das Publikum ist und über welches Thema ich gerade spreche. Ich denke nie groß darüber nach. Als ich meine eigene Fernsehshow Big Spender gedreht habe, wusste ich immer, was ich zu tun habe und bin nie ins Schwitzen gekommen. Aber diesmal war es anders.

Ich war zusammen mit lauter berühmten Experten auf ihrem Gebiet in einer fremden Umgebung und musste meine Meinung zum Thema Geld überzeugend vertreten. Mein Herz klopfte. Obwohl ich mich innerlich fragte, ob ich all dem gewachsen war, ging ich selbstsicher auf die Bühne, schnappte mir einen Stuhl und machte meine Sache ganz gut. Ich hatte Angst, aber ich habe sie besiegt und die Situation bewältigt. Ich habe die Angst durchaus gespürt, aber ich habe es geschafft.

Oft habe ich Angst vor dem, was ich tun muss, aber noch öfter davor, es nicht zu tun. Ich habe weiter oben über die zehn Arten, sein eigenes Leben zu sabotieren, geschrieben; eine davon ist, dass man bestimmte Konsequenzen nicht erkennt.

Wenn mein Nicht-Handeln keine sofortigen äußerlich sichtbaren Folgen hat, dann erfinde ich selbst welche. Nein, ich bestrafe mich nicht und beschimpfe mich selbst nicht, weil ich nichts unternommen habe. Ich verschaffe mir lediglich die Folge der Enttäuschung. Ich selbst bin enttäuscht, wenn ich nicht erreiche, was ich erreichen wollte. Nicht, wenn ich mein Bestes getan habe. Ich mache mir nie Vorwürfe, wenn ich mein Bestes getan habe. Ich bin lediglich dann von mir selbst enttäuscht, wenn ich nicht mein Bestes getan habe. Am meisten bin ich aber enttäuscht von mir, wenn ich etwas nicht erreichen kann, nur weil ich zu viel Angst hatte, es auch nur zu versuchen.

EINE REISE ZU BEGINNEN UND SIE NICHT ZU BEENDEN, IST VERZEIHLICH. DIE REISE GAR NICHT ERST ZU BEGINNEN, IST UNVERZEIHLICH.

Was ist das Schlimmste, was passieren könnte?

Diese Frage stelle ich mir immer, wenn ich vor etwas Angst habe. Wenn dieses Schlimmste wäre, dass ich dabei sterben könnte, dann lasse ich es. Aber das ist selten die Antwort auf etwas, was ich angehen möchte. Für gewöhnlich ist das Schlimmste, was mir droht, dass die Sache nicht so gut ausgeht wie erhofft. Oder, dass ich etwas Peinliches anrichte. Aber ist das wirklich so schlimm? Selbst wenn ich es tue und dabei Pech habe, ist es besser, als wenn ich es nie versucht hätte. Also probiere ich es einfach. Man stirbt auch nicht, wenn man nach mehr Erfolg, Glück und Wohlstand strebt. Fragen Sie sich: „Was könnte mir schlimmstenfalls passieren?" Dann versuchen Sie es einfach. Außerdem passiert das Schlimmste sowieso nur äußerst selten.

Die Schwimmerin Dara Torres gewann bei den Olympischen Spielen 2008 im Alter von 41 Jahren eine Silbermedaille. Ich sah hinterher ein Interview mit ihr, in dem es um ihr vergleichsweise hohes Alter ging. Sie sagte: „Dem Wasser ist es egal, wie alt ich bin. Also, nichts wie rein, und los geht's." Das gilt auch für Sie. Das Leben weiß nicht – und es ist ihm auch egal –, wie alt Sie sind oder welche anderen Ausreden Sie haben, an die Sie sich klammern – also, nichts wie rein, und los geht's.

Machen Sie sich keine Sorgen, dass Sie noch nicht über alles Bescheid wissen. Lassen Sie sich nicht von all dem verwirren, was passieren oder nicht passieren könnte. Lassen Sie sich nicht von Ihren Ängsten lähmen. Kümmern Sie sich nicht um das, was andere über Sie denken. Überlegen Sie sich Ihre Entscheidung lieber gar nicht. Wenn eine

Antilope einen Löwen brüllen hört, überlegt sie nicht lange, ob sie weiterhin grasen soll oder nicht, sie läuft einfach los. Das tut sie instinktiv, ohne nachzudenken. Werden auch Sie wie die Antilope, wenn der Löwe brüllt. Handeln Sie nach Ihrem Bauchgefühl.

„WIE MAN DINGE AM BESTEN ANGEHT? EINFACH ANFANGEN."

HORACE GREELEY

Wann ist der beste Zeitpunkt, anzufangen?

Ein Typ geht zu seiner Ruhestands-Abschiedsfeier im Kollegenkreis. Seine Kollegen fragen ihn nach seinen künftigen Plänen. Er sagt, er wolle in Zukunft mehr Reisen zusammen mit seiner Frau unternehmen, Golf spielen und viel Zeit mit seinen Enkelkindern verbringen. Die anderen finden das gut.

Als man sich ein Jahr später wiedersieht, fragen ihn seine Kollegen, wie es ihm im Ruhestand gefällt. Er erzählt, er habe gemeinsam mit seiner Frau die USA bereist, außerdem Mexiko und Kanada, und eine große Reise kreuz und quer durch Europa sei auch schon in Planung. Außerdem habe er viel Golf gespielt und sich schon stark verbessert. Nur eines, was er sich vorgenommen hatte, habe er noch nicht gemacht – viel mit seinen Enkelkindern spielen. Als seine Freunde ihn fragen, warum nicht, antwortet er, weil er immer noch keine habe. Warum, wisse er selbst nicht, denn er habe drei erwachsene, gesunde Kinder, die alle glücklich verheiratet seien.

Der Mann fasste einen Plan, um das zu ändern. Zum nächsten Thanksgiving (Erntedankfest) lud er seine Kinder und ihre Ehegatten zum Abendessen zu sich ins Haus ein. Alle standen um die große Tafel herum, da ergriff er das Wort: „Bevor wir beten, möchte ich eine kurze Ansage machen: Heute habe ich ein Konto über 100.000 Dollar eröffnet, das ich meinem erstgeborenen Enkelkind schenken werde." Dann sprach er das Dankgebet, und als er wieder aufsah, standen nur noch er und seine Frau da.

Die Moral von der Geschicht´? Wenn Sie anfangen wollen, fangen Sie gleich jetzt an.

Die Idioten-Werkstatt

KAPITEL 4

Handlungs-
anweisungen
für mehr Erfolg

Handeln verändert die Dinge. Das habe ich jetzt lang und breit bewiesen, finden Sie nicht? Vielleicht noch nicht ausführlich genug, denn egal, wie oft ich es sage, es gibt genug Leute, die immer noch glauben, sie könnten den eigenen Erfolg herbeireden oder Reichtum und Glück durch positives Denken erreichen.

Ich denke, es ist jetzt Zeit für mich, damit aufzuhören, Ihnen zu sagen, wie dringend Sie etwas unternehmen sollten und Ihnen lieber ein paar praktische Handlungsanweisungen zu geben, die Sie befolgen können. In diesem Abschnitt stelle ich Ihnen unterschiedliche Lebensbereiche vor, in denen die meisten Menschen Probleme haben. Anschließend gebe ich Ihnen eine Liste mit konkreten Schritten an die Hand, die Sie befolgen können, um etwas an Ihrer Situation zu ändern. Manche dieser Schritte sind ganz simpel. Manche sind komplexer. Einige passen direkt auf Sie und Ihre eigene Situation, andere nicht. Nehmen Sie sich, was Sie brauchen und setzen Sie es um. Lassen Sie das, was Sie nicht brauchen, beiseite, bis Sie es eines Tages vielleicht doch einmal gebrauchen können.

Nehmen Sie sich nicht zu viel vor

Vielleicht wirkt die Lage, in der Sie sich gerade befinden, so unübersichtlich auf Sie, dass Sie sich ganz überwältigt fühlen und gar nicht mehr wissen, womit Sie anfangen sollen. Lassen Sie sich nicht überwältigen, nur kräftig anschubsen. Picken Sie sich ein paar Lebensbereiche heraus, mit denen Sie beginnen wollen und fangen sie damit an. Woher Sie wissen sollen, womit Sie anfangen sollen? Ganz einfach. Was ist Ihnen am wichtigsten? Ihre Finanzen? Ihr Familienleben? Ihr Gewicht? Ihre Gesundheit? Entscheiden Sie selbst, was Ihnen am wichtigsten ist und fangen Sie mit dem Lebensbereich an, an dem Sie heute noch etwas ändern wollen.

„Aber was ist, wenn ich alles tue, was auf der Liste steht, und es nicht funktioniert?"

Nun, ich gebe zu, das ist theoretisch möglich, obwohl ich nicht glaube, dass es eintrifft. Jeder Punkt auf jeder Liste ist eine Maßnahme zum Positiven, die Sie in Ihrem Leben ergreifen können. Schon wenn Sie nur eine davon umsetzen, und das auch nur auf einer der Listen, wird Ihr Leben ein bisschen besser aussehen. Wenn Sie alle miteinander umsetzen, können Sie beeindruckende Resultate erzielen.

Sie dürfen meine Listen ruhig mit Skepsis betrachten. Das ist kein schlechter Ansatz, wenn es um Selbstverbesserung geht. Aber bei all Ihrer Skepsis bitte ich Sie doch um die grundsätzliche Bereitschaft, einigen der Listen eine Chance zu geben. Versuchen Sie´s zumindest mit ein paar Punkten auf jeder Liste. Es kann sein, dass Sie dabei scheitern. Aber es ist immer noch besser, beim Versuch, Ihr Leben zu ändern, zu scheitern, als es nicht einmal versucht zu haben.

Die erste Liste, mit der jede andere Liste anfängt:

1. Entscheiden Sie sich dafür, sich zu verändern

Schon in der 8. Klasse, nachdem man mich immer gehänselt hatte, weil ich nur eine einzige Jeans besaß, entschied ich mich dafür, reich zu werden. Diese eine Entscheidung hat alle meine späteren Entscheidungen, die ich im Laufe meines Lebens noch getroffen habe, geprägt.

Als ich in Konkurs ging und meine Telekommunikationsgesellschaft zusperren musste, entschied ich mich dafür, ein professioneller Redner zu werden. Diese Entscheidung ist der Grund dafür, dass Sie heute mein Buch in Ihren Händen halten.

Als meine Frau und ich Eheprobleme hatten, entschieden wir uns dafür, zusammen zu bleiben. Es war schwer und fühlte sich manchmal beinahe unmöglich an, aber weil wir diese Entscheidung miteinander getroffen und uns beide daran gehalten haben, wurde unsere Ehe schließlich wieder glücklich.

Als ich beschloss, mein erstes Buch zu schreiben und es einem Verlag zum Kauf anzubieten, traf ich bereits die Entscheidung, dass ich alles in meiner Macht Stehende dafür tun wollte, dass es ein Bestseller wird. Das Buch wurde Nummer 1 auf der *Wall-Street-Journal*-Bestsellerliste.

Alles Gute, was mir in meinem Leben widerfahren ist, war das Ergebnis meiner Entscheidung, meines bewussten Wollens. Dasselbe gilt auch für Sie und Ihr Leben. Mit Ihren Entscheidungen können Sie Ihre Zukunft gestalten und bestimmen. Wenn Sie die Schritte durchgehen, die ich Ihnen nenne, damit Sie in Ihrem Leben mehr tun, besitzen und erreichen können, müssen Sie verstehen, dass die Liste allein die Dinge nicht zum Positiven wendet. Sie müssen sich bewusst dafür entscheiden, alles Ihnen Mögliche zu tun, damit Sie das Leben führen können, das Sie führen wollen und das Sie verdienen.

„DENKEN SIE IMMER DARAN, DASS IHR EIGENER ENTSCHLUSS, ERFOLGREICH ZU SEIN, WICHTIGER IST ALS ALLES ANDERE."

ABRAHAM LINCOLN

2. Sie sollten wissen, warum es für Sie wichtig ist, sich zu verändern

Erklärungen, wie man was tun kann, sind heutzutage so leicht zu bekommen wie nie zuvor. Googeln Sie einfach „Wie kann ich …", und schon bekommen Sie Dutzende von Antworten, die Ihnen weiterhelfen. Das „wie" ist heute kein großes Geheimnis mehr. Aber wie Sie etwas tun können ist lange nicht so wichtig wie die Frage, warum Sie etwas tun wollen. Wenn Sie sich dafür entscheiden, reich werden zu wollen, weil Sie denken, Sie hätten es verdient, ist das ein starkes Argument. Wenn Sie es für Ihre Familie tun, weil Sie der Meinung sind, Ihre Familie hätte nur das Beste verdient, ist das ein noch zugkräftigeres Argument.

Ich hatte mal eine Frau in meiner Sendung Big Spender zu Gast, die sagte, der einzige Grund, warum sie ihr Leben ändern, mit dem Geldausgeben vorsichtiger werden und zu sparen anfangen wolle, sei, weil sie ihrer elfjährigen Tochter ein Vorbild sein wolle. Sie wollte, dass ihre Tochter stolz auf sie sein kann. Das war ihr persönlicher Grund. Es war ihre Motivation, wenn es schwierig für sie wurde. Dann erinnerte sie sich selbst daran, wie wichtig es war, dass sie ihrer Tochter ein vernünftiges Verhalten in Gelddingen beibrachte. So gelang es ihr, sich selbst im Zaum zu halten. In der Zeit, in der ich diese Fernsehshow machte, lernte ich eine Menge Leute kennen, denen es nicht gelang, ihr Leben finanziell in den Griff zu bekommen. Diejenigen, denen es nicht gelang, waren die, deren Grund durchzuhalten nicht stark genug war. Ihr Beweggrund war einfach nicht stark genug, um sie bei der Stange zu halten.

Wenn ich Sie bitte, eine Minute lang darüber nachzudenken, warum Sie abnehmen wollen, tun Sie es bitte. Eigentlich ist die Antwort nicht schwer: Sie wollen besser aussehen, sich besser fühlen, länger leben. Für andere Fragen müssen Sie schon ein bisschen gründlicher nachdenken. Bestimmt ist die Versuchung groß, sie auszulassen. Bitte tun Sie das nicht. Sie sollten sich schon einmal die Frage stellen, warum Sie mehr Spaß haben wollen, ein besserer Mitarbeiter sein wollen, warum Sie glücklicher sein oder mehr Verantwortung übernehmen wollen. Die Frage „Warum?" wird Ihnen dabei helfen, festzustellen, ob es sich für Sie überhaupt lohnt, mit einer Aufgabe zu beginnen. Das Wissen, warum man etwas macht, ist der Kick, den Sie brauchen, um überhaupt damit anzufangen und durchzuhalten, auch wenn es schwierig und unerfreulich wird.

Ich gebe Ihnen gleich mehrere Listen an die Hand, wie Sie in einer breiten Auswahl von Lebensbereichen erfolgreicher werden können. Ich kann Ihnen aber immer nur sagen, wie es geht. Das Warum müssen Sie schon selbst für sich persönlich herausfinden. Zusammen mit jeder der nun folgenden Listen gebe ich Ihnen danach ein paar Zeilen, in die Sie hineinschreiben können, warum es Ihnen persönlich wichtig ist, diese Aufgabe zu erfüllen. Jetzt verdrehen Sie nicht gleich die Augen und seufzen nicht gleich: „O nein, noch mehr Listen!" Diese Listen sind wichtig, denn sie helfen Ihnen dabei, für sich zu definieren, warum Sie etwas anpacken wollen. Wenn Sie später stecken bleiben oder durchhängen, lässt Ihr „Warum" Sie durchhalten.

3. Seien Sie bereit, alles für Ihre persönliche Veränderung Notwendige zu tun

Vor vielen Jahren habe ich ein großartiges Buch von Mike Hernacki gelesen; es trägt den Titel „The Ultimate Secret to Getting Absolutely

Everything You Want". (Auf Deutsch: Das ultimative Geheimnis, alles zu bekommen, was Sie haben wollen. Das Buch ist nicht auf Deutsch erschienen.) Erlauben Sie mir, Ihnen die Kernidee des Buches in ein paar Sätzen vorzustellen: Mike sagt, das ultimative Geheimnis ist, dass Sie bereit sein müssen, alles Notwendige zu tun, um alles zu bekommen, was Sie haben und erreichen wollen. Was halten Sie davon? Ich finde es sehr tiefgründig.

Mike sagt an einer Stelle in dem Buch etwas, das ich sogar noch tiefgründiger finde. Er sagt nämlich: Das Leben verlangt nur selten von uns, alles für unser Ziel zu geben – aber es verlangt von uns, dass wir bereit sind, alles für unser Ziel zu geben.

Als ich mit ihr das Foto vorne auf diesem Buch machte, erzählte mir die Fotografin eine Geschichte aus ihrem Leben. Vor ein paar Jahren, sagte sie, habe ihr Geschäft eine schwierige Phase durchlaufen. Um Geld zu verdienen, musste sie alle möglichen Tanzschulen abklappern und Fotos von den Absolventen machen. Eigentlich wollte sie nur prominente Persönlichkeiten fotografieren, und sie wusste, dass das jetzt weit unter ihren technischen Fähigkeiten war, aber was sollte sie machen, sie hatte auch ihre Rechnungen zu bezahlen. Das Interessante, sagte sie, war, dass, sobald sie damit anfing, die Abschlussklassen der Tanzkurse zu fotografieren, ihr übriges Geschäft sich auch wieder erholte.

Sie war eben bereit, alles zu tun, was sie tun musste. Genau deswegen erhielt sie auch bald wieder mehr von den lukrativen Aufträgen, die sie früher bekommen hatte.

Ich weiß, das klingt für Sie jetzt alles nach kosmischem Blabla und Sie denken wahrscheinlich: „Ja, ja, der hat gut reden." Aber Sie sollten inzwischen eigentlich wissen, dass Blabla nicht mein Ding ist. Auch wenn die Idee „kosmisch" klingen mag, die Ergebnisse sind realistisch und greifbar. Die Bereitschaft, alles zu tun, was notwendig ist, öffnet Ihnen die Türen, und Sie werden mehr bekommen.

Es gab eine Zeit in meiner Laufbahn, da war ich als Motivationsredner bekannt. Ich sah sogar original wie einer aus. Ich trug Anzug, Krawatte und exklusive Herrenschuhe. Ich trug einen normalen Bart und keinerlei Schmuck, außer einer Armbanduhr und meinem Ehering. Nicht einmal Ohrringe trug ich. Finden Sie das langweilig? Meine Vorträge waren es jedenfalls nicht. Ich konnte all die glücklichen, guten Stimmungen mit meinen Sprüchen auf die Bühne zaubern, ich konnte den Leuten einheizen und ihr kleines, schmächtiges, geknicktes Selbst wieder aufbauen, dass es nur so rauchte. Jahrelang habe ich nichts anderes getan, ich war richtig gut darin und verdiente eine hübsche Stange Geld damit. Das Problem war nur, dass ich mich dabei nicht richtig echt fühlte.

Nach einer guten, altmodischen Midlife-Crisis hörte ich damit auf, die Leute zu motivieren und fing damit an, sie zu irritieren, weil das mehr meiner echten Art entsprach. Ich musste meine frühere, sehr einträgliche Karriere, die mich als Redner beliebt und bekannt gemacht hatte und in der ich richtig gut war, an den Nagel hängen und mittendrin in vollem Lauf die Pferde wechseln und ein völlig neues Produkt, eine völlig neue Persönlichkeit verkaufen. Ich hatte damals keine Ahnung, ob irgendjemand diesen neuen Larry – mein wahres Ich – als Redner haben wollte oder nicht. Ich wusste nicht, was bei diesem gewagten Experiment herauskommen würde, aber ich wusste, wenn ich es nicht wagte, würde ich verrückt werden. Ich war bereit, alles aufs Spiel zu setzen und notfalls alles zu verlieren, nur um endlich ich selbst sein zu können. Aber ich verlor nicht alles – zum Glück. Im Gegenteil, mein Wille, noch authentischer zu sein, bewirkte, dass ich erfolgreicher wurde als je zuvor. Ich verdiente mehr Geld denn je, und was das Wichtigste war, ich war glücklicher als jemals zuvor. Ich musste nicht alles Mögliche dafür tun, aber ich musste die Bereitschaft mitbringen, alles zu riskieren, sonst hätte es nicht geklappt.

Die meisten Menschen sind nicht wirklich bereit, alles zu tun. Wie John Wayne in dem Film „Der letzte Scharfschütze" (engl. Originaltitel: „The Shootist") sagt: „Was zählt, ist nicht immer, wer der schnellste oder der genaueste Schütze ist. Was zählt, ist der Wille. Die meisten Menschen haben nicht den Willen dazu, ohne Rücksicht auf Ursache oder Notwendigkeit zu kämpfen." John Wayne spricht hier über ein Duell. Mir hat sein Zitat schon immer gefallen, denn ich finde, es lässt sich weit über den Kontext des Kämpfens hinaus anwenden. Der wichtigste Teil des Zitats ist der letzte Satz, in dem es heißt, „ohne Rücksicht auf Ursache oder Notwendigkeit".

Ich hatte schon mit vielen Menschen zu tun, die verzweifelt Geld brauchten. So hatte ich einmal in meiner Show Big Spender eine Frau zu Gast, die nicht mehr bereit war, einen Job anzunehmen, weil keiner ihrer früheren Jobs ihr Erfüllung gebracht hatte. Sie lebte zusammen mit ihrem Freund, zwei Kindern und einem Hund in einer Zwei-Zimmer-Wohnung, die ihrem Vater gehörte; der arme Mann musste in drei Jobs gleichzeitig arbeiten, um sie alle ernähren zu können. Trotzdem war sie nicht bereit, irgendetwas zu tun, um auch etwas zum Lebensunterhalt ihrer Kinder beizutragen. (Über ihren faulen Freund, der neun Stunden Arbeit in der Woche mehr als genug fand, möchte ich hier lieber gar nicht reden.) Ich bin ja selten sprachlos, aber als sie mir das erzählte, konnte ich sie nur noch stumm ansehen und mit dem Kopf schütteln. Schließlich sagte ich zu ihr, ich hätte keinerlei Verständnis für ihre Situation. Wenn ich keinen Job hätte und meine Kinder Nahrung oder ein Dach überm Kopf bräuchten, gibt es nichts, was ich nicht für sie täte. Ich hoffe, Sie denken genauso wie ich. Kein Job der Welt wäre mir dann zu niedrig oder zu schmutzig. Das Wort „Erfüllung" käme mir in dieser Situation nicht mehr in den Sinn.

Sie denken vielleicht, das ist ein extremer Fall, aber ich kann Ihnen versichern, das ist er nicht. Tag für Tag sehe ich gesunde, fähige

Leute, die schlicht und einfach nicht dazu bereit sind, alles Notwendige zu unternehmen, um für sich und ihre Kinder aufzukommen. Auch Sie können sie sehen. Sie stehen an jeder Ecke und halten Schilder hoch mit der Aufschrift „suche Arbeit für ein Essen", aber sie sind nicht gewillt, sich Arbeit zu suchen, damit sie sich ihr Essen eigenhändig verdienen können.

Ich habe Leute gesehen, die rauchen, selbst wenn sie schon lebensgefährlich lungenkrank sind und auf dem letzten Loch pfeifen. Selbst die bringen nicht den Willen auf, mit dem Rauchen aufzuhören.

Ich habe Leute gesehen, die schon einen oder mehrere Bypässe tragen und sich trotzdem gleich wieder mit ihren dicken Bäuchen am nächsten Buffet anstellen, um ihre Arterien mit ungesundem Essen zu belasten. Sie sind nicht bereit, ihr ungesundes Lieblings-Essen zugunsten gesünderer Nahrung aufzugeben.

Glauben Sie wirklich, all diese Leute wüssten nicht, dass sie Idioten sind? Natürlich wissen sie es. Sie wissen genau, was sie an sich ändern müssten, aber sie bringen den Willen dazu nicht auf. Nur der feste Wille, das zu tun, was erforderlich ist, bringt Sie weiter bis zur nächsten Sprosse des Erfolges.

> **„DAS LEBEN BESTEHT NICHT AUS DENEN, DIE ETWAS HABEN UND DENEN, DIE NICHTS HABEN, SONDERN AUS DENEN, DIE WOLLEN UND DENEN, DIE NICHT WOLLEN."**

4. Tun Sie alles, was nötig ist, um sich zu ändern

Der Wille, alles Notwendige zu tun, kostet schon viel Überwindung. Aber der Wille allein bringt Sie noch nicht an Ihr Ziel. Sie müssen es auch tun. Ja, ich weiß – ich rede schon wieder vom Handeln.

„Ach, heute fühle ich mich nicht in der Lage, damit anzufangen. Ich warte noch ein bisschen, bis ich mich besser fühle." Wir wissen doch alle, dass das ein totaler Blödsinn ist. Morgen oder nächste Woche werden Sie sich auch nicht besser fühlen als heute.

Einen Teil meines Lebensunterhalts verdiene ich mit Bücherschreiben. Ich kann Ihnen verraten, ich fühle mich auch nicht alle Tage gleich inspiriert, mich an meinen Computer zu setzen und zu schreiben. Ich habe es nicht im Blut. Oft bin ich nicht in der Stimmung dazu. Manchmal habe ich einfach keine Lust dazu. Dann sage ich mir: Ich warte noch ein bisschen, bis ich mich inspiriert fühle und gehe es dann an. Wer, meinen Sie, glaubt mir diese Ausreden? Ich bin ganz einfach nur faul. Gut, dass ich mich gut genug kenne, um mich zu durchschauen – ich setze mich also trotzdem an den Schreibtisch und tippe drauflos. Komisch – sobald ich anfange zu tippen, kommt auch die Inspiration, und die Worte fließen wie von selbst aufs Papier.

„WIR SOLLTEN NICHT IMMER ERST AUF DIE INSPIRATION WARTEN, BEVOR WIR ETWAS NEUES BEGINNEN. HANDELN WECKT VON SELBST DIE INSPIRATION. INSPIRATION ABER ERMÖGLICHT NOCH KEIN HANDELN."

FRANK TIBOLT

Gute Ideen werden durch Abwarten nicht besser
Wenn Sie sicher wüssten, dass eine der Ideen, die Sie in diesem Buch finden, Ihnen eine Million Dollar einbringt, wann würden Sie dann

damit anfangen? Nächstes Jahr? Ist das ein guter Zeitpunkt, Ihre Million zu verdienen? Ich weiß, Sie sind gerade pleite, aber wollen Sie nicht noch ein Jahr warten, bis Sie inspiriert sind und bereit sind anzufangen? Das klingt doch vernünftig, oder? Aber natürlich!

5. Wenn es nicht klappt, schütteln Sie es ab und fangen Sie von vorne an

Denken Sie bitte nicht, Ihre Reise zum persönlichen Erfolg wäre ein netter Segeltörn. Das wird sie nicht sein. Mir tun alle diejenigen beinahe leid, die glauben, sie bräuchten nur anzufangen, dann würde sich alles andere wie von selbst ergeben. Diese Leute sind sehr naiv. Seien Sie es nicht. Sie werden Fehler machen. Sie werden Mist bauen. Sie werden auf den Hintern fallen. Sie werden Rückschläge und Fehlversuche erleben. Willkommen in der Welt des Erwachsenwerdens. Es passiert nun mal. Erwarten Sie lieber nicht, dass es nicht passiert, sonst sind Sie nur enttäuscht, wenn es passiert. Seien Sie auf Probleme aller Art vorbereitet.

Aller Anfang ist schwer

John Grisham, der berühmte Romanautor, musste erleben, wie sein Erstlingswerk „Die Jury" von zwölf Verlegern und 16 Literaturagenten abgelehnt wurde, bevor es schließlich veröffentlicht wurde.

Michael Jordan, der größte Basketballspieler aller Zeiten, wurde von seiner eigenen Highschool-Mannschaft geschlagen.

Woody Allen, der berühmte und preisgekrönte Filmproduzent, Drehbuchautor und Regisseur, wurde wegen häufigen Fehlens und schlechter Noten von der Filmakademie gejagt.

Elvis, der King of Rock´n´Roll, wurde nach seinem ersten Auftritt in der Grand Ole Opry von Nashville gefeuert. Man sagte ihm damals, er würde es im Musikgeschäft nie zu etwas bringen und er solle lieber wieder Truck fahren.

Der Baseballspieler Babe Ruth, einstiger Rekordhalter für Homeruns, hielt auch den Rekord für Strikeouts (Fehlschläge).

Sind Sie als Mutter oder Vater jemals gescheitert? Bestimmt sind Sie das. Mir selbst ist es schon oft so ergangen. Haben Sie deswegen Ihre Kinder abgegeben und das Handtuch geworfen? Blödsinn! Nein, Sie haben es noch mal probiert und versucht, es das nächste Mal besser zu machen.

Als mein Sohn das Einparken lernte, hat es ungefähr hundertmal nicht geklappt. Er war so frustriert, dass er zu mir sagte, er wolle das Fahrenlernen aufgeben. Und, hat er aufgegeben? Nein! Er hat eben so lange weiterprobiert, bis es endlich hinhaute.

Etwas nicht gleich hinzukriegen, ist, im Nachhinein besehen, oft nicht so schlimm. Es bedeutet nicht, dass man ein Loser ist, es bedeutet nur, dass man es diesmal oder diese paar Male nicht geschafft hat. Lassen Sie sich nicht gleich entmutigen, machen Sie weiter … und Sie können unter Umständen trotzdem Geschichte schreiben.

Trotz Schmerzen weiterspielen

Tiger Woods gewann das 108. US-Open-Golfturnier. Trotz offensichtlich starker Schmerzen, die von seiner Knieoperation vor acht Wochen herrührten, hielt er eisern durch und gab alles, um schließlich einen erstaunlichen Sieg zu landen. Ein Profi-Kollege meinte, so schlimm seien Tigers Schmerzen ja wohl doch nicht gewesen. Er wollte uns damit zu verstehen geben, Tiger habe ein bisschen übertrieben, um beim Publikum Sympathie herauszuschinden und bei ungünstigem Spielausgang eine gute Ausrede parat zu haben. Es ist leicht, einen Kollegen zu kritisieren, wenn man selbst nicht mal gut genug war, um am Spiel überhaupt teilzunehmen. Ein paar Tage nach dem Turnier stellte sich heraus, dass Tiger mit gerissenen Kniebändern und zwei Beinbrüchen gespielt hatte. Er musste deswegen noch mal operiert werden und fiel für den Rest der Saison 2008 aus.

Das hört sich nicht nach Markieren an, stimmt´s? Tiger hatte Schmerzen. Tierische Schmerzen. Aber Gewinnen war alles für ihn. Er ließ keine Ausreden gelten, für sich nicht und für andere nicht. Er ging mit der ganzen Angelegenheit sehr zurückhaltend und diskret um. Er biss die Zähne zusammen, winselte vor Schmerz, als er den Schläger schwang und gewann das Turnier.

Später las ich ein Interview mit einem Freund von Tiger, der ihn vor dem Turnier zum Arzt gefahren hatte. Der Doktor hatte Tiger von jedem Einsatz während des Turniers dringend abgeraten – wegen seiner Knieverletzung. Tiger jedoch hatte gesagt: „Ich werde spielen – und gewinnen." Tiger bezeichnete den Sieg später als den wichtigsten seiner Karriere. Jeder hätte Verständnis gehabt, wenn er das Turnier nicht mitgespielt hätte. Niemand hätte ihm einen Vorwurf gemacht, wenn er mitten im Turnier ausgestiegen wäre. Stattdessen hielt er trotz stärkster Schmerzen durch und schrieb damit Sportgeschichte.

Auch Sie werden Rückschläge erleiden. Manchmal wird es nötig sein, dass Sie trotz Schmerzen die Zähne zusammenbeißen und weitermachen. Das Wichtige ist, dass Sie nicht aufhören, wenn das passiert. Schütteln Sie es ab und fangen Sie noch mal von vorne an. Setzen Sie neu an.

Konzentrieren Sie sich. Jammern Sie nicht. Überlegen Sie, was schief gelaufen ist und warum. Verbringen Sie aber nicht zu viel Zeit mit der Analyse. Schlucken Sie´s runter und gehen Sie wieder an die Arbeit. Nur so kommen Sie weiter.

Meine Philosophie dazu ist:

„ERWARTEN SIE DAS BESTE.
SEIEN SIE AUF DAS SCHLIMMSTE VORBEREITET.
HEISSEN SIE BEIDES WILLKOMMEN!"

Das bringt mich zum nächsten Schritt:

6. Wenn Sie Ihr Ziel erreicht haben, feiern Sie!

Machen Sie eine kleine Party, nur für Sie selbst. Sie brauchen nicht mit anderen zusammen zu feiern, es sei denn, Sie haben wirklich Großes erreicht. Selbst dann würde ich alles Brimborium weglassen. Geben Sie sich einfach nur einen kleinen Klaps auf den Rücken, eine Anerkennung dafür, dass Sie etwas erreicht haben.

7. Machen Sie gleich weiter

Wenn Sie Mist gebaut haben, ist es wichtig, dass Sie sich nicht allzu lang dem Selbstmitleid ergeben. Lecken Sie Ihre Wunden, aber sehen Sie zu, dass Sie das möglichst schnell hinter sich bringen. Sie müssen so schnell wie möglich weitermachen. Diese Devise ist genauso wichtig, wenn es um Ihren Erfolg geht. Sonnen Sie sich nicht in Ihrem Erfolg. Zu viele, die Erfolg haben, ruhen sich anschließend auf ihren Lorbeeren (bzw. ihrem Hinterteil) aus und feiern zu ausgiebig. Die beste Zeit, mit einem neuen Projekt anzufangen, ist dann, wenn Sie die Freude über das gelungene letzte Projekt noch in sich tragen.

8. Seien Sie hundertprozentig engagiert

Warum fangen Sie mit Ihrer neuen Aufgabe an?

Um sie zu Ende zu bringen.

Ob es wohl schwer wird? Und ob!

Ob Sie manchmal lieber die Flinte ins Korn werfen würden?

Na klar!

Ob Sie wohl an Ihr Ziel kommen?

Nur, wenn Sie es wirklich wollen.

Wie? Nur durch Ihr Engagement.

Wenn ich mich für etwas engagiere, dann tue ich es auch. Punkt. Keine Ausrede ist dann stark genug für mich, es nicht zu tun. Dabei ist es egal, ob ich dieses Engagement jemand anderem zuliebe oder mir selbst zuliebe aufbringe. Ich habe mir fest vorgenommen, es zu tun, also tue ich es auch. Auch wenn es nicht immer angenehm wird. Es kann mich meinen Schlaf kosten, es kann mich eine Stange Geld kosten, es kann peinlich werden und es kann sein, dass es das Letzte auf der Welt ist, was ich gerne machen würde. Aber ich tue es – versprochen ist versprochen. Das meine ich mit Engagement.

So erreiche ich persönlich meine Ziele, egal wie sie heißen. Ich bin engagiert. Ich lasse nicht zu, dass irgendetwas dazwischen kommt. Das, was mir dabei am häufigsten im Weg steht, bin ich selbst. Ich muss mich wegschubsen und es trotzdem erledigen. Ich muss die zehn Selbstsabotage-Punkte prüfen, damit ich sicher gehen kann, dass ich sie alle überwunden habe und mein Ziel erreiche.

So sollten Sie es auch machen. Ich möchte, dass Sie sich hundertprozentig für die von Ihnen gewählte Aufgabe engagieren. Ich möchte, dass Sie dabei keine Ausrede gelten lassen. Ich möchte, dass Sie sich so engagieren, dass Ihnen kein Hindernis unüberwindlich erscheint. Sie haben Ihr Wort gegeben, und das werden Sie auch halten, komme, was da wolle! Wenn Sie dieses Engagement, diese Einstellung zu Ihrer Sache haben, können Sie fast alles erreichen!

„Okay, Larry, ich versuch's!"

Das ist mir nicht genug. Sie sind nicht wirklich engagiert, wenn Sie es nur versuchen wollen. Wir beide wissen doch: Wenn Sie jemandem sagen, Sie wollen etwas versuchen, lassen Sie sich damit schon wieder ein Hintertürchen offen, falls Sie es doch nicht tun. Wenn Ihnen jemand verspricht, etwas Bestimmtes zu versuchen, glauben Sie, dass er es wirklich macht? Nein. Sie wissen genauso wie ich, dass derjenige es versuchen wird – aber nur halbherzig, damit er hinterher sagen kann, er habe es ja versucht – aber Sie können sich nicht sicher sein, dass er das Versprochene wirklich in die Tat umsetzt.

Wenn Sie jemanden zu einer Party einladen und derjenige sagt, er wolle versuchen, da zu sein – erwarten Sie ernsthaft, dass er kommt? Genau! Also machen Sie nicht denselben Fehler und geloben Sie nicht, etwas nur zu versuchen. Da wird nichts draus.

WER VERSPRICHT, ETWAS ZU VERSUCHEN, VERSPRICHT, DASS ER SCHEITERT

Wenn Sie jetzt gleich die Listen zu den verschiedenen Themen bearbeiten, behalten Sie dabei die folgenden Schritte immer im Hinterkopf und wenden Sie sie bei jedem Versuch an. Denken Sie daran, dass jede Liste im Grunde mit den folgenden acht Punkten beginnt:

1. Entscheiden Sie sich dafür, sich zu verändern.

2. Sie sollten wissen, warum es für Sie wichtig ist, sich zu verändern.

3. Seien Sie bereit, alles für Ihre persönliche Veränderung Notwendige zu tun.

4. Tun Sie alles, was nötig ist, um sich zu ändern.

5. Wenn es nicht klappt, schütteln Sie es ab und fangen Sie von vorne an.

6. Wenn Sie Ihr Ziel erreicht haben, feiern Sie!

7. Machen Sie gleich weiter.

8. Seien Sie hundertprozentig engagiert.

KAPITEL 5

To-do-Listen für Ihren Erfolg

Listen für ein erfolgreiches Leben in Eigenverantwortung

Verantwortung übernehmen

Verantwortung zu übernehmen ist der kritischste Schritt zum Erfolg, den Sie jemals bei Ihren persönlichen oder beruflichen Unternehmungen machen werden. Die Fähigkeit, für alles, was Sie sind, was Sie tun und was Sie besitzen, Verantwortung zu übernehmen, ist die größte Herausforderung Ihres gesamten Lebens. Sie können jedoch nicht einfach mit diesem Buch fortfahren, wenn Sie nicht diesen wichtigen Schritt hinter sich bringen.

Wie Sie Verantwortung übernehmen

1. Machen Sie eine Liste all der Dinge, die Sie in jedem Lebensbereich davon abhalten, erfolgreich zu werden. Schreiben Sie auf, warum Sie pleite sind, warum Sie zu dick sind, warum Sie unglücklich sind, warum Ihre Beziehungen so schlecht sind und für jeden anderen Lebensbereich, an dem Sie etwas ändern wollen. Toben Sie sich aus und jammern Sie, so viel Sie wollen. Listen Sie jeden Grund und jede Ausrede auf, die Ihnen einfallen. Lassen Sie diesen Schritt auf keinen Fall aus. Machen Sie Ihre Listen!

2. Gehen Sie zu Ihren Listen zurück und schreiben Sie ganz oben über jede Ihrer Listen Ihren Namen. Sie selbst sind der einzige Grund dafür, dass Ihr Leben so ist, wie es jetzt ist. Nichts anderes auf Ihren Listen zählt. Es gibt Leute, die müssen ganz andere Herausforderungen meistern als Sie und haben dennoch Wege gefunden, erfolgreich zu werden. Werfen Sie Ihre Ausreden über Bord und lassen Sie ihre sogenannten guten Gründe an der Tür stehen. Gehen Sie stattdessen bis an die Wurzel all Ihrer Probleme heran: SIE! Außerdem haben wir alle dieselben Listen zu bearbeiten, dieselben Herausforderungen zu meistern. Manche Menschen schnappen sich die Liste und werden reich. Manche nehmen sie und bleiben arm. Das liegt nicht an der Liste. Es liegt an Ihnen, und sonst an niemandem.

3. Gehen Sie zum nächsten Spiegel, sehen Sie sich selbst ins Gesicht, fassen Sie sich ein Herz und reden Sie mit Ihrem Spiegelbild. Sagen Sie folgende Worte: „Meine Gedanken, meine Worte und Taten haben mein Leben zu dem gemacht, was es jetzt ist. Ich übernehme die vollständige, alleinige Verantwortung für alles, was in meinem Leben geschieht. Ich will damit aufhören, anderen die Schuld zu geben. Ich will mir selbst und anderen keine Entschuldigungen mehr vorlegen. Von jetzt an bekenne ich mich verantwortlich für mein Leben und alles, was ich aus mir mache. Jetzt übernehme ich die Kontrolle!"

4. Wiederholen Sie dieses kleine Geständnis jeden Tag, bis es tief in Ihre Seele eingegraben ist. Ja, täglich. Es funktioniert. Die Wiederholung positiver Aussagen bringt Ihnen die positiven Ergebnisse, die Sie sich wünschen.

5. Denken Sie immer an diese Formel: Erklärungen ohne praktische Umsetzung sind reine Selbsttäuschung. Was das bedeutet? Dass Worte allein nicht genügen.

Die Erklärung soll Sie nur daran erinnern, dass Sie die Verantwortung tragen. Jetzt müssen Sie beweisen, dass es so ist, indem Sie handeln und sich anstelle Ihres derzeitigen Lebens das von Ihnen gewünschte Leben schaffen.

6. Leben Sie nach dieser Regel:

LARRYS REGEL NUMMER 1
FÜR LEBEN UND BERUFSLEBEN

**„TUN SIE DAS,
WAS SIE VERSPROCHEN HABEN,
WANN SIE ES VERSPROCHEN HABEN,
UND ZWAR SO,
WIE SIE ES VERSPROCHEN HABEN."**

Diese einfache Aussage gründet auf persönlicher Verantwortung. Praktizieren Sie sie, und jedermann, mit dem Sie in welchem Bereich auch immer zu tun haben, wird Sie mit Respekt behandeln. Jedesmal, wenn Sie versucht sind, sich hängen zu lassen, weniger zu tun oder sein zu wollen, als Sie könnten, sollten Sie sich daran erinnern, dass Sie eine integere Person sind, die ihr Leben nach diesem einfachen Credo führt.

Warum nützt mir mehr Verantwortung für mein Leben?

_____

_____

_____

_____

_____

_____

Wie Sie mehr erledigen können

1. Konzentrieren Sie sich auf Leistung, nicht auf Fleiß. Verwechseln Sie Arbeitspensum nicht mit Produktivität. Diese beiden Dinge haben nur wenig miteinander zu tun. Es ist nicht wichtig, ob Sie schwer beschäftigt sind – wichtig ist, was dabei herauskommt.

2. Machen Sie sich einen schriftlichen Plan, was Sie erledigen wollen. Arbeiten Sie nach schriftlichen Vorgaben, nicht nach gedanklichen. Machen Sie Ihren Plan greifbar, indem Sie ihn zu Papier bringen.

3. Weigern Sie sich, in irgendetwas hineingezogen zu werden, was nichts mit dem Verfolgen Ihrer Ziele zu tun hat. Ich weiß, diese Anforderung ist schwer zu befolgen, aber bleiben Sie hart. Stellen Sie sich nur diese Frage: Bringt mich das meinem Ziel näher oder weiter weg davon? Fragen Sie sich das ehrlich und tun Sie nur das, was Sie Ihrem Ziel näher bringt.

4. Seien Sie wählerisch im Umgang mit Ihrer Zeit. Das bedeutet, dass Sie lernen müssen, gut im Nein-Sagen zu werden. Wenn Sie jemand um etwas bittet, das nicht in Ihren Plan passt, sagen Sie nein. Wenn jemand möchte, dass Sie ihm Zeit widmen und etwas für ihn erledigen, was Sie eigentlich nicht tun wollen, sagen Sie nein. Das ist einfach gesagt, aber manchmal schwer getan.

5. Hüten Sie sich vor Sitzungen. Sitzungen sind im heutigen Berufsleben einer der schlimmsten Zeitfresser. Tun Sie, was Sie können, um Sitzungen nicht besuchen zu müssen. Hier sind meine Regeln für Besprechungen:
a) Wenn die Sitzung keine Tagesordnung hat,
gehen Sie gar nicht erst hin.
b) Halten Sie notwendige Sitzungen im Stehen.
Dann dauern sie nicht so lange.
c) Wenn das Ziel einer Sitzung erreicht ist, beenden Sie sie.

6. Machen Sie eine Sache fertig, bevor Sie eine neue beginnen. Vermeiden Sie, parallel vier oder fünf nicht abgeschlossene Aufgaben zu haben. Erledigen Sie einen Vorgang und machen Sie anschließend mit dem nächsten weiter. Nur die wenigsten haben immer mehrere Eisen im Feuer. Multitasking klappt nur selten.

7. Hüten Sie sich vor dem Telefon. Lassen Sie sich dadurch nicht in Ihrer Arbeit stören. Es ist absolut in Ordnung, wenn Sie es klingeln lassen, auf Anrufbeantworter stellen und erst später zurückrufen, solange Sie zeitnah zurückrufen. Wenn Sie ein Telefongespräch führen, das lang zu werden droht, beenden Sie es am besten, indem Sie sagen: „Ich weiß, dass Sie viel zu tun haben. Ich will Sie nicht lange aufhalten." Niemand gibt gern zu, dass er nicht viel zu tun hat. Sagen Sie es, und Sie werden sehen, man lässt Sie in Ruhe.

8. Hüten Sie sich vor E-Mails. Lassen Sie die auf Ihrem Computer oder Ihrem Blackberry eingehenden E-Mails nicht Ihr Leben diktieren. Nur wenige Dinge müssen sofort erledigt werden. Reservieren Sie lieber jeden Tag etwas Zeit, um E-Mails zu lesen und zu beantworten.

9. Machen Sie Ihre Bürotür immer zu. Wenn Sie wieder einmal in einem Hotel übernachten, hängen Sie das Schild „Bitte nicht stören" an Ihre Zimmertür. Wenn Ihr Büro eine Kabine ist, ohne Tür und Türknauf, verwenden Sie ein Stück Klebeband und kleben Sie ein „Bitte nicht stören" an. Die „Politik der offenen Tür", deren sich viele rühmen, ist töricht. Die Leute fühlen sich, wenn sie an Ihrer offenen Tür vorbeigehen, nur zum Plaudern eingeladen. Sie werden es sich aber zweimal überlegen, ob sie eine geschlossene Tür öffnen.

10. Arbeiten Sie dann, wenn kein anderer da ist – während der Mittagspause, morgens, bevor die anderen hereinkommen und abends, nachdem die meisten heimgehen. Menschen lenken einander leicht ab – vermeiden Sie diese Ablenkung, wenn Sie etwas Wichtiges zu tun haben.

11. So erledigen Sie zu Hause mehr:
a) Stehen Sie. Im Sitzen erledigt man weniger als im Stehen. Es ist ein einfacher Vorschlag, über den Sie vielleicht lachen werden, aber glauben Sie mir. Stehen Sie auf und gehen Sie im Haus herum. So sehen Sie eine Zeitschrift, die vom Boden aufgehoben werden muss, ein Kissen, das geschüttelt werden muss, einen

Tisch, den Sie mal wieder abwischen sollten und Kleider, die gewaschen oder zusammengelegt werden müssen. Dies alles sehen Sie nicht, wenn Sie bloß vor dem Fernseher sitzen. Also: Stehen Sie auf und gehen Sie ein bisschen umher.

Schalten Sie den Fernseher aus. Nehmen Sie sich vor, es ein paar Stunden ohne ihn auszuhalten. Cool bleiben, es sind ja nur ein paar Stunden! Ein schwarzer Bildschirm lenkt Sie nicht mehr ab. Sie denken vielleicht, Sie werden verrückt, wenn das Ding mal nicht an ist, aber ich kann Ihnen versprechen, das werden Sie nicht. Vielleicht nutzen Sie die Sendepause ja für Arbeit, für etwas Bewegung oder ein gutes Gespräch oder sogar – ich wage den Vorschlag –, um ein gutes Buch zu lesen.

12. Bleiben Sie aktiv. Ich erledige mehr im Vorbeigehen als andere mit Absicht. Wie? Indem ich einfach aktiv bleibe.

AKTIVITÄT FÜHRT ZU MEHR AKTIVITÄT. AUF DEM HINTERN SITZEN FÜHRT ZU NOCH MEHR AUF-DEM-HINTERN-SITZEN.

Warum ist es mir wichtig, mehr zu erledigen?

_____

_____

_____

_____

Wie Sie sich Ziele setzen und sie erreichen können

1. Legen Sie Ihre Ziele schriftlich fest. Keine drei Prozent aller Menschen haben ihre Lebensziele schriftlich festgehalten. Da ist es kein Wunder, dass sie oft nicht dort ankommen, wo sie hinwollen. Das ist so, als würde man eine Reise machen, ohne zu wissen, wohin man eigentlich will und ohne richtige Landkarte. So landen Sie nur irgendwo, wo Sie eigentlich gar nicht hin wollen.

2. Formulieren Sie Ihre Ziele großspurig und anspruchsvoll. Niemand setzt sich hin und plant ein mittelmäßiges Leben. Ein mittelmäßiges Leben kommt dann heraus, wenn Sie keinen Plan haben. Ihre Ziele sollten eine Aufforderung für Sie sein, mehr zu sein, mehr zu tun und mehr zu besitzen. Sie sollten Sie zu Höherem motivieren. Fragen Sie sich, was Sie tun würden, wenn Sie wüssten, dass es nicht schiefgehen kann.

3. Setzen Sie sich Ziele für jeden Lebensbereich. Setzen Sie sich Ziele für die Bereiche Körperliches, Geistiges, Spirituelles, bürgerliches Leben, Familienleben, Karriere und Finanzen. Wenn Sie an allen wichtigen Bereichen Ihres Lebens weiterarbeiten, macht Sie das ausgeglichener.

4. Seien Sie möglichst präzise. Schreiben Sie nicht, Sie wollten „mehr". Definieren Sie dieses „Mehr". Wie viel mehr ist „mehr"? Ich habe schon vor Gruppen gestanden und sie gefragt: „Wer von Euch möchte mehr Geld zur Verfügung haben?" Natürlich gingen dann fast alle Finger hoch. Aber wenn ich einen von denen, die so energisch den Finger gehoben hatten, auf die Bühne bat, ihm einen Vierteldollar in die Hand drückte und das Publikum um Applaus bat, weil der Herr sein Ziel schon erreicht habe, dann starrten mich alle verwirrt an. Ich sagte: „Sein Ziel war, mehr Geld zu haben, und jetzt hat er mehr als vorher. Um 25 Cent mehr." Aber das war wohl nicht sein Ziel gewesen. Setzen Sie sich keine ungenauen Ziele, etwa so: „Ich möchte abnehmen." Toll. Aber wie viel? „Ich möchte mehr Geld haben." Toll. Aber wie viel mehr? „Ich möchte ein größeres Haus in einer besseren Gegend bewohnen." Wie viel größer? In welcher Gegend? Definieren Sie Ihre Ziele in Minuten, Stunden, Tagen, Wochen, Monaten, Jahren, Pfunden, Farbe, Größe, Dollar und Quadratmetern.

5. Seien Sie persönlich. Vergewissern Sie sich, dass das Ziel wirklich Ihr persönliches Ziel ist. Sie können nicht hundertprozentig engagiert an einem Ziel arbeiten, mit dem Sie sich nicht voll identifizieren, auch wenn es von Ihrem Chef, Ihrer Gattin oder Ihrem Arzt ausgegeben wurde. Ihre Frau Gemahlin will, dass Sie 20 Pfund Gewicht verlieren. Und, glauben Sie, Sie schaffen es? Nein. Sie werden es erst dann schaffen, wenn Sie selbst sich vornehmen, 20 Pfund abzunehmen und nicht einen Tag vorher. Ich habe unzählige Briefe bekommen von Leuten, die wollen, dass ich ihrem Sohn, ihrer Tochter oder einem anderen Familienmitglied von ihnen helfe, weil sie befürchten, dass der- oder diejenige sich unglücklich macht und rechtzeitig helfen wollen. Ich antworte ihnen dann immer, dass es unmöglich ist, jemanden „zu seinem Glück zu zwingen". Sie können einen Menschen nicht ändern, wenn er die Änderung nicht selbst wünscht und die Notwendigkeit dazu gar nicht einsieht. Die Leute ändern sich nur dann, wenn sie selbst es wollen. Sie ändern sich nur dann, wenn es ihnen wichtig ist, nicht Ihnen. Sie sind doch genauso. Ihre Ziele müssen Ihre Ziele sein.

Nehmen Sie sich einen Moment Zeit und schreiben Sie einige Ziele auf, die Sie für Ihr Leben haben; verwenden Sie dabei die acht Richtlinien, die ich Ihnen weiter oben genannt habe:

_____

_____

_____

_____

_____

_____

_____

6. Legen Sie fest, was Sie alles an Informationen brauchen, um Ihre Ziele zu erreichen. Brauchen Sie mehr Bildung? Brauchen Sie Kontakte zu Leuten, die Sie noch nicht kennen? Müssen Sie sich Zeit für etwas freischaufeln? Diesen Schritt hatten wir schon weiter oben in diesem Buch besprochen. Wenn Sie ihn noch nicht durchgearbeitet haben, gehen Sie zurück und füllen Sie die entsprechenden Zeilen aus. Aber Bildung ist für jedes Ihrer Ziele in unterschiedlicher Weise nötig; seien Sie also darauf eingerichtet, für jeden einzelnen Bereich mehr lernen zu müssen.

7. Legen Sie fest, was Sie tun müssen, damit Sie noch heute anfangen können. Ich habe nicht gesagt, „damit Sie anfangen können", sondern ich sagte „noch heute anfangen können". Das Wort „heute" tötet die meisten guten Vorsätze. Ich erinnere Sie an das alte Sprichwort: „Was du heute kannst besorgen, das verschiebe nicht auf morgen." Prägen Sie es sich fest ein. Trödeln Sie nicht herum, schieben Sie Ihre Pläne nicht auf die lange Bank – handeln Sie. Sofort.

ES IST BESSER, AUF DIE VERGANGENHEIT ZURÜCKZUBLICKEN UND SICH ZU FREUEN, WAS SIE ALLES ERREICHT HABEN, AUCH WENN ES NUR WENIG WAR, ALS WENN SIE SPÄTER AUF DAS HEUTE ZURÜCKBLICKEN MÜSSEN UND SICH WÜNSCHEN MÜSSEN, SIE HÄTTEN HEUTE MEHR GETAN.

8. Grübeln Sie nicht zu viel darüber nach, wie Sie Ihr Ziel erreichen werden. Zu viel Analyse führt zur Paralyse (Lähmung). Zu viel Grübeln beschert Ihnen nur Sorgen und fördert Ängste und Zweifel. Befassen Sie sich also nicht zu sehr mit der Frage, wie Sie das alles hinkriegen sollen. Fangen Sie einfach an, und lernen Sie später mehr darüber. Handeln macht Mut, und die Eigendynamik des Handelns sorgt dafür, dass Sie am Ball bleiben.

„NEHMEN SIE SICH ZEIT ZU ÜBERLEGEN, ABER WENN DIE ZEIT ZU HANDELN GEKOMMEN IST, DENKEN SIE NICHT WEITER NACH UND TUN SIE´S EINFACH."

NAPOLEON BONAPARTE

9. Nehmen Sie sich ein Enddatum für Ihre Aufgabe vor. Bis wann wollen Sie Ihr Ziel erreichen? Manche Ziele haben kein bestimmbares Enddatum, weil sie fortwährende, lebenslange Prozesse sind. Ziele wie „gesund leben" und „wohlhabend sein" sind keine Ziele mit festem Ende, sondern ein bestimmter Lebensstil. Andere Ziele jedoch können Sie zeitlich eingrenzen. So können Sie sagen: „Mein Ziel ist, meine Kreditschulden bis 1. Juni abzubezahlen." Oder: „In 60 Tagen, ab heute gerechnet, will ich zehn Pfund weniger wiegen." Das sind Ziele, die man zeitlich genau definieren kann.

10. Konzentrieren Sie sich auf das Erreichen Ihres Zieles – nicht auf die Tätigkeit an sich. Ersteres zwingt Sie, sich ständig zu fragen: „Was habe ich geschafft?", während die Konzentration auf die Tätigkeit Sie fragen lässt: „Was mache ich gerade?" Was Sie gerade tun, ist nicht wichtig; wichtig ist, was Sie erreichen. Denken Sie ergebnisorientiert!

11. Glauben Sie fest daran, dass es passieren kann. Sie erreichen Ihre Ziele nicht, wenn Sie sich ständig sagen: „Ich glaube nicht, dass das klappt!" Sie müssen daran glauben, dass Sie es schaffen. Denken Sie immer daran: Was Sie bekommen, wenn Sie Ihre Ziele erreichen, ist nicht annähernd so wichtig wie das, was Sie dadurch, dass Sie sie erreichen, werden können.

12. Feiern Sie Ihre Erfolge ruhig. Aber sehen Sie zu, dass das Feiern nicht Ihrem Ziel selbst zuwiderläuft. Ein Beispiel: Feiern Sie nicht, dass Sie abgenommen haben, indem Sie Kuchen essen – sonst machen Sie alles wieder zunichte und wären ein schöner Idiot. Feiern Sie Ihren Abnehmerfolg lieber mit einem neuen Kleid oder einer neuen Hose, in die Sie mit Ihrem fetten Hintern vorher nie hineingepasst hätten. Manchmal hilft es, wenn man schon vor Beginn der Aufgabe weiß, welche Belohnung einen hinterher erwartet. Eine tolle Belohnung am Ende kann sehr motivierend wirken.

Warum es mir wichtig ist, dass ich meine Ziele erreiche:

_____

_____

_____

_____

_____

_____

Hier ein Beispiel dafür, wie gut man seine Ziele erreichen kann:

Die Geschichte vom Cowboy

Seit einigen Jahren arbeitete ich für die Firma AT & T. Als das Unternehmen 1981 dereguliert wurde, entschied ich mich dafür, die mir angebotene vorzeitige Ruhestandsregelung anzunehmen und mich selbständig zu machen.

Ich verließ das Unternehmen AT & T und gründete mein eigenes Telekommunikationsunternehmen. Ich wusste, ich brauchte Vertriebsprofis, um mein Geschäft hochziehen und rasch expandieren zu können. Ich brauchte jemanden, der über Erfahrungen in der Telekommunikationsbranche verfügte, mit dem örtlichen Markt vertraut war, die gängigen Telefonsysteme kannte, ein professionelles Auftreten hatte und selbständig arbeiten konnte. Ich hatte nur sehr wenig Zeit, Vertriebsleute fortzubilden, daher brauchte ich Leute, die von Anfang an wussten, was sie zu tun hatten.

Die Bewerbersuche und die Vorstellungsgespräche gestalteten sich mühsam. Eines Tages kam ein Cowboy in mein Büro. Ich wusste, dass er ein echter Cowboy war, so wie er angezogen war. Er trug eine Cordhose und eine Cordjacke, die nicht zu der Hose passte, ein kurzärmeliges Hemd mit Druckknöpfen, eine Krawatte, die bis zur Mitte seines Brustkorbes reichte und deren Knoten größer als meine Faust war, Cowboystiefel und eine Baseball-Mütze.

Ich dachte nur: „Nicht gerade der Typ, den ich für meine neue Firma brauche."

Er nahm mir gegenüber an meinem Schreibtisch Platz und sagte: „Mister, ich würde mich freuen, eine Stelle im Biness zu kriegen." Genauso sprach er es aus: „Biness" statt „Business".

Ich überlegte, wie ich dem Mann schonend beibringen konnte, dass er nicht gerade das war, was ich mir vorstellte. Ich fragte ihn nach seinem Werdegang. Er sagte, er habe einen Studienabschluss in Landwirtschaft von der Oklahoma State University und habe ein paar Sommer hintereinander als Farmhelfer gearbeitet. Aber das sei jetzt vorbei, und er wolle eine Chance im „Biness" haben und würde sich darüber „echt freuen".

Wir redeten noch ein paar Takte. Mir fiel plötzlich auf, dass seine ganze Konzentration darauf gerichtet war, dass er unbedingt kommerziell erfolgreich werden wollte. Zu meiner eigenen Überraschung entschied ich mich dafür, diesem jungen Cowboy tatsächlich eine Chance zu geben. Ich sagte ihm, ich sei bereit, ihm zwei Tage Zeit zu opfern und ihm in dieser Zeit alles, was er wissen musste, beizubringen, um eine bestimmte Telefonanlage zu verkaufen. Nach diesen zwei Tagen Einarbeitung müsse er aber allein zurechtkommen.

Er fragte mich, wie viel er meiner Meinung nach verdienen könne. Ich sagte ihm, mit seinem Aussehen und seinem Wissen komme er höchstens auf 1.000 Dollar im Monat. Der Job war auf Provisionsbasis, und die durchschnittliche Provision für die Art Anlage, die er verkaufen sollte, lag bei 250 Dollar. Ich sagte, wenn er pro Monat 100 Kundengespräche führe und es schaffe, vier Kunden eine Telefonanlage zu verkaufen, komme er auf 1.000 Dollar netto. Er sagte, das klinge gut, denn als Farmhelfer habe er bisher höchstens 400 Dollar im Monat verdient und er wolle ab jetzt richtig Geld verdienen. Für ihn waren damals, in den achtziger Jahren, 1.000 Dollar gutes Geld.

Am nächsten Morgen saß ich mit ihm zusammen und trichterte dem 22 Jahre alten Cowboy ohne Business-Erfahrung, ohne Telekom-Marktkenntnis und ohne Verkaufserfahrung, so viel ich nur konnte, ein. Er sah wie alles Mögliche aus, nur nicht wie ein Vertriebsprofi der Telekom-Branche. Er hatte keine einzige der Eigenschaften, die ich bei einem Mitarbeiter suchte, außer einer – dem Willen zum Erfolg.

Nach den zwei Tagen Training ging der Cowboy (so nannte ich ihn damals, und so nenne ich ihn heute noch) in seine Kabine, nahm ein Blatt Papier und einen Stift und notierte sich Folgendes:

1. Ich bin fest entschlossen, im Business erfolgreich zu sein.
2. Ich möchte 100 Kunden pro Monat treffen.
3. Ich will mindestens vier Telefonanlagen im Monat verkaufen.
4. Ich will 1.000 Dollar monatlich verdienen.

Er pinnte den Zettel an die Wand vor seinem Schreibtisch und machte sich an die Arbeit.

Als der erste Monat vorbei war, hatte er keine vier Anlagen verkauft. Nein, er hatte schon nach zehn Tagen sieben Stück verkauft.

Am Ende seines ersten Jahres hatte er nicht, wie ich geschätzt hatte, 12.000 Dollar Provision verdient, sondern über 60.000 Dollar!

Der Kerl war wirklich erstaunlich. Eines Tages kam er mit einem Vertrag und dem Geld für eine Telefonanlage in der Hand in mein Büro. Ich fragte ihn, wie er das Geschäft „klar gemacht" habe. Er antwortete: „Ich hab´ gesagt, ‚Madam, wenn dieses Telefon klingelt und Sie gehen ran, dann ist es viel, viel schöner als das, das Sie jetzt haben.' Sie hat es sofort gekauft." Die Frau hatte ihm einen Scheck über den vollen Kaufbetrag für die Anlage ausgestellt, aber der Cowboy war sich nicht sicher, ob ich den Scheck annehmen würde, also war er mit ihr zur Bank gefahren und hatte den Scheck gegen Bargeld eingetauscht. Er trug einen großen Stapel Hundert-Dollar-Scheine in mein Büro und fragte: „Na, Larry, war ich gut?" Und ob er gut war!

Nach drei Jahren gehörte ihm die Hälfte meiner Firma. Noch ein Jahr, und er besaß drei weitere Firmen. Als unsere Wege als Geschäftspartner sich schließlich trennten, fuhr er einen schwarzen Pickup-Truck für 60.000 Dollar und trug Cowboy-Anzüge für 1.000 Dollar, Cowboystiefel für 1.500 Dollar und einen drei Karat schweren Diamantring in Hufeisenform. Der gute Cowboy hatte in der Tat sein Ziel erreicht und war im „Biness" erfolgreich geworden.

Was machte diesen Mann so erfolgreich? Dass er härter arbeitete als manch anderer? Das war sicher nicht von Nachteil. Dass er klüger war als jeder andere? Nein, da kann ich Sie beruhigen, das war nicht der Fall. Was war es dann? Ich glaube, es lag an Folgendem:

1. Er konzentrierte sich auf seinen Erfolg.

Er wusste genau, was er wollte und ließ nicht locker.

2. Er übernahm Verantwortung.

Er trug die Verantwortung dafür, wo er zu Beginn stand und tat alles Erforderliche, um seine Situation zu ändern.

3. Er hatte eine Vision und Ziele.

Er sah sich selbst als erfolgreichen Mann an. Er hatte genaue, schriftlich fixierte Ziele. Er hatte sie stets an seinem Schreibtisch vor Augen und ging sie täglich durch.

4. Er hatte Ausdauer.

Er blieb dran, auch wenn es einmal schwierig wurde. Niemals ließ er sich entmutigen, auch wenn ihm die Kunden so manche Tür vor der Nase zuschlugen. Er klopfte so lange an die Türen, bis ihm einer aufmachte und ihm zuhörte.

Dank dieser Eigenschaften verdiente der Cowboy Millionen. Auch er verlor irgendwann alles, wie ich, rappelte sich aber bald wieder auf. Er war schon ganz oben und ganz unten. In seinem Leben, wie in meinem, haben die Prinzipien des Erfolges sich immer wieder bewährt. Er ist der lebende Beweis dafür, dass nicht die Umwelt, die Bildung oder die technische Begabung über den Erfolg entscheiden, sondern, ob man Ziele hat und alles für die Umsetzung dieser Ziele zu tun bereit ist.

Wie Sie schlauer werden

1. Lesen Sie viel. Nichts ist besser als Lesen, um Ihr Wissen zu erweitern. Kommen Sie mir nicht mit irgendwelchen Ausreden, warum Sie keine Zeit haben – tun Sie es einfach.

Die traurige Tatsache ist, dass der Durchschnittsbürger ungefähr 20 Wochenstunden vor dem Fernseher und nur knapp zwei mit einem Buch verbringt. 58 Prozent der US-Bürger lesen nach der High-School kein Sachbuch mehr. 42 Prozent der Universitätsabsolventen lesen nach dem College überhaupt keine Bücher mehr. Nur 20 Prozent kaufen oder lesen dieses Jahr mindestens ein Buch. 70 Prozent waren in den letzten fünf Jahren in keiner Bibliothek und keiner Buchhandlung mehr. Ich nehme an, sie meinen, sie wüssten schon alles, was sie wissen müssen, um erfolgreich, gesund und reich zu sein.

Ich hatte mit einer Unternehmerin zu tun, deren Firma den Bach hinunterging. Ich fragte sie, wie sie sich auf die berufliche Selbständigkeit vorbereitet habe. Sie sagte, sie liebe ihr Produkt und das sei Vorbereitung genug. Ich fragte: „Und was ist mit Bildung? Was mit Vorbereitung? Wissen Sie denn, was Sie da tun?" Nein, das war ihr überhaupt nicht wichtig. Sie hatte Leidenschaft! Die hatte sie wohl auch, aber sie war leidenschaftlich inkompetent. Jetzt war sie verzweifelt und flehte mich um Hilfe an. Ich nannte ihr zehn Bücher, die ihr dabei helfen würden, ihr Unternehmen besser zu managen. Ich bat sie, diese zehn Bücher zu lesen und mich einen Monat später noch mal anzurufen, um mir zu sagen, was sie daraus gelernt habe. Ich habe nie wieder von ihr gehört.

2. Besorgen Sie sich ein paar Bücher über das Thema, über das Sie gern mehr wissen würden. Wollen Sie abnehmen? Kaufen Sie sich ein Buch über Bewegung und richtiges Essen. Wollen Sie runter von Ihren Schulden? Kaufen Sie sich ein Buch, das Ihnen hilft (fangen Sie mit meinem eigenen Buch „Goodbye Pleite, hello Luxus!" an). Egal, worin Sie sich verbessern wollen, jemand hat ein Buch darüber geschrieben, das Ihnen helfen kann. Besorgen Sie sich einige Bücher zum Lesen. Wenn Sie sich trotzdem noch fragen, was Sie lesen sollten, denken Sie daran: Finden Sie heraus, was erfolgreiche Leute lesen und lesen Sie es auch. Wie Sie das herauskriegen? Finden Sie einen erfolgreichen Menschen und fragen Sie ihn, was er liest. Wollen Sie wissen, was ich lese? Gehen Sie auf meine Website www.larrywinget.com und schauen Sie in meinen Blog. Ich bespreche die Bücher, die ich lese, immer. Ich habe sogar einen Blog mit dem Titel „Die fünf Bücher, die mein Leben verändert haben."

3. Nehmen Sie sich jeden Tag etwas Zeit für Ihre persönliche Fortbildung. Sagen Sie nicht: „Ich habe leider keine Zeit zu lesen." Das ist dumm und eine Beleidigung für alle diejenigen unter uns, die sich die Zeit dafür nehmen. Natürlich haben Sie Zeit, zu lesen. Wenn es Ihnen wichtig genug ist, dann werden Sie die Zeit dazu schon finden. Dieses Prinzip gilt für alles: Für das, was einem wirklich wichtig ist, hat man immer Zeit. Beginnen Sie mit einer Viertelstunde täglich. Jeder schafft es, sich eine Viertelstunde am Tag Zeit zu nehmen. Beginnen Sie mit einer Viertelstunde und bauen Sie sie allmählich aus.

4. Nutzen Sie Ihre Zeiten, in denen Sie auf Geschäftsreisen sind, um sich ein paar interessante Hörbücher anzuhören. Heutzutage ist fast jedes gute Buch in einer Hörversion erhältlich, entweder auf CD oder als MP3-Download. Sie können auch ausgewählte Beiträge im Radio hören. Die Top-40-Hitsendung macht Sie nicht zu besseren Eltern, Ehepartnern oder Geschäftsleuten. Wenn Sie Radio hören, hören Sie sich eine Sendung an, in der Sie etwas lernen können. Es gibt eine Vielzahl von Rundfunkprogrammen mit interessanten Interviews großer Autoren und anderer Experten.

5. Sehen Sie die richtigen Sendungen im Fernsehen. Ich liebe Fernsehen. Ich versuche lediglich, nicht zu viele Sitcoms und andere geisttötende Sendungen zu sehen, obwohl manche davon ganz lustig sind und mir Spaß machen, so wie anderen auch. Was ich mag, sind Sendungen zu Sachthemen, Reportagen und Dokumentationen uns so weiter, von denen man wirklich etwas lernen kann. Auf PBS können Sie ab und zu sogar mich sehen, wenn ich in meiner Sendung über Erfolg spreche.

Mein Sohn, der nicht gerne liest, ist trotzdem gebildeter als manch anderer, weil er seine Zeit immer mit sogenannten Kultursendungen und Bildungsprogrammen „totschlägt". Er kann Ihnen nicht sagen, wer „Deutschland sucht den Superstar" gewinnt oder sowas, aber er kann bei vielen Themenbereichen wie Leben, Gesundheit, Essen und Trinken, Geschichte, Natur mitreden, weil er diese Sachen immer im Fernsehen verfolgt. Das Fernsehen kann Bücher nicht ersetzen, aber es ist eine sinnvolle Ergänzung.

6. Verbringen Sie Ihre Freizeit unter klugen Menschen. Es ist eine Tatsache, dass Ihr Einkommen ähnlich hoch ist wie das Ihrer fünf besten Freunde. Denken Sie an Ihre fünf besten Freunde und schätzen Sie, wie hoch deren Einkommen ist. Ich wette mit Ihnen, Ihres ist ungefähr so hoch, mit nicht mehr als fünf Prozent Abweichung. Ach, Sie sind mit Ihrem Einkommen nicht zufrieden? Dann suchen Sie sich doch reichere Freunde. Dieses Prinzip gilt auch in puncto Klugheit. Kluge Menschen treffen sich selten mit dummen Menschen, es sei denn, sie sind miteinander verwandt. Auch bei den Themen Gesundheit und Glücklichsein läuft es nicht anders. Dicke verbringen normalerweise ihre Zeit zusammen mit anderen Dicken. Glückliche Menschen verbringen ihre Zeit am liebsten mit anderen Glücklichen – deshalb sind sie ja glücklich. Es ist schwer, glücklich zu sein, wenn Sie nur mit traurigen, frustrierten, unglücklichen Zeitgenossen zusammen sind. Alles klar? Und? Sind Sie schon mit den Leuten zusammen, an denen Sie sich orientieren wollen? Wenn nicht, trennen Sie sich von Ihren bisherigen Freunden und legen Sie sich neue zu. Übrigens, falls Ihre Freunde sich von Ihnen trennen wollen, könnte es daran liegen, dass sie dieses Buch gelesen haben und Sie nicht länger zum Freund haben wollen.

„SAG MIR, MIT WEM DU ZUSAMMEN BIST, UND ICH SAGE DIR, WER DU BIST."

CERVANTES

Darum will ich mehr lernen und klüger werden:

_____

_____

_____

_____

_____

_____

_____

_____

> „EIN MANN, DER KEINE GUTEN BÜCHER LIEST,
> HAT KEINEN VORTEIL GEGENÜBER DEN
> MÄNNERN, DIE GAR NICHT LESEN KÖNNEN."
>
> _MARK TWAIN_

Wie Sie interessante Gespräche führen

Kennen Sie das – Sie sind auf einer Party und haben keine Ahnung, worüber Sie mit den Leuten reden sollen? Haben Sie sich schon mal nach einer Party gesagt: „Die Leute hier müssen mich ja für eine ziemliche Dumpfbacke halten"? Ich bin mir sicher, dass fast jeder von uns sich schon mal in einer Situation befunden kann, wo er sich doof vorkam, weil er anderen nichts zu sagen wusste.

Hier sind ein paar gute Tipps, wie Sie sich in jeder Unterhaltung wohler fühlen können:

1. Lesen Sie die Überschriften der heutigen Tageszeitung im Nachrichten-, Sport-, Unterhaltungs- und Wirtschaftsteil.

2. Finden Sie heraus, welche Bücher auf den Bestsellerlisten stehen und lesen Sie Kritiken der wichtigsten drei oder vier Titel.
Auch wenn Sie die Bücher nicht gelesen haben, können Sie mitreden, denn Sie haben zumindest die Buchtitel und die Kritiken gelesen.

3. Lesen Sie ein paar Filmkritiken. Sie können dann immer noch sagen, Sie hätten den Film leider noch nicht gesehen, aber zumindest wissen Sie dann, worüber die anderen reden.

4. Hören Sie regelmäßig die Radio-Nachrichten. Dann sind Sie in zwei bis drei Minuten wenigstens grob über die aktuellen Ereignisse informiert.

5. Sehen Sie eines der Boulevard-Fernsehmagazine, um über das Neueste aus der Unterhaltungsbranche informiert zu sein. Auch wenn Sie da wenig geistig Brauchbares finden werden, ist es doch immer wieder amüsant zu sehen, welche Dummheiten auch die großen Stars anrichten.

6. Schauen Sie auf die Homepage Ihres Internet-Providers. Da stehen immer die wichtigsten Neuigkeiten aus jedem Themenfeld.

7. Fragen Sie einfach: „Was halten Sie davon?", egal um welches Gesprächsthema es gerade geht.

Die Leute freuen sich immer, wenn man sie nach ihrer Meinung fragt und je nachdem, wie die Antwort ausfällt, haben Sie neuen Gesprächsstoff.

8. Stellen Sie viele Fragen, wie: „Kennen Sie schon das neue Buch von …? Haben Sie in letzter Zeit einen guten Film gesehen? Haben Sie auch in den Nachrichten gesehen, wie …?" Schon sind Sie mitten im Gespräch.

9. Wenn Sie sonst nichts finden – das Wetter, das Essen und der Ort sind immer beliebte Einstiegsthemen auf Partys.

10. Wenn Sie trotzdem in Schwierigkeiten geraten, retten Sie sich auf die Toilette.

Warum ist es für mich sinnvoll, besser Konversation betreiben zu können? Inwiefern kann mir das nützen?

_____

_____

_____

_____

_____

_____

Wie Sie Ihre Zeit besser einteilen

1. Verwenden Sie Ihren Papierkorb öfter. Werfen Sie mehr weg. Wahrscheinlich heben Sie viel zu viele Dinge auf, bzw. speichern sie ab. Wenn Sie etwas woanders finden können, brauchen Sie es nicht aufzuheben. Verwenden Sie einen Aktenvernichter – so werden Sie Überflüssiges für immer los.

2. Nehmen Sie jedes Stück Papier nur einmal in die Hand.

3. Hören Sie jeden Tag auf, indem Sie sich eine Liste der Punkte machen, die Sie morgen erledigen wollen.

4. Werfen Sie Ihre To-Do-Listen weg. Sie haben auch so genug zu tun, ohne dass Sie alles erst auf die Liste setzen müssen.

5. Schreiben Sie eine Liste der Dinge, die erledigt werden müssen. Konzentrieren Sie sich nicht auf das, was noch zu tun ist, sondern auf das, was bis wann erledigt sein muss. Zielerreichung ist wichtiger als Tätigkeit.

6. Räumen Sie Ihren Schreibtisch auf und bearbeiten Sie immer nur einen Vorgang.

7. Halten Sie stets Papier und Stift bereit. Vertrauen Sie nicht auf Ihr Gedächtnis. Notieren Sie alles Wichtige sofort.

8. Legen Sie sich eine Schublade für Verschiedenes zu. Wann immer Sie sich fragen, ob Sie etwas Bestimmtes später noch mal brauchen, tun Sie es in die Schublade. Räumen Sie die Schublade einmal im Monat aus. Sollte es sich herausstellen, dass Sie etwas einen Monat lang nicht gebraucht haben, war es die Sache nicht wert, den Gegenstand auf-zubewahren und Sie können ihn beruhigt wegwerfen.

9. Sammeln Sie alle Werbepost einen Monat lang. Schreiben Sie nach 30 Tagen jede Absender-Firma an und bitten Sie darum, dass Ihr Name vom Adressverteiler gestrichen wird.

10. Setzen Sie eine gewisse Zeit an, um eingegangene Telefonate zu beantworten. Rufen Sie jeden, der Sie angerufen hat, zurück.

Warum ist es für mich wichtig, meine Zeit besser einzuteilen?

_____

_____

_____

_____

_____

_____

Wie Sie Probleme besser lösen

1. Streiten Sie Ihr Problem nicht ab. Leute, die von sich sagen: „Ich habe keine Probleme. Ich habe nur Chancen", sind Idioten. Manche Probleme sind keine Chancen, sondern wirklich ernst zu nehmende Probleme. Erkennen Sie das an und gehen Sie entsprechend damit um. Abstreiten ist dumm und verlängert die Auswirkungen des Problems nur.

2. Sehen Sie ein, dass Probleme Sie zwingen, daran zu wachsen und dass alles, was Ihren Entwicklungsprozess unterstützt, sinnvoll ist. Seelisches Wachstum kann durchaus schmerzhaft sein. Aber noch schmerzhafter wäre es, eine Lektion nicht zu lernen.

3. Sehen Sie über das Problem hinaus. Ich weiß, das ist nicht einfach, aber versuchen Sie sich jetzt schon vorzustellen, wie Ihr Leben aussieht, wenn Sie das Problem bereits hinter sich haben. Das kann Ihnen unter Umständen dabei helfen, zu ertragen, was Sie jetzt durchmachen müssen. Das Gute ist, dass es ein Leben nach dem Problem gibt – stellen Sie es sich am besten bildlich vor.

4. Teilen Sie das Problem in kleine Einheiten auf und befassen Sie sich nacheinander mit diesen. Manchmal kommt einem ein Problem überwältigend groß vor, weil man erkennt, dass man es nicht auf einmal lösen kann. Zerlegen Sie es in kleine Teile, mit denen Sie besser umgehen können.

Ein Beispiel: Wenn Sie verschuldet sind, kommt Ihnen der Schuldenberg insgesamt vermutlich riesengroß vor. Aber wenn Sie ihn in Einzelteile aufgliedern, können Sie ihn viel besser angehen. Konzentrieren Sie sich erst einmal auf eine Kreditkartenrechnung, bis Sie sie abbezahlt haben, auf das Abtragen Ihrer Ratenzahlungen oder darauf, hundert Dollar beiseite zu legen. So rücken Sie dem Problem als Ganzem zu Leibe, aber es erscheint Ihnen nicht so unüberwindlich groß.

Denken Sie an den alten Witz: Wie verspeist man einen Elefanten? Einen Bissen nach dem anderen. So sollten Sie es auch mit Ihren Problemen machen.

5. Hören Sie damit auf, das Problem zur Katastrophe zu stilisieren. Behandeln Sie jedes einzelne Problem so, wie es ist, nicht, wie es Ihnen vorkommt. Das Schlimmste tritt nur selten ein. Ein Beispiel: Butter, meine kleine französische Dogge, wurde neulich sehr krank. Wir mussten sie zum Tierarzt bringen, er machte eine Menge Tests mit ihr, die nichts ergaben und sagte, er müsse sie operieren, um die Ursache zu finden. Meine Frau und ich sahen schon das Schlimmste voraus, den Tod unseres geliebten Tieres. Als der Tierarzt Butter aufschnitt, entdeckte er in ihr einen Gegenstand, der unter keinem Mikroskop und auf keinem Röntgenschirm sichtbar war – ein kleines Spielzeug aus Gummi, das sie verschluckt hatte. Der Arzt entfernte das Ding, und drei Tage später war Butter wieder ganz die Alte. Wenn wir nicht so hysterisch reagiert hätten und uns nur um das Problem selbst gekümmert hätten, wären uns eine Menge Kummer und Tränen erspart geblieben. Ich aber verletzte meine eigene Regel und machte aus der Mücke einen Elefanten. Also: Nehmen Sie das Problem als das, was es ist.

6. Schreiben Sie das Problem auf. Wenn Sie es so schwarz auf weiß betrachten, wirkt es gleich nicht mehr ganz so schlimm. Wie schon gesagt: Nehmen Sie es so, wie es ist und nicht wie Sie es sich vorstellen.

7. Konzentrieren Sie sich auf die Lösung. Nicht das Problem an sich ist entscheidend, sondern wie Sie damit umgehen. Also – was gedenken Sie zu tun? Dahin sollte Ihre Energie gehen.

8. Holen Sie sich Hilfe. Finden Sie jemanden, der sich mit der Lösung von Problemen dieser Art besser auskennt als Sie und bitten Sie ihn um Hilfe. Natürlich ist das erst dann notwendig, wenn Sie selbst schon alles versucht haben, was Ihnen einfällt. Wenn Sie zu mir kommen und mich um Hilfe bitten, frage ich Sie als Erstes, was Sie schon unternommen haben. Jeder andere würde das auch tun.

Warum ich meine Probleme besser lösen will:

_____

_____

_____

_____

_____

_____

_____

_____

Wie Sie besser kommunizieren

1. Seien Sie ein guter Zuhörer. Ein guter Kommunikator kann nicht nur toll reden, er ist auch ein guter Zuhörer. Die meisten Menschen können besser reden als zuhören. Achten Sie auf das, was Ihr Gegenüber sagt. Zeigen Sie, dass es Sie interessiert, auch wenn das zunächst vielleicht nicht der Fall sein sollte.

2. Suchen und halten Sie Blickkontakt. Nichts nervt mich mehr, als wenn mir jemand nicht in die Augen sehen kann. Blickkontakt zeugt nicht nur von Interesse, sondern er schafft auch Vertrauen.

3. Stellen Sie viele Fragen. Die beste Möglichkeit, etwas von anderen zu erfahren, ist, ihnen Fragen zu stellen. Die Leute werden Ihnen beinahe alles erzählen, wenn Sie sie danach fragen.

4. Geben Sie Rückmeldung. Nicken Sie mit dem Kopf und lassen Sie erkennen, dass Sie aufmerksam zuhören. Das ist besonders am Telefon wichtig, wo Ihr Gegenüber Sie nicht sehen kann und auf verbale Rückmeldung von Ihnen angewiesen ist, um zu erkennen, dass Sie in Gedanken noch bei ihm sind.

5. Tun Sie so, als sei das, was Ihr Gegenüber Ihnen erzählt, das Interessanteste, was Sie seit Langem gehört haben. Das kann manchmal schwer sein. Manchmal muss ich mich sehr zusammennehmen, wenn irgendein Idiot mir etwas erzählt, was mich nicht die Bohne interessiert, aber ich tue es, weil es nun mal höflich ist. Außerdem tue ich es oft, weil man mich dafür bezahlt.

6. Unterbrechen Sie Ihr Gegenüber nicht. Lassen Sie ihn sein Argument loswerden, dann erst kommentieren Sie. Ich weiß, das kann einem schwer fallen. Es gibt manche Leute, die kommen einfach nicht auf den Punkt. Wenn Sie beim Zuhören schon innerlich durchdrehen, versuchen Sie es trotzdem; geht es partout nicht, ziehen Sie sich höflich aus der Konversation zurück und suchen Sie sich bessere Gesprächspartner.

7. Lassen Sie sich durch Schweigen nicht aus der Ruhe bringen. Schweigen in einer Unterhaltung muss kein schlechtes Zeichen sein.

Geben Sie Ihrem Gegenüber Zeit, nachzudenken und sich eine Antwort zu überlegen. Vertrauen Sie mir, wenn ich sage, andere sind es oft nicht gewohnt, nachdenken zu müssen. Wenn es Ihnen das erste Mal so geht, freuen Sie sich – vielleicht ist es ein historischer Moment.

8. Wenn Sie gerade nichts Bedeutendes zu sagen haben, halten Sie sich bitte zurück. Reden Sie nicht irgendein Blech, nur damit Sie sich reden hören. Ich weiß, professionelle Redner können das gut. Sie sind oft so verliebt in den Klang ihrer eigenen Stimme, dass sie noch wie ein Wasserfall reden, obwohl das Publikum ihnen schon lange nicht mehr zuhört.

Warum es mir wichtig ist, besser zu kommunizieren:

_____

_____

_____

_____

_____

_____

_____

_____

Listen für ein glücklicheres Leben in Eigenverantwortung

Wie Sie lernen, glücklich zu sein und Ihr Leben zu genießen

1. Seien Sie fröhlich. Seien Sie kein Trauerkloß.

2. Vergessen Sie den Begriff „Schuld". Man kann entweder die Schuldfrage lösen oder das Problem lösen. Verwenden Sie Ihre Zeit lieber für Letzteres. Ich selbst ertappe mich oft bei diesem Fehler. Ich zeige gerne mit dem Finger auf andere. Darin bin ich richtig gut. Ich weiß, wie man anderen haarklein nachweist, dass sie an irgendetwas schuld sind. Wenn ich das dann geschafft habe, fühle ich mich erst mal ein bisschen besser … aber nur vorübergehend. Außerdem bin ich damit der Lösung und Überwindung des Problems keinen Deut näher gekommen. Ich habe mit der Zeit festgestellt, dass es besser ist, keine Zeit mit der Klärung der Schuldfrage zu verschwenden und gleich auf die Lösung zuzusteuern.

3. Vergessen Sie, was man Ihnen angetan hat. Zu wissen, wer an was schuld war, bringt Ihnen später auch nichts mehr. Sie können die Zeit sowieso nicht zurückdrehen. Sie können nichts, was geschehen ist, ungeschehen machen. Wenn Sie selbst Mist gebaut haben, entschuldigen Sie sich, und weiter geht's. Schuldbewusstsein hilft Ihnen da auch nicht weiter. Sie fühlen sich nur dann besser, wenn Sie den entstandenen Schaden wieder gutmachen und neu beginnen.

4. Vergessen Sie das Wort „Glück". Manche hoffen darauf, dass sie zufällig Glück haben und dann glücklich und erfolgreich werden. Ich glaube an das zufällige Glück. – da, wo gute Vorbereitung und sich ergebende Chancen zusammenfallen. Glückliche Menschen sind die,

die gut vorbereitet sind, Chancen blitzschnell erkennen und sie zu nutzen wissen. Verlassen Sie sich aber nicht auf dieses zufällige Glück, sondern seien Sie lieber gut vorbereitet.

5. Schaffen Sie sich Ihre eigenen Umstände. Wenn Sie nicht damit zufrieden sind, wie die Dinge laufen, dann ändern Sie eben die Richtung. Sie haben das Sagen. Weigern Sie sich, Ihre Situation als unabänderlich hinzunehmen und machen Sie sich an die Arbeit, um sich neue Bedingungen zu schaffen.

6. Konzentrieren Sie sich auf das, was Sie jetzt zu erledigen haben. Wir verschwenden zu viel Zeit damit, über die Vergangenheit nachzugrübeln oder uns um die Zukunft zu sorgen. Die Vergangenheit ist, wie der Name schon sagt, Vergangenheit. Sie ist vorbei und nicht mehr zu ändern, also abhaken und weiter. Die Zukunft wird schon nicht so schlimm werden, wie Sie heute fürchten. Konzentrieren Sie sich lieber auf die Gegenwart. Nur jetzt und hier können Sie etwas ändern.

7. Verzichten Sie darauf, immer recht haben zu wollen. Das ist wieder eine verflixt schwere Geschichte für mich. Ich bin so gerne im Recht. Ich glaube, damit bin ich nicht allein, es geht sehr vielen von uns so. Lassen Sie die Waffen stecken – manchmal ist es die Sache nicht wert, zu kämpfen. Um ehrlich zu sein, meistens nicht.

8. Denken Sie großzügig. Geben Sie Kleinlichkeit auf allen Ebenen auf. Ist es denn wirklich so wichtig, ob die Zahnpasta-Tube nun in der Mitte oder am Ende zugedrückt wird? Oder wer im Restaurant einen Nachtisch hatte und wer nicht? Teilen Sie einfach die Rechnung untereinander zu gleichen Teilen auf, und gut. Seien Sie nicht kleinlich – das wirkt so kleinkariert.

9. Leben Sie möglichst gesund. Es ist schwer, glücklich zu sein, wenn Sie sich körperlich nicht wohl fühlen. Es ist teuer und unangenehm, krank zu sein. Wie sagt Tom Hopkins so schön: „Reich und krank zugleich – wie töricht."

10. Machen Sie anderen öfter mal ein Kompliment. Es dauert nicht lange, zu jemandem nett zu sein. „Guten Morgen." „Schönes Kleid." „Gut sehen Sie heute aus." „Danke, gute Arbeit." Es ist so einfach, das zu sagen. Für Sie ist es damit getan, die paar Worte zu sagen, aber die Person, der Sie das Kompliment machen, wird sich vielleicht noch wochenlang darüber freuen.

11. Hören Sie nicht auf zu lernen. Ein Gehirn, das gefordert und immer wieder beschäftigt wird, ist glücklicher als eines, das nicht mehr viel zu tun bekommt. Lesen Sie. Besuchen Sie Seminare und Vorträge. Sehen Sie Sendungen im Fernsehen, bei denen Sie was lernen. Gehen Sie in Museen. Treten Sie einem Buchklub bei.

12. Machen Sie sich nicht abhängig von der Zustimmung anderer. Entwickeln Sie die Einstellung: „Was Sie von mir denken, geht mich nichts an." Ich weiß das aus Erfahrung und kann Ihnen versichern, dass Sie dann viel glücklicher sein werden.

13. Füllen Sie Ihr Leben mit Tätigkeiten aus, die Sie gern machen. Ich weiß, das fällt einem nicht leicht, wenn man viel und hart arbeiten muss. Aber wenn Sie es schaffen, jeden Tag auch nur eine Sache zu machen, die Sie gerne tun und dafür immer noch ein bisschen mehr Zeit herauszuschinden, dann werden Sie glücklicher.

14. Lernen Sie, sich zu entspannen. Das dauert nicht lange. Sie müssen nicht wochenlang in Urlaub fahren, um sich zu erholen.

Sie müssen nur jeden Tag einen Moment finden, in dem Sie sich körperlich und geistig erholen können.

15. Lernen Sie, anderen zu verzeihen. Sie können nicht glücklich werden, wenn Sie in Ihrem Herzen Groll, Rachegefühle oder Hass ansammeln. Sie können nicht glücklich sein, wenn Sie auf jemanden wütend sind. Versuchen Sie, über solche Gefühle hinweg zu kommen. Ich werde Ihnen später in diesem Buch erklären, wie Sie lernen können, anderen zu verzeihen, aber bis dahin sollten Sie wissen, dass Sie nicht glücklich sein können, wenn Sie es nicht schaffen, Ihren Mitmenschen zu vergeben.

16. Seien Sie großzügig – mit Ihrem Geld, aber auch mit Ihrer Zeit. Geben Sie von dem, was Sie reichlich haben, denjenigen Menschen etwas ab, die es nicht haben und die es dringend brauchen.

Und denken Sie nicht, Sie hätten zu wenig, um anderen etwas abgeben zu können. Sie haben immer genug, um es mit anderen zu teilen.

17. Genießen Sie Ihr Geld. Ich habe ein ganzes Buch darüber geschrieben, wie man mehr verdient, mehr spart und mehr investiert. Aber genauso wichtig, wie das zu wissen, ist es auch, sein Geld zu genießen.

Das bedeutet nicht, mehr auszugeben, als Sie sich leisten können. Ich bin nicht dafür, dass man über seine Verhältnisse lebt. Aber ich bin dafür, dass Sie im Rahmen Ihrer Verhältnisse leben und lernen, sich dessen, was Sie besitzen, auch zu erfreuen. Reich zu werden und trotzdem wie ein armer Mensch zu leben, ist dumm.

18. Suchen Sie nicht nach äußerlichen Dingen, um glücklich zu werden. Glück kommt von innen.

Ich habe einen Freund, der sich unbedingt ein Wohnmobil kaufen wollte. Er war ganz besessen von der Idee. Sein Handy war voll mit Bildern von dem Wohnmobil, das er sich ausgesucht hatte. Er trug den Katalog ständig mit sich herum. Immer wieder sprach er davon, wie toll das wäre: einfach einsteigen und fahren zu können, wohin und wann immer er wolle. Er hatte das notwendige Geld und den Kaufwunsch, aber ihm fehlte die Unterstützung. Seine Frau fand die Idee nicht so gut, und auch ich konnte nicht viel Begeisterung dafür aufbringen, denn ich kann mir nichts Dooferes vorstellen, als irgendwohin zu fahren und in einem fahrenden Hotelzimmer zu schlafen, das ich am nächsten Morgen auch noch selbst aufräumen und reinigen muss. Das kommt mir so vor, als würde man als Obdachloser in einem Van am Fluss nächtigen.

Mein Freund befand sich damals in einer Arbeitsumgebung, die ihn verrückt machte. Er ging nicht mehr gern zur Arbeit. Er hasste die Sitzungen, in die er dauernd gehen musste. Er konnte viele Leute, mit denen er in der Arbeit in Kontakt kam, einfach nicht mehr sehen. Er stand morgens meistens schon nicht gern auf, wenn er daran dachte, was der Tag ihm wohl bringen würde. Schließlich wurde es für ihn unerträglich, und er beschloss, die Firma zu verlassen. Glücklicherweise hatte er viele andere Arbeitsmöglichkeiten in Aussicht, musste also nicht befürchten, zu verhungern oder seine Rechnungen nicht mehr bezahlen zu können. Ich verstehe gut, dass es nicht jeder so gut hat wie er und einfach den Arbeitsplatz verlassen kann, wenn es ihm dort nicht mehr gefällt. Ich will auch nicht sagen, Sie sollten Ihren Arbeitsplatz wechseln, wenn Sie nicht glücklich sind. Doch, wechseln Sie, gehen Sie ruhig, aber erst, wenn Sie etwas Neues gefunden haben! Mein Freund jedoch war in der glücklichen Lage, die Mittel zu haben, sich das leisten zu können.

Eine Woche nachdem er gekündigt hatte, sah ich ihn wieder. Er war kaum wiederzuerkennen. Er klang frisch, entspannt und wirkte, als könne er Bäume ausreißen. Sein Gesicht war ebenfalls ruhig und entspannt. Ich fragte ihn nach seinem Wohnmobil. Er sagte, er habe nicht mal mehr daran gedacht. Ich meinte, das Wohnmobil war wahrscheinlich eine Art Fluchtmöglichkeit für ihn aus seinem verhassten Job. Er hatte gedacht, es würde ihn glücklich machen, aber das hätte es nicht getan.

Es war nur so, dass ihm der Job sehr zusetzte, und da war das Wohnmobil einfach nur eine zeitweilige Fantasie. Nun, da er seinen Job aufgegeben hatte, war er auch ohne Wohnmobil glücklich und brauchte nicht mehr vor irgendetwas zu fliehen – genau aus diesem Grund hatte er nicht mehr eine Sekunde an das Wohnmobil gedacht.

Wir suchen oft nach Dingen außerhalb unserer selbst, die uns glücklich machen sollen. Manche Leute gehen gern einkaufen. Andere essen gern. Manche tun beides gern. Sie sind fett – aber dafür schick angezogen! Solange man ihnen nicht klar macht, dass Äußerlichkeiten nur vorübergehend Befriedigung bringen, werden sie weiterhin Geld ausgeben und ihr Glück in materiellen Dingen suchen. Erst wenn sie verstehen, dass wahres Glück von innen kommt, werden sie es nicht mehr außerhalb suchen müssen.

Es gibt sogar immer wieder Paare, die glauben, ein weiteres Baby würde sie enger zusammenbringen und ihre angeknackste Ehe retten. Babys sind eine schöne Bereicherung für jede Familie, aber sie bringen ihre Eltern nicht näher zusammen. Stattdessen bringen sie Stress mit sich, kosten mehr Geld, als manche Paare zur Verfügung haben, rauben dem Paar die Zeit, die es für einander braucht, und so weiter.

Noch ein Baby kann da keine Lösung sein. Das Baby ist eine von außen kommende Lösung für ein inneres Problem. Suchen Sie nicht nach äußeren Lösungen für Ihr persönliches Problem. Ihr Glück können Sie nur von innen heraus erreichen.

In welchen Bereichen meines Lebens möchte ich glücklicher sein?

_____

_____

_____

_____

_____

Welche äußerlichen Dinge machen mich vermeintlich glücklicher?

_____

_____

_____

_____

_____

Warum möchte ich mich verändern?

_____

_____

_____

_____

_____

„DIE LEUTE SIND IN ETWA SO GLÜCKLICH, WIE SIE ES VOM BEWUSSTSEIN HER SEIN KÖNNEN."

ABRAHAM LINCOLN

Wie Sie dankbarer werden

1. Schreiben Sie eine Liste der Dinge, für die Sie Dankbarkeit empfinden. Darauf gehören Dinge wie Ihr Haus, Ihr Auto, Ihre Freunde, Ihre Fähigkeiten, Ihr Besitz, Ihre Familie und Ihr Arbeitsplatz. Denken Sie aber auch an die Dinge, an die man normalerweise nicht denkt, wie Gesundheit, Wissen und alles, was Sie lernen dürfen.

2. Sie sollten wissen, dass Sie, auch wenn Ihre Lage noch so schwierig ist, eine Menge Dinge genießen, für die Sie dankbar sein sollten. Denken Sie daran – es könnte noch viel schlimmer sein!

3. Beginnen Sie Ihren Tag mit einer kleinen Denkübung: „Wofür ich dankbar bin." Schlagen Sie die Augen auf und seien Sie dankbar dafür, dass Sie die Nacht lebend überstanden haben – das kann nicht jeder von sich sagen. Seien Sie glücklich, dass Sie etwas zu tun haben und dass Sie Menschen haben, mit denen zusammen Sie es tun können. Moment mal – Sie haben nichts zu tun und keine Menschen, mit denen Sie es tun können?

Dann machen Sie sich auf die Suche nach beidem, bis Sie beides gefunden haben – und seien Sie dankbar dafür, dass Sie beides gefunden haben.

4. Werden Sie sich dessen bewusst, dass alles, was Ihnen widerfährt, zu Ihrer Reifung und Entwicklung beiträgt – auch die schlechten Dinge. Es ist sogar so, dass man gerade aus den schlechten Erlebnissen besonders viel lernt. Seien Sie dankbar für diese Lektionen, die Ihnen das Leben erteilt, auch wenn es Ihnen schwer fällt, für alles Schlechte, was dem vorausgegangen ist, dankbar zu sein.

5. Denken Sie immer an die Menschen, denen es wirklich dreckig geht. Sie, zum Beispiel, haben es doch eher gut, alles in allem betrachtet. (Übrigens: Wenn Sie schon an diejenigen denken, denen es dreckig geht, warum überlegen Sie sich nicht mal, wie Sie denen helfen können?)

Warum ich dankbarer sein sollte:

_____

_____

_____

_____

_____

_____

„JE DANKBARER SIE FÜR DAS,
WAS SIE HABEN, SIND,
UMSO MEHR WERDEN SIE FINDEN,
WOFÜR SIE DANKBAR SEIN KÖNNEN."

ZIG ZIGLAR

Wie Sie ein besserer Mensch werden

1. Lernen Sie immer wieder Neues. Wenn Sie nicht auf dem Laufenden bleiben, fallen Sie zurück.

2. Unterstützen Sie karitative Vereine und Projekte. Helfen Sie anderen.

3. Bleiben Sie geschäftlich aktiv. Erwerben Sie sich den Ruf einer Person, die ihre Arbeit gewissenhaft macht.

4. Leben Sie anständig. Wenn Sie etwas versprechen, dann halten Sie es auch. Wenn Sie eine Vereinbarung treffen, dann tun Sie alles, was in Ihrer Macht steht, um dafür zu sorgen, dass das Vereinbarte eintritt. Wenn Sie einen Vertrag unterzeichnen, erfüllen Sie ihn auch.

5. Seien Sie authentisch – so, wie Sie sind. Versuchen Sie nicht, jemand zu sein, der Sie nicht wirklich sind. Sie werden sich sonst später hassen, und der Versuch, die Fassade aufrecht zu erhalten, wird irgendwann über Ihre Kräfte gehen. Seien Sie echt. Viele werden Sie so vielleicht nicht mögen, aber das ist immer noch besser, als wenn die Leute jemanden mögen, der Sie gar nicht sind.

6. Jammern Sie nicht, beklagen Sie sich nicht. Das will sowieso niemand hören. Die Leute haben genug eigene Probleme, um die sie sich kümmern müssen. Ich habe ein ganzes Buch zu dem Thema geschrieben; es trägt den Titel: „Halt den Mund, hör auf zu heulen und lebe endlich!"

7. Seien Sie zuverlässig, flexibel, pünktlich, verfügbar und entscheidungsfreudig.

8. Vertreten Sie bestimmte Werte. Hinterlassen Sie eindeutige Spuren im Sand. Seien Sie kompromisslos in Ihren Erwartungen, in Ihren Anforderungen und in Ihren Werten.

Warum ich es wichtig finde, ein besserer Mensch zu werden:

_____

_____

_____

_____

_____

Wie Sie mehr Spaß haben

1. Seien Sie fröhlich. Sie kommen hier sowieso nicht mehr lebend raus, also seien Sie lieber fröhlich und unbeschwert.

2. Haben Sie nichts dagegen, auch mal der Dumme zu sein. Die Fähigkeit, sich auch mal über sich selbst lustig zu machen, ist ganz wichtig, wenn man Humor beweisen will. Nehmen Sie Ihren Job, Ihre Gesundheit, Ihre Finanzen und Ihre Familie ernst, aber nehmen Sie sich selbst nicht zu ernst.

3. Machen Sie eine Liste der Dinge, die Sie lustig finden. Ich sehe gern komische Filme, lese gern humoristische Bücher, spiele gern Golf, gehe gern mit guten Freunden Bier trinken, rufe einen Kumpel an, der mich immer zum Lachen bringt, male gern, wasche gern mein Auto und gehe im Einkaufszentrum spazieren. Vielleicht macht Ihnen das alles keinen Spaß, mir aber schon. Ich versuche, das eine oder andere von diesen Hobbies regelmäßig in meinen Zeitplan einzubauen. Sehen Sie sich noch einmal an, welche Dinge Ihnen Spaß machen und überlegen Sie sich, wie Sie die am besten regelmäßig in Ihrem Zeitplan unterbringen.

4. Legen Sie einen Teil Ihres Einkommens für Ihre Hobbies beiseite. Aber tun Sie das erst, nachdem Sie einen Teil gespendet, einen Teil gespart, einen Teil investiert und Ihre Schulden abbezahlt haben.

5. Kaufen Sie sich ein Spielzeug. Kein großes, teures Spielzeug, sondern so eines, wie Sie es als Kind hatten. Versuchen Sie's mal mit einem Jo-Jo, einer Spiralfeder oder so. Es geht nicht darum, dass es viel kostet, sondern dass Sie möglichst viel Spaß damit haben können. Als mein Sohn im Militärdienst im Irak war, schickte ich ihm ein Paket mit Spielsachen nach Bagdad. Ich schickte ihm kleine Soldaten, die, wenn man sie in die Luft wirft, an kleinen Fallschirmen zu Boden gleiten, kleine Flugzeuge aus Balsaholz, Jo-Jos, einen Bindfaden, der aus einer Büchse schießt und alle möglichen ausgeflippten Sachen. Mein Sohn erzählte mir, er und seine Army-Kollegen hätten sich wochenlang immer wieder mit diesem Zeug amüsiert, und die Spielsachen hätten es geschafft, dass sie sich nach den langen, ermüdenden, gefährlichen Tagen draußen abends wieder ein bisschen wie zuhause fühlten.

6. Besorgen Sie sich ein Pupskissen und ein Paar rote Socken. Das funktioniert besser bei Jungen. Wir halten Fürze für die lustigste Sache auf diesem Planeten. Ein voller Aufzug und ein Pupskissen, und schallendes Gelächter ist garantiert. Und was die roten Socken angeht: Kaufen Sie sich ein Paar und tragen Sie es einmal, und ich verspreche Ihnen, Sie nehmen sich selbst nicht mehr so ernst. Jahrelang habe ich gesagt, die Aufschrift auf meinem Grab sollte einmal lauten: „Er war ein Typ in roten Socken inmitten einer Welt von braunen Socken."

7. Fragen Sie kleine Kinder, womit sie Spaß haben ... die wissen es! Wenn Sie ein kleines Kind fragen, womit man Spaß haben kann, wird es sagen: „Ich weiß nicht, wir haben eben einfach Spaß!" Genau so ist es. Kleine Kinder überfrachten nicht alles mit zu viel Nachdenken. Und so sollten Sie's auch halten: Manchmal muss man eben herzhaft lachen, ohne lange darüber nachzudenken.

Warum ich mehr Spaß haben möchte:

_____

_____

_____

_____

_____

_____

_____

„MANCHMAL IST UNSERE EINZIGE WAFFE EIN LACHEN."

ROGER RABBIT

Wie Sie mit Stress besser zurechtkommen

1. Versuchen Sie nicht länger, mit Stress zurechtzukommen. Warum soll man mit etwas zurechtkommen, was man nicht gebrauchen kann? Wenn Sie Stress nur besser organisieren, hilft Ihnen das nicht, besser mit ihm zurechtzukommen oder ihn loszuwerden.

2. Ermitteln Sie, warum Sie etwas stresst. Das habe ich über Stress und seine Ursachen gelernt:

„STRESS KOMMT DAHER, DASS MAN ZWAR WEISS, WAS RICHTIG WÄRE, ABER DAS FALSCHE TUT."

Machen Sie diese schnelle Übung: Notieren Sie das, was Sie am meisten stresst:

_____

_____

_____

Haben Sie´s? (Übrigens: Falls Sie beabsichtigen, dieses Buch später an jemand anderen weiterzugeben, sollten Sie mit dem, was Sie hier preisgeben, vorsichtig sein. Vielleicht haben Sie hier den Namen Ihrer Gattin notiert, und falls Sie ihr das Buch geben, gibt es erst richtig Stress!)

Sie wissen genau, was Sie mit dem, was Sie hier hingeschrieben haben, tun sollten. Sie tun es nur leider nicht. Was bedeutet, dass Sie nicht die Sache selbst stresst, sondern dass Sie wissen, was Sie tun sollten, es aber nicht tun.

3. Seien Sie bereit, zu tun, was richtig ist. Nehmen Sie sich eine Minute Zeit und notieren Sie, was der richtige Umgang mit dem Thema wäre, das Ihnen Stress verursacht.

_____

_____

_____

4. Hören Sie auf, das Falsche zu tun. Nehmen Sie sich einen Moment Zeit und notieren Sie, was Sie in der stressigen Angelegenheit unternommen haben:

_____

_____

_____

_____

Ihr Stress rührt daher, dass Sie das Falsche getan haben. Hören Sie damit auf.

5. Legen Sie sich ein Haustier zu. Es ist wissenschaftlich nachgewiesen, dass ein Haustier Ihren Puls senkt und Ihre Ängste verringert. Wenn ich meine englische Bulldogge Ralphie nur fünf Minuten auf dem Schoß sitzen habe, geht es mir gleich viel besser. Dann fließt meine Angst von mir ab wie Schweiß an einem heißen Sommertag.

6. Lernen Sie, zu meditieren. Sie brauchen keinen offiziell anerkannten Meditationskurs zu besuchen und kein Meister im Yoga zu werden, um zu meditieren. Stören Sie sich nicht an dem Begriff „meditieren". Wenn Ihnen das Wort zu esoterisch vorkommt, dann nennen sie es nicht so. Lernen Sie einfach nur, sich ein paar Minuten zu entspannen und Ihrem Geist Ruhe zu gönnen. Ich tue das, indem ich mit meinem Hund auf meiner Veranda sitze. Ich tue es, indem ich im Hof herumlaufe und mir meine Kakteen ansehe. Ich kann es auch, wenn ich eine belebte Straße in Manhattan entlanglaufe. Es geht lediglich darum, ein paar Minuten Ihr Gehirn frei zu bekommen, um Ihr Leben oder Ihre Situation in einem anderen Licht zu sehen. Es geht darum, sich wieder auf die Gegenwart zu konzentrieren und die Vergangenheit und die Zukunft wenigstens ein paar Minuten lang außen vor zu lassen.

7. Bewegen Sie sich. Auch das verringert – das ist wissenschaftlich belegt – die innere Angst. Ich sage nicht, Sie sollen alles stehen und liegen lassen und ins nächste Fitnessstudio gehen, denn es kann sein, dass Sie es dann doch nicht regelmäßig tun und nur Ihr Geld zum Fenster hinauswerfen. Ich sage auch nicht, Sie sollen alles stehen und liegen lassen und ins Einkaufszentrum eilen, um sich Trainingsanzug und Sportschuhe zu kaufen. Ich sage lediglich: Tun Sie, was immer Sie tun können, um Ihr Herz zu zwingen, ein bisschen schneller als gewöhnlich zu schlagen. Versuchen Sie´s zum Beispiel mal mit Spazierengehen.

8. Hören Sie auf, sich Sorgen zu machen, was alles passieren könnte. Das Schlimmste passiert Gott sei Dank sowieso nur selten, also warum sich verrückt machen?

9. Geben Sie den Versuch auf, alles in Ihrem Leben unter Kontrolle zu bekommen. Es gibt einen alten Spruch, der da lautet: „Gott steckt in jedem Detail." Wenn dem so ist, okay, dann überlassen Sie lieber ihm die Details. Glück bedeutet, dass man nicht mehr jeden Aspekt seines Lebens kontrollieren muss.

10. Sehen Sie sich nur mal fünf Minuten die Jerry-Springer-Show im Fernsehen an. Wenn Sie der Ansicht sind, in Ihrem Leben läuft einiges schief, dann sehen Sie sich diese Idioten an. Verglichen mit denen geht es Ihnen doch noch recht gut, nicht wahr?

Inwiefern kann weniger Stress mein Leben verändern, und warum ist das wichtig für mich?

_____

_____

_____

_____

_____

_____

Listen für ein gesünderes Leben in Eigenverantwortung

Wie Sie gesünder leben

1. Lesen Sie, was in den Lebensmitteln drin ist. Reduzieren Sie Fett, Salzgehalt, Kalorien und alle Produkte, die Wörter enthalten, die Sie nicht aussprechen können.

2. Bewegen Sie sich regelmäßig körperlich. Ich weiß, ich predige das andauernd, aber man kann es nicht oft genug betonen. Tun Sie jeden Tag etwas, das Kalorien verbrennt und Ihren Puls steigen lässt. Denken Sie daran: Sie müssen mindestens so viele Kalorien verbrauchen, wie Sie zu sich nehmen, oder Sie werden ein Fettwanst.

3. Atmen Sie mindestens dreimal am Tag je zehnmal hintereinander tief ein und aus. Versorgen Sie Ihren Körper ausreichend mit Sauerstoff. Es gibt viele medizinische Gründe dafür, die ich hier nicht erklären möchte, weil ich dazu nicht kompetent genug bin. Es reicht, dass Sie wissen, dass das gut für Ihre Gesundheit ist.

4. Werden Sie in Größe und Gewicht proportional.

5. Spielen Sie mehr. Finden Sie etwas, was Ihnen Spaß macht und Ihnen gute Laune verschafft und nehmen Sie sich immer wieder mal Zeit dafür. So leben Sie länger und sind glücklicher.

6. Rauchen Sie nicht. Mehr brauche ich zu diesem Punkt nicht zu sagen.

7. Trinken Sie in Maßen. Ein oder zwei Gläser Wein sind erwiesenermaßen gut für Ihre Gesundheit. Diejenigen unter Ihnen, die von Alkohol gar nichts halten, sollten uns andere nicht verurteilen, sondern ihre Kritik für sich behalten und einfach nichts trinken. Wenn Sie gern etwas trinken, trinken Sie nicht so viel, dass Sie betrunken werden. Sie halten das vielleicht für lustig, aber der Rest der Menschheit findet Sie einfach nur nervig. Sie sind ein Idiot. Und je älter Sie werden, umso länger braucht Ihr Körper, um sich davon wieder zu erholen.

8. Vorbeugen ist besser als heilen. Verwenden Sie Ihre Zeit und Ihr Geld lieber darauf, gesund zu bleiben und gar nicht erst krank zu werden, als andersherum. Die meisten Menschen geben viel Geld dafür aus, gesund zu werden, nachdem sie krank waren. Das ist der falsche Weg, und obendrein völlig unnötig!

9. Gehen Sie nur zu einem gesunden, schlanken Arzt, der nicht raucht und Ihnen nicht automatisch irgendein Medikament verschreiben will, egal was Ihnen fehlt.

Warum es mir wichtig ist, gesünder zu leben:

_____

_____

_____

_____

_____

Wie Sie leichter abnehmen

Eine ausführliche Version der folgenden Liste steht in meinem Buch „Halt den Mund, hör auf zu heulen und lebe endlich! Der Tritt in den Hintern für alle, die mehr wollen".

Wenn Sie so sind wie die meisten Menschen, haben Sie schon mindestens einmal versucht abzunehmen. Ich weiß, dass Sie es versucht haben – ich habe es auch versucht. Sie und ich tragen unser Scherflein bei zu den 33 Milliarden Dollar, die Jahr für Jahr für Diätprodukte ausgegeben werden. Aber ich bin es leid. Diäten funktionieren nicht. Pillen sind auch keine Lösung. Die einzige Lösung, die ich kenne, sind folgende Gedanken:

1. Sie bringen sich um, wenn Sie weiterhin zu viel essen. Begreifen Sie endlich diese einfache Tatsache und vergessen Sie sie nicht. Selbstmord wird in unserer Gesellschaft geächtet, weil er bedeutet, dass ein Mensch seinem Leben plötzlich und willkürlich ein Ende setzt. Aber keiner denkt darüber nach, ob es richtig oder verwerflich ist, seinem Leben bis in 30 Jahren oder so ein Ende zu setzen. Ein Freund und ich unterhielten uns neulich über einen Fernsehprediger, der immer fetter wird. Mein Freund sagte zu mir: „Der frisst sein Leben auf – mit geschlossenen Augen!" Ich fand diese Bemerkung sehr komisch.

2. Hören Sie auf, so viel Essen in sich hineinzustopfen. Sie haben richtig gehört – hören Sie auf, so viel zu essen. Was Sie essen, ist wichtig, genauso wichtig ist aber auch, wie viel Sie essen. Essen Sie auf jeden Fall weniger. Es ist mir egal, wie gesund Ihre Ernährung ist, wenn Sie von irgendetwas zu viel zu sich nehmen, nehmen Sie trotzdem zu. Verringern Sie Ihre Nahrungsmengen – generell. Mit anderen Worten: Essen Sie kleinere Portionen.

Heute Morgen erst bin ich zum Frühstücken in ein Restaurant gegangen. Ich habe mir zwei Pfannkuchen bestellt. Die Pfannkuchen waren nur zweieinhalb Zentimeter hoch, aber so groß, dass sie kaum noch auf den 25 Zentimeter breiten Teller passten. Obendrauf war so viel Butter, dass man einen fetten Jungen am Strand ganz damit hätte einschmieren können. Das Traurige ist, dass jetzt viele „Oh" und „Ah" sagen und dieses Restaurant in den Himmel loben werden. Es gilt als eines der besten Frühstückslokale in ganz San Diego. Trotzdem frage ich mich oft, ob diese Fresstempel wegen ihrer Qualität oder wegen der Quantität gelobt werden. Manchmal habe ich den Eindruck, nur die Menge zählt und die Qualität ist den Leuten wurscht.

Kürzlich haben meine Frau und ich in einem beliebten italienischen Restaurant gegessen, das überall in den höchsten Tönen gelobt wird. Als wir unser Essen bekamen, sah das Ganze nach ungefähr 10.000

Kalorien aus. Es war genug Essen für sechs erwachsene Personen! Mein Stück Lasagne war mindestens 20 mal 20 Zentimeter groß und zehn Zentimeter dick – genug für vier Leute. Es war eklig. Klar, es schmeckte prima, aber wer will solche Mengen vertilgen? Aber wenn sie nur genug zu essen für eine Person bringen, so viel, wie gesund ist, dann können sie bald zumachen, weil jeder schimpft, es sei zu wenig und reiner Nepp. Stattdessen füllen sie einen überall mit Durchschnittsküche ab, das aber in Riesenmengen! Ich habe das Privileg, in der ganzen Welt herumzukommen – so etwas gibt es nur bei uns in den USA. In Europa konzentriert man sich mehr auf die Qualität der verwendeten Zutaten, auf den Geschmack und nicht darauf, wie viel von dem Zeug man auf einen Teller stapeln kann. Die Europäer konzentrieren sich nicht so sehr auf Kalorien, sind aber nicht so dick wie wir Amerikaner. Warum? Weil sie kleinere Portionen essen. Sie hauen sich einfach den Wanst nicht so voll.

3. Ein paar Anmerkungen zum Thema Fast Food: Was verkaufen einem da die Fast-Food-Tempel? Offensichtlich sind weder der Komfort noch der Preis ausschlaggebend, denn diese Restaurants sind im Allgemeinen weder besonders schnell noch besonders günstig. Ich weiß, Sie gehen nicht etwa deshalb in so einen Laden, weil der Service dort so toll ist. Das wollen sie einem immer weismachen, aber es stimmt nicht. Das, wofür Sie bezahlen, ist schieres Fett. Warum? Weil Fett am besten schmeckt. Erzählen Sie mir jetzt bitte nichts über die Salate und die Diät-Menüs, die es da auch gibt. Das ist es doch nicht, was die Leute wollen, wenn sie in ein Fast-Food-Restaurant gehen. Sie wollen viel Fett, viele Kalorien. Und billig!? Wer erzählt denn so einen Unsinn? Lassen Sie sich von dem 99-Cent-Menü nicht täuschen. Dieser Dollar, den Sie da einsparen, kostet Sie später viel, viel mehr, wenn Sie das Gewicht, das Sie sich durch „günstiges" Essen angefressen haben, wieder abnehmen müssen. Wir alle essen gelegentlich Fast Food. Also, ich auf jeden Fall, ich geb´s zu. Mein Rat ist: Gehen Sie nicht zu oft hin und essen Sie nicht die schlimmen Sachen! Und seien Sie kein Idiot. Sie wissen sehr wohl, was die schlimmen Sachen sind. Kleiner Hinweis gefällig? Alles, was frittiert ist, ist nicht gut für Sie!

4. Pommes frites: Das sind diese wohlschmeckenden, leckeren kleinen Fettsticks, die einen immer in Versuchung führen. Leider haben sie keinen Nährwert. Hören Sie lieber ganz damit auf, sie zu essen. Und bitte, kaufen Sie Ihren Kindern keine! Was für eine schlimme Angewohnheit Sie ihnen damit in den Kopf setzen! Wenn Sie den Geschmack von Pommes lieben, dann machen Sie´s zu Hause wie ich: Schneiden Sie eine Kartoffel in Stücke, legen Sie die Stücke auf ein Backblech, würzen Sie sie mit Salz und Pfeffer und braten Sie sie im Ofen goldbraun. Sie brauchen dazu kein Fett, und die Dinger schmecken wie Pommes frites.

5. Laufen Sie. Das kostet nichts. Sie können es allein tun oder zusammen mit anderen. Sie brauchen dazu nirgendwo Mitglied zu werden. Sie brauchen keine spezielle Ausrüstung dafür. Sie können es bei jedem Wetter tun, in jedem Alter. Sie verbrennen dabei Kalorien. Sie können Ihre Kinder und den Hund mitnehmen. Sie können auch nebenher gut unterhalten. Es ist gut für Sie.

6. Steigen Sie nicht zu oft auf die Waage. Alle paar Wochen reicht vollkommen. Wenn Sie sich jeden Tag wiegen, werden Sie bald enttäuscht sein, denn Gewicht verliert man nicht täglich. Außerdem kann Ihr Gewicht sowieso von Tag zu Tag um ein paar Pfund hin oder her schwanken, wegen des unterschiedlichen Wasseranteils. Lassen Sie sich Zeit zum Abnehmen. Sie sind nicht über Nacht so dick geworden, da werden Sie wohl auch nicht über Nacht schlank und fit werden.

7. Sie werden immer wieder kleine Ausrutscher haben. Finden Sie sich damit ab. Im Gegenteil, finden Sie es gut. Ich weiß, die meisten würden Ihnen das nicht sagen, aber ich bin nicht wie die meisten Leute. Wenn Sie verrückt sind nach einem Stück Pizza – wenn es eine bestimmte Sorte gibt, nach der es Sie wirklich sehr gelüstet –, dann essen Sie eines. Aber nur ein Stück. Genießen Sie es auch, von Anfang bis Ende. Das können Sie sich nicht jeden Tag leisten, aber von Zeit zu Zeit schon mal. Seien Sie dafür morgen wieder konsequenter.

8. Unsere Willenskraft wird gern überschätzt. Es ist sehr schwierig, sich etwas zu versagen, wenn es direkt vor Ihrer Nase steht. Wenn es irgendwo in meinem Haus M&Ms gibt, finde ich sie garantiert. Ich kann sie förmlich fühlen. Ich kann sie riechen, und wenn ich in der richtigen Stimmung bin, stelle ich das ganze Haus auf den Kopf, um sie zu finden. Was ich gegen meine M&M-Sucht mache? Ich kaufe einfach keine. Ich verlasse mich lieber nicht zu sehr auf meine Willenskraft, sondern sorge dafür, dass mir der Zugang zu dem Zeug erschwert wird. Klingt doch vernünftig, nicht wahr? Alkoholiker sollten möglichst eine Bar gar nicht erst betreten, weil die Versuchung dort für sie zu groß ist. Dicke haben im Eiscafé nichts verloren, und M&Ms nichts bei mir zu Hause.

9. Verkehren Sie mit Leuten, die vernünftig essen. Ich habe dieses Thema bereits angesprochen. Wenn Sie nur mit Dicken zusammen sind, werden Sie leicht verführt, das zu tun, was Dicke gern tun. Und was ist das? Sie essen zu viel, und sie essen das Falsche. Suchen Sie sich lieber ein paar schlanke, gesunde Freunde, die Sie dazu anhalten, sich vernünftig zu ernähren.

10. Trinken Sie viel Wasser, so viel Sie können. Es ist in vielerlei Hinsicht gut für Sie – und es füllt Ihren Bauch und schwemmt ihn aus.

11. Denken Sie immer daran: Es gibt keine gesunden, risikofreien Arten abzunehmen. Es gibt weder Pillen noch Operationen, die gesund und absolut risikofrei sind.

Frage: Haben Sie eine Pille genommen oder sich operieren lassen, um so dick zu werden?

Antwort: Nein.

Sie sind fett geworden, weil Sie das Falsche in der falschen Menge gegessen haben und nicht mehr Kalorien verbrannt haben, als Sie zu sich genommen haben. Sie können nur fit werden, indem Sie diesen Prozess ins Gegenteil verkehren. Das ist die einzig gesunde, risikofreie Weise, es zu tun. Alles andere hat seinen Preis.

12. Wenn Sie erfolgreich abgenommen haben, belohnen Sie sich am besten mit einem neuen Kleidungsstück in Ihrer neuen Größe. Bringen Sie Ihre alten Sachen zur Änderungsschneiderei und lassen Sie sie enger machen. Wenn Sie es sich leisten können, werfen Sie Ihre zu weiten Sachen ganz weg. Oder schenken Sie sie anderen dicken Menschen, die nicht dazu bereit sind, das auf sich zu nehmen, was Sie auf sich genommen haben, um abzunehmen. Denken Sie nicht: „Na ja, ich behalte meine zu weiten Sachen lieber, für den Fall, dass ich wieder mal zunehme." Streichen Sie diese Möglichkeit lieber ganz aus Ihrem Leben.

Sie wollen nicht dahin zurück, wo Sie einst standen, denn Sie wissen es jetzt besser!

Wer oder was ist mir in meinem Leben so wichtig, dass ich ihm zuliebe abnehmen würde?

_____

_____

Listen zum Thema Beziehungen und Familienleben

Wie Sie ein besseres Eheleben führen

1. Schreiben Sie alles auf, was Sie an Ihrer Ehefrau/Ihrem Ehemann mögen. Seien Sie dabei möglichst genau. Das wird Sie daran erinnern, wer der Mensch ist, in den Sie sich einmal verliebt haben.

2. Nehmen Sie sich fest vor, Ihrer Ehefrau/Ihrem Ehemann jeden Tag einen dieser Vorzüge zu nennen. Das wird für Ihre Beziehung Wunder wirken. Das Tollste daran ist: Wenn Sie Ihrer Ehefrau/Ihrem Ehemann sagen, was Sie besonders an ihr/ihm mögen, werden Sie bald mehr davon erleben. Wenn ich meiner Frau sage, wie sehr ich es mag, wenn sie mir morgens einen Kuss gibt und mir eine Tasse Kaffee reicht, tut sie es bestimmt öfter. Wenn sie mir sagt, wie sehr sie es mag, wenn ich ihr Auto draußen vor dem Haus ankommen höre und hinausgehe, um ihr beim Hereintragen ihrer Einkäufe zu helfen, dann höre ich das nächste Mal genauer hin, wenn sie kommt und bin schneller zur Stelle, wenn sie meine Hilfe braucht. Wenn man anderen sagt, was man an ihnen mag, tun sie einem den Gefallen bei nächster Gelegenheit wieder und verhalten sich immer öfter so, wie man es mag.

3. Schreiben Sie eine zweite Liste, auf der alles steht, was Sie an Ihrer Ehefrau/Ihrem Ehemann nicht mögen. Dann werfen Sie die Liste in den Müll. Sie können sowieso nichts damit anfangen, also machen Sie sich nicht verrückt mit Sachen, die Sie nicht ändern können.

4. Schreiben Sie Ihrer Ehefrau/Ihrem Ehemann kleine Zettel, auf denen steht, wie sehr Sie sie/ihn lieben.

5. Lachen Sie möglichst oft miteinander. Meine Frau und ich konnten miteinander schon immer über vieles lachen. Das war einer der Schlüssel zu unserer Ehe. Wir sind nicht immer nur glücklich miteinander, manchmal streiten wir uns auch heftig, aber miteinander über etwas lachen können wir immer.

6. Gehen Sie mehr als nötig aufeinander zu. Der alte Spruch „treffen wir uns in der Mitte" mag im Geschäftsleben ganz gut funktionieren, aber nicht in einer Ehe. Sie müssen schon mehr als nur halb aufeinander zugehen, damit so eine Ehe auf die Dauer klappt. Sie sollten sogar mehr als die ganze Distanz zwischen Ihnen gehen. Sie müssen so weit gehen, wie es eben notwendig ist, und manchmal noch ein Stückchen weiter.

7. Werden Sie besser im Zuhören. Hey, Männer, das ist Euer Schwachpunkt. Frauen wollen, dass man ihnen zuhört. Auch die Jungs wollen das, klar, aber den Frauen ist es eben besonders wichtig. Tun Sie es einfach. Das Leben wird viel unkomplizierter, wenn Sie einfach nur aufmerksam zuhören.

8. Umarmen Sie einander mehr. Ärgern Sie einander weniger. Das ist eine der kurzen, simplen Lektionen, die zu großen Ergebnissen führt: Wenn es Ihnen morgen nicht mehr wichtig ist, dann lassen Sie es einfach. Umarmen Sie sie/ihn, und die Sache ist gut.

9. Kämpfen Sie auf faire Weise. Streiten Sie miteinander über die Sache und lassen Sie alles Persönliche raus. Jemanden persönlich anzugreifen, ist nicht fair. Bleiben Sie beim Thema und fangen Sie nicht mit den alten Hüten aus der Vergangenheit an, die nichts mit dem Thema zu tun haben. Das ist auch nicht fair. Auseinandersetzungen gibt es in jeder Ehe, sie sind die Grundlage einer gesunden Beziehung. Man darf und muss auch einmal unterschiedlicher Meinung sein. Leute, die von sich behaupten, sie würden sich in ihrer Ehe niemals streiten, führen vermutlich keine so gute Ehe.

10. Haben Sie ausgiebig Sex. Wenn das mit dem Sex aufhört, geht für gewöhnlich auch die Intimität baden, und die Beziehung wird schlechter. Ein kleiner Tipp für alle Frauen: Wir Männer sind Schweine. Schlaft mit uns, und wir tun alles, was Ihr von uns wollt. Wir sprechen mit Euch, wir hören Euch zu – wir bringen sogar den Müll raus. Wenn Ihr keinen Sex mit uns haben wollt, überlegen wir sofort, wie und wo wir ihn woanders kriegen – ohne Euch. Das ist das Gesetz des Dschungels. Männer brauchen Sex und ein Sandwich und ein bisschen Schlaf. Meistens können wir ganz gut auf den Schlaf verzichten, wenn's sein muss, auch auf das Sandwich. Nutzt diese wichtige Info zu Eurem Vorteil.

11. Sehen Sie für Ihre(n) Liebste(n) gut aus, und riechen Sie gut. Duschen Sie vor dem Zu-Bett-Gehen. Niemand möchte sich an einen Ziegenbock schmiegen.

12. Stellen Sie Ihre Kinder nicht über Ihre Ehe. Stecken Sie nicht so viel Kraft in Ihre Kindererziehung, dass für Ihre bessere Hälfte nichts mehr übrig ist. Kinder großziehen ist die wichtigste Aufgabe in Ihrem Leben. Sie schulden Ihren Kindern nur das Beste. Aber die Zeit wird kommen, da sind Ihre Kinder groß und gehen aus dem Haus, und Sie sitzen dann allein mit Ihrer besseren Hälfte da. Es wäre dumm, wenn dieser Mensch Ihnen inzwischen fremd geworden ist.

13. Für Männer: Klappt beim Pinkeln die Klobrille hoch.

Warum möchte ich ein besserer Ehepartner werden, und was ist dazu nötig?

_____

_____

_____

_____

_____

_____

_____

_____

_____

Wie Sie eine Lebenspartnerin/einen Lebenspartner finden

1. Sie sollten wissen, was für einen Menschen Sie suchen. Schreiben Sie eine Liste derjenigen Merkmale, die Ihnen wichtig sind. Entwerfen Sie Ihren Wunschpartner auf dem Papier.

2. Werden Sie ein Mensch, wie Ihr Wunschpartner ihn lieben würde. Haben Sie jemals davon gehört, dass Gegensätze sich anziehen? Bestimmt kennen Sie den Satz – aber er ist falsch. Wenn Sie ein fetter, dummer, armer Kerl sind, erwarten Sie bitte nicht, dass die Supermodels vor Ihrer Tür Schlange stehen.

3. Überlegen Sie sich, wo Menschen wie Ihr Wunschpartner gern hingehen und suchen auch Sie diese Orte auf. Ist Ihr Wunschpartner ein frommer Mensch? Wenn ja, dann finden Sie so jemanden wohl eher in einer Kirche als in der Bar. Sollte Ihr Schatz modebewusst gekleidet sein? Dann suchen Sie sie oder ihn nicht bei Wal-Mart. Soll Ihr Liebling sportlich sein? Wenn ja, dann schauen Sie sich in Fitnessstudios oder bei Sportveranstaltungen um.

4. Geben Sie sich selbstbewusst. Selbstbewusstsein zieht andere Menschen an. Frauen suchen selbstbewusste Typen, Männer lieben selbstbewusste Frauen. Ein gesundes Selbstbewusstsein wirkt wahre Wunder – als hätten Sie auf einmal vollere Haare und zehn Pfund weniger auf den Rippen und wären zehn Jahre jünger.

5. Geben Sie nicht gleich alles über sich preis. Egal, ob es um Informationen oder um Liebesbeweise geht, behalten Sie immer etwas in der Hinterhand. Menschen mögen das am meisten, was sie nicht haben können. Außerdem lässt es Sie interessanter erscheinen.

6. Sie sollten gut im Kommunizieren sein. Um einen anderen Menschen in Ihr Leben zu holen, müssen Sie ein interessanter Gesprächspartner sein. Sie sollten gut zuhören und locker reden können. Sorgen Sie dafür, dass Ihnen der Gesprächsstoff nicht ausgeht. Wie das geht? Lesen Sie den entsprechenden Abschnitt in diesem Buch noch mal durch.

7. Seien Sie nicht zu schüchtern, bleiben Sie an Ihrem Wunschpartner dran. Wenn Sie einen tollen Typ kennenlernen und ihn gerne wiedersehen würden, er aber Ihre Signale nicht gleich erkennt, zeigen Sie ihm Ihr Interesse und vereinbaren Sie ein weiteres Treffen mit ihm.

8. Begehen Sie nicht den Fehler, zu meinen, Sie könnten Ihren Schatz ändern. Menschen können sich grundlegend ändern – aber sie tun es nur sehr selten. Es ist nahezu unmöglich, jemanden zu ändern. Oft ist der Aufwand einfach zu groß und lohnt die Mühe nicht. Sparen Sie sich diesen Aufwand und suchen Sie lieber gleich nach dem passenden Menschen.

9. Manchmal müssen Sie auch Kompromisse eingehen. Tun Sie es nicht, wenn es um Grundsätzliches geht, aber in weniger wichtigen Angelegenheiten schon. Sie mögen groß gewachsene Blondinen, die Frau Ihres Herzens ist aber klein und brünett? Das ist schon eine grundsätzliche Angelegenheit. Stimmt alles andere? Haben Sie beide dieselben Werte, Lebensziele und Interessen? Wenn ja, dann akzeptieren Sie sie so, wie sie ist. Niemand ist perfekt. Auch Sie sind in ihren Augen bestimmt nicht perfekt.

10. Lassen Sie sich ein paar Fragen einfallen, die Ihre/n Partner/in disqualifizieren können. Eine solche disqualifizierende Frage wäre für mich die Frage: „Was sind Deine Lieblingsschuhe?" Wenn die Frau mit

„Birkenstock" antwortet, sehe ich keinen Sinn darin, mich länger mit ihr zu unterhalten, geschweige denn unsere Beziehung fortzusetzen. Ähnliche Antworten wären für mich „Turnschuhe", „Flip-Flops", „flache Schuhe" oder „bequeme Schuhe". Wenn sie aber „Stöckelschuhe" oder „Stilettos" antwortet oder, noch besser, einen Designernamen wie Manolo Blahnik nennt, könnten wir zusammenpassen. Denn ich bin nicht sehr sportlich, außerdem gehe ich nicht oft irgendwohin, wo Flip-Flops angesagt sind, und Birkenstock-Schuhe sind eher was für die derben Typen, und so einer bin ich halt auch nicht. Ich gehe gern an Orte, wo man elegant angezogen sein und schick aussehen muss. Deshalb mag ich Frauen mit Stöckelschuhen; das wäre für mich die richtige Antwort, die ich von ihr hören möchte. Tja, so oberflächlich bin ich nun mal.

11. Sie sollten wissen, was für Sie ein absolutes K.O.-Kriterium ist. Wir alle haben solche K.O.-Kriterien. Für mich ist es ein dummer Mensch. Schlechte Tischmanieren können eines sein, ein abstoßendes Lachen auch. Als ich das meinen Freunden erzählt habe, haben sie mich gefragt: „Heißt das, Du würdest eine Frau, die klasse aussieht, ausschließen, nur weil sie eine abstoßende Lache hat, kaum ein Wort richtig buchstabieren kann und beim Essen schmatzt?" Ja, würde ich, und zwar definitiv. Eine solche Frau wäre einfach nicht meine Seelenverwandte. Punkt.

Was muss ich an meinem Leben ändern, um die richtige Partnerin/den richtigen Partner zu finden, und warum ist mir das wichtig?

_____

_____

_____

_____

_____

_____

_____

Wie Sie lernen, anderen zu verzeihen

1. Machen Sie eine Liste all der Personen, die Ihnen Unrecht getan haben. Schreiben Sie jeden Namen auf, der Ihnen in den Sinn kommt, egal wie unbedeutend die Sache Ihnen vielleicht erscheint.

2. Schreiben Sie auch Ihren eigenen Namen auf. Sie verzeihen anderen nur in dem Maße, in dem Sie sich selbst verzeihen können.

3. Gehen Sie die Liste noch einmal ganz durch und bearbeiten Sie den Schmerz der Kränkung, den Sie mit jedem einzelnen Namen verbinden. Empfinden Sie die Kränkung aber nicht in voller Härte neu, sondern gehen Sie sie kurz durch – und weiter zur nächsten. Antworten Sie dabei jedesmal auf diese Frage: Ist es heute wirklich noch so schlimm? Vermutlich nicht. Wenn das so ist, lassen Sie die Sache hinter sich und gehen Sie zur nächsten Angelegenheit weiter.

4. Lassen Sie die Macht frei, die diese Menschen und Situationen heute noch über Sie haben. Nehmen Sie sich dazu so viel Zeit, wie Sie brauchen. Wenn Sie bereit sind, das Unrecht zu vergeben, streichen

Sie den betreffenden Namen von Ihrer Liste und machen Sie mit dem nächsten Namen weiter.

5. Wenn Sie das Gefühl haben, Sie sollten einen bestimmten Menschen kontaktieren, denken Sie lange und gründlich darüber nach. Vielleicht liegt es nicht in jedermanns Interesse, alte Wunden wieder aufreißen zu lassen. Verzeihen ist ein sehr persönlicher Prozess, der Ihnen selbst mehr hilft als jedem anderen. Wenn Sie wirklich der Überzeugung sind, Sie sollten mit einem bestimmten Menschen noch einmal Kontakt aufnehmen, seien Sie vorsichtig. Vielleicht erinnert sich derjenige gar nicht mehr an die Sache oder hat innerlich längst damit abgeschlossen. Alte Wunden wieder aufzureißen, ist selten eine gute Idee.

Es ist mir wichtig, diesen Menschen zu verzeihen, weil:

_____

_____

_____

_____

_____

_____

_____

Wie Sie eine bessere Mutter bzw. ein besserer Vater werden

1. Seien Sie konsequent. Wenn Sie Ihren Kindern heute sagen, etwas ist falsch, dann war es gestern auch schon falsch und sollte auch morgen immer noch falsch sein. Regeln sollten nicht geändert werden, je nachdem, in welcher Laune Sie gerade sind, wo Sie gerade sind und ob Sie gerade Zeit haben. Regeln kennen keine Ausnahmen. Wenn es gelegentlich eine Ausnahme zur Regel gibt, dann war es nie eine echte Regel.

2. Die Bestrafung sollte immer dem Schweregrad des Regelverstoßes entsprechen. Wenn Sie Ihr Kind abstrafen, weil es unerlaubt auf die Straße läuft, sollte die Bestrafung anders aussehen, als wenn es nur seine Spielsachen nicht aufräumt.

3. Wenn das Zimmer Ihres Teenagers in einem schrecklich unaufgeräumten Zustand ist, machen Sie lieber die Tür zu. Ersparen Sie sich beiden den Frust, sie oder ihn zum tausendsten Mal dazu aufzufordern, ihr oder sein Zimmer aufzuräumen. Wenn es ihnen selbst wichtig genug ist, machen sie es auch – bis dahin machen Sie lieber die Tür zu.

4. Seien Sie nicht zu lasch. Sie tun Ihren Kindern keinen guten Dienst, wenn Sie ihnen alles durchgehen lassen.

5. Seien Sie nicht zu behütend. Lassen Sie es ruhig zu, dass Ihre Kinder ihre Lektionen selbst lernen, indem sie die schmerzhaften Folgen ihrer eigenen Fehler ausbaden. Wir alle können nur lernen, wenn es uns wehtut.

6. Wenn Ihre Kinder noch ganz klein sind, begeben Sie sich zu ihnen auf den Boden und zeigen Sie ihnen, dass Sie auf ihrer Ebene mit ihnen kommunizieren können. Sie werden Ihnen dankbar sein, und auch Ihnen wird es guttun.

7. Erwarten Sie von Ihren Kindern keine Perfektion – vor allem nicht, was die Schulnoten angeht. Bitten Sie sie nur, ihr Bestes zu geben, egal wie gut das ist, und seien Sie damit zufrieden. Bringen Sie auch Ihren Kindern bei, von sich selbst immer nur das Beste zu erwarten. Es ist nicht wichtig, dass man immer und überall der Beste ist, sondern dass man immer sein Bestes gibt.

8. Bringen Sie Ihren Kindern das bei, was wirklich wichtig ist – Freundlichkeit, Nächstenliebe, Vergebung, Mitleid, Respekt, Ehrlichkeit, Verantwortungsbewusstsein und Freude am Leben.

9. Bringen Sie Ihren Kindern den Umgang mit Geld bei. Erklären Sie ihnen, wie man Geld verdient und anspart, wie man es anlegt und ausgibt. Denken Sie daran, dass sie dies alles durch Ihr Vorbild lernen, also seien Sie ihnen ein guter Lehrmeister und ein gutes Vorbild.

10. Spielen Sie möglichst oft mit Ihren Kindern. Wenn sie groß sind, werden sie sich am meisten an die gemeinsam mit Ihnen verbrachte Freizeit erinnern.

11. Hören Sie Ihren Kindern aufmerksam zu. Wenn Kinder ihren Eltern nichts mehr erzählen, liegt es daran, dass ihre Eltern ihnen nicht mehr zuhören.

12. Stellen Sie mehr Fragen, belehren Sie Ihre Kinder seltener. Fragen Sie Ihre Kinder, was sie gerade tun, wohin sie gehen und mit wem. Zeigen Sie durch Ihre Fragen, dass Sie Anteil an ihrem Leben nehmen. Ihre Kinder werden Ihnen das, was Sie wissen wollen oder müssen, nicht immer freiwillig sagen. Sie müssen sie schon immer wieder danach fragen.

13. Seien Sie zärtlich zu Ihren Kindern. Umarmen Sie sie öfter mal, auch dann noch, wenn sie meinen, sie wären schon zu groß dafür.

14. Respektieren Sie die Privatsphäre Ihrer Kinder. Es stimmt zwar, dass Sie als Elternteil ein Recht darauf haben, alles zu erfahren, was in ihrem Leben vor sich geht. Wenn sie etwas angestellt haben, das Ihnen das Recht gibt, in ihre Privatsphäre einzudringen und ihr Verhalten zu überprüfen, dann tun Sie es. Aber lassen Sie Ihren Kindern auch Freiräume für Eigenes. Jeder Mensch braucht seine Privatsphäre.

15. Ermutigen Sie Ihre Kinder dazu, ihre Einmaligkeit zu entwickeln. Versuchen Sie nicht, sie in ein Schema zu pressen und ihre Persönlichkeit zu formen. Lassen Sie sie die Person sein, die sie sind und machen Sie sie nicht zu dem, was Sie wollen.

16. Machen Sie sich bei Sportfesten und anderen Veranstaltungen Ihrer Kinder nicht lächerlich. Wenn Sie zu fanatisch sind, ist das für alle Beteiligten peinlich – für Ihre Kinder, für Sie selbst und für alle, die Sie beobachten. Das bedeutet natürlich auch, dass Sie dem gegnerischen Team, den Trainern, anderen Eltern und den Offiziellen nicht auf die Nerven gehen sollen.

17. Ihre Kinder werden sich ungewöhnlich anziehen wollen. Sie werden vielleicht eine seltsame Haartracht tragen. Das tun sie, weil sie sich gerade selbst entdecken wollen und versuchen, etwas Besonderes zu sein. Machen Sie sich darüber nicht zu viele Gedanken. Irgendwann sind auch die grünen Haare wieder out. Die Kids werden ihren seltsamen Look wieder ablegen, wenn sie herausgewachsen sind. Keine Angst, das wächst sich irgendwann wieder aus.

18. Lernen Sie die Freundinnen und Freunde Ihrer Kinder kennen und laden Sie sie zu sich nach Hause ein. Besser, Sie haben das ganze Haus voller wilder Kinder, als nicht zu wissen, bei wem sich Ihr Kind aufhält.

Was meine Familie und ich davon haben, dass ich eine bessere Mutter bzw. ein besserer Vater werde und warum es mir selbst wichtig ist:

_____

_____

_____

_____

_____

_____

Wie Sie mit unhöflichen Trotteln umgehen

1. Seien Sie kritisch und selbstkritisch. Denken Sie daran, dass Sie manchmal selbst auch ein Trottel sind.

2. Sie können andere Menschen nicht ändern; Sie können sie nur anders behandeln. Warum sollen Sie sich künstlich aufregen? Bleiben Sie heiter und gelassen.

3. Es ist selten so, dass der andere etwas gegen Sie hat. Meistens haben Sie dem, der sich blöde benimmt, gar nichts getan.

4. Vergeben Sie dem Trottel; er kann nichts dafür, dass er einer ist. Die meisten von seiner Art haben jahrelanges Training hinter sich und sind wahre Meister ihres Faches.

5. Zeigen Sie Verständnis, vielleicht hat Ihr Gegenüber nur einen schlechten Tag. Versuchen Sie herauszufinden, ob das der Fall ist oder ob es sich hier wirklich um konsequent schlechtes Benehmen handelt.

6. Lassen Sie sich von diesen blöden Zeitgenossen nicht Ihren Tag versauen. Es sind eben Trottel, nicht mehr und nicht weniger. Begeben Sie sich nicht auf ihr geringes Niveau.

7. Seien Sie trotzdem höflich. Trottel mögen das nicht und ändern vielleicht sogar ihr Verhalten, um Ihnen eins auszuwischen.

8. Die meisten Menschen sind keine unhöflichen Trottel; sie benehmen sich nur hin und wieder so. Ich vermute, die meisten Menschen sind von Natur aus gut, aber manche tarnen sich durch schlechtes Benehmen.

Das heißt, sie verhalten sich so, dass man sie für unhöfliche Trottel halten soll, was sie aber gar nicht sind. Am besten ist, Sie wehren sich gegen schlechtes Benehmen, aber geben dem Urheber noch mal eine Chance.

Warum es sinnvoll ist, mit unhöflichen Trotteln besser zurechtzukommen und warum es mir wichtig ist:

_____

_____

_____

_____

_____

Wie ich ein besserer Freund werde und bessere Freunde bekomme

1. Machen Sie sich keinen Kopf darüber, wie viele Freunde Sie haben. Es ist besser, Sie haben ein paar wirklich gute Freunde, auf die Sie sich hundertprozentig verlassen können, als eine Menge Schönwetterfreunde, auf die im Ernstfall kein Verlass ist. Qualität geht vor Quantität.

2. Schreiben Sie eine Liste Ihrer sogenannten Mexiko-Freunde. Das sind diejenigen Freunde, die zu Ihrer Rettung herbeieilen würden, wenn Sie in einem mexikanischen Knast gefangen wären. Und sagen Sie jetzt bitte nicht, so etwas könnte Ihnen nie passieren. Das geht schneller, als Sie denken. Ich weiß genau, wen ich in so einem Fall anrufen würde. Mein Sohn Tyler, der Polizist, käme mir als Erster in den Sinn. Er würde mit ein paar Kumpels anrücken und mich notfalls gewaltsam befreien. Mein Freund und Manager Vic würde die ganze Chose organisieren, die notwendigen Ressourcen bereitstellen und alles so koordinieren, dass es aussieht, als wäre der Ausbruch aus dem Gefängnis von langer Hand geplant gewesen. Meine ASS-Kumpel würden kommen, die Gefängniswärter dort besoffen machen, ihnen lauter Witze und anderen Bullshit erzählen und sie so ablenken, während jemand anderer die Arbeit macht. Mein Kumpel Brad, alias der Verdammte Kanadier, wäre wahrscheinlich mit mir zusammen im Gefängnis und könnte mir höchstens dadurch helfen, dass er mir im Knast Gesellschaft leistet. Wer würde Sie befreien? Nur das sind Ihre echten Freunde. Mein Rat an Sie ist: Seien Sie darauf gefasst.

3. Sie sollten nicht groß an Ihren Freundschaften arbeiten müssen. Freundschaften sollten sich von selbst ergeben und unkompliziert sein. Wenn Sie viel tun müssen, um eine Freundschaft aufrecht zu erhalten, ist es keine gute Freundschaft. Wahre Freunde akzeptieren Sie und lassen Sie so sein, wie Sie sind. Sie haben Verständnis dafür, dass Sie mal gute und mal schlechte Tage haben. Sie stören sich nicht daran, wenn Sie ein Idiot sind und sich zum Deppen machen. Sie lassen Sie auch mal in ihrer Gegenwart weinen. Aber sie werden das nicht lange mitmachen.

4. Seien Sie ein guter Zuhörer. Der beste Freund, den Sie haben, ist der, der Ihnen einfach nur zuhört. Übrigens, die Betonung liegt hier auf „nur". In diesem Sinne ist meine Bulldogge Ralph mein bester Freund. Ralph urteilt nicht, er hört sich nur geduldig an, was ich ihm zu sagen habe. Er versteht kein Wort von dem, was ich sage, aber er mag mich so gern, dass er mir einfach nur zuhört. Seien Sie so wie Ralph.

5. Freunde dürfen ruhig auch einmal direkt und unbequem sein. Lassen Sie es zu. Viele Menschen meinen, ein Freund ist der, der Sie in den Arm nimmt und Ihnen erzählt, wie ungerecht die Welt zu Ihnen ist. Das ist falsch. Ein wahrer Freund nimmt Sie auch in den Arm, aber er sagt Ihnen, dass Sie ein ganz schöner Idiot sind. Er sagt Ihnen, dass Sie es besser können, als Sie es gerade gezeigt haben. Er sagt Ihnen, dass Sie mit den Dummheiten aufhören und endlich das einzig Richtige tun sollen. Er behandelt Sie nicht mit Samthandschuhen, denn er weiß, dass Sie besser sind, als Sie sich gerade benommen haben. Wenn er so zu Ihnen ist, lieben Sie ihn wegen seiner Ehrlichkeit.

6. Wenn Sie einen Freund verletzen (und das wird geschehen), entschuldigen Sie sich möglichst schnell bei ihm. Wahre Freunde sind selten, also sehen Sie zu, dass Sie keinen von diesen guten Menschen verlieren.

7. Verzeihen Sie schnell. Auch Ihre Freunde werden Ihnen hin und wieder mal wehtun; dann verzeihen Sie ihnen und machen Sie keine Staatsaffäre daraus.

8. Umgeben Sie sich nur mit Freunden, die Sie dazu ermuntern, mehr zu sein, mehr zu tun und mehr zu haben.

Warum es mir wichtig ist, gute Freunde zu haben:

_____

_____

_____

_____

_____

_____

_____

_____

_____

Wie Sie dumme Menschen loswerden

Sie sind so wie die Leute, mit denen Sie sich umgeben. Wenn es Ihnen nicht so gut geht, wie es Ihnen gehen könnte, sollten Sie mal Ihren gesellschaftlichen Umgang näher unter die Lupe nehmen.

„WER MIT WEISEN UMGEHT,
WIRD WEISE;
ABER WER SICH ZU TOREN GESELLT,
WIRD SCHLECHT."

SPRÜCHE 13,20

„WER MIT DUMPFBACKEN UMGEHT,
WIRD SELBST ZUR DUMPFBACKE."

LARRYS SPRÜCHE 1,08

1. Stellen Sie sich folgende Frage: Bringen mich diese Menschen wirklich meinem Ziel näher? Bitte belügen Sie sich selbst nicht, es ist wichtig. Hier gibt es kein Sowohl-als auch, nur Schwarz oder Weiß. Bestimmte Menschen bringen Sie entweder Ihren Zielen näher oder weiter weg davon. Wie sieht es mit Ihren Menschen aus?

2. Fragen Sie sich auch: Was haben meine Bekannten für einen Einfluss auf mich? Wo sehen sie mich, wohin bringen sie mich? Was soll ich, wenn es nach ihnen geht, von der Welt halten? Was soll ich, wenn es nach ihnen geht, über mich selbst denken? Worüber soll ich, wenn es nach ihnen geht, sprechen? Was soll ich ihrer Ansicht nach lesen? Sind sie mit ihrem eigenen Los im Leben zufrieden?

3. Fühlen Sie sich nach den Antworten auf diese Fragen wohl, wenn Sie an diese bestimmten Menschen denken, oder empfinden Sie es eher so, dass die Qualität der Beziehung durch die Antworten in Frage gestellt wird?

4. Sollten Sie zu der Entscheidung kommen, dass diese bestimmten Menschen nicht die Richtigen für Ihr Leben sind, würde ich vorschlagen, Sie kaufen ihnen ein Exemplar dieses Buches und markieren diesen Abschnitt für sie.

5. Seien Sie ehrlich. Sagen Sie Ihren Bekannten, dass Sie bereit sind, eine neue Erfolgsstufe zu erklimmen und dass sie Sie entweder dabei begleiten können, wenn sie wollen oder dass Sie sich von ihnen trennen müssen. Es wird eine schwierige Unterredung sein. Wenn Sie sich ihr nicht stellen wollen, versuchen Sie's mit dem nächsten Punkt.

6. Hören Sie damit auf, sich mit ihnen zu treffen. Es wird ein bisschen dauern, aber dann werden sie den Hinweis verstehen.

„MAN ERKENNT EINEN MENSCHEN AUCH AN DEM UMGANG, DEN ER MEIDET."

UNBEKANNT

7. Entwickeln Sie sich weiter. Wenn Sie das tun, werden Ihre alten Freunde nicht so recht wissen, wie sie auf Ihr neues Ich reagieren sollen. Sie werden sich nicht wohlfühlen, wenn sie merken, dass Sie mehr von sich erwarten, mehr verdienen, härter arbeiten und klüger werden. Sie werden munkeln, dass Sie allmählich zu gut für sie werden. Sie werden aber korrekt bleiben.

8. Verbringen Sie nicht zu viel Zeit damit, zurückzuschauen. Finden Sie das herzlos? Das ist es ganz und gar nicht. Sie müssen treu zu Ihren eigenen Träumen und Zielen stehen und das tun, was das Beste für Sie und Ihre Familie ist. Manche Freunde sind wie Gürtel – sie werden einem irgendwann zu eng.

9. Genießen Sie die neuen Freundschaften, die Sie schließen können, wenn Sie sich künftig weiterentwickeln. Sie werden neue Freunde anziehen. Machen Sie sich diesbezüglich keine Sorgen.

10. Verstehen Sie, dass dies etwas ist, was Ihnen immer wieder im Leben passieren kann. Wer etwas Neues angeht, muss dafür immer etwas Altes hinter sich lassen. Das ist der Lauf der Welt – und ein Beweis dafür, dass Sie wachsen und reifen.

So, nun seien Sie endlich ehrlich und schreiben Sie die Namen der betreffenden Leute auf und die Gründe, warum Sie sich von ihnen trennen müssen. Hier ein Wort zur Warnung: Falls der oder die

Betreffende Ihr Buch in die Hand bekommt und seinen Namen hier wiederfindet, denken Sie sich einen Codenamen aus. Nehmen Sie zum Beispiel den Namen Heathcliffe. Sollte jemand in dieses Buch hineinschauen, wird er sich wundern, dass Sie jemanden mit dem Namen Heathcliffe kennen. Anders verhält es sich, wenn Sie dieses Buch herumliegen lassen, um die betreffende Person loszuwerden. Sollte das der Fall sein, verwenden Sie den echten Namen der Person und lassen Sie dieses Buch offen aufgeschlagen herumliegen.

Welche dummen Leute will ich loswerden, und warum?

_____

_____

_____

_____

_____

_____

Listen zum Thema Geld

Wie Sie es schaffen, nicht mehr pleite zu sein

Dies ist eine sehr abgespeckte Version der Lektionen aus meinem Buch „Goodbye Pleite, hello Luxus! So wird Ihr Kontostand zu Ihrem besten Freund". Wenn Sie mehr über die Sicherung Ihrer finanziellen Zukunft wissen wollen, lesen Sie bitte das Buch.

1. Stellen Sie zunächst einmal fest, wo Sie finanziell stehen. Das bedeutet: Sie sollten genau wissen, wie viel Geld Sie besitzen und wie viel Sie nach Steuern verdienen.

2. Sie sollten genau wissen, wem Sie wie viel Geld schulden und wann es fällig wird.

3. Sie sollten genau wissen, wer Sie in die finanzielle Bedrängnis gebracht hat, in der Sie sich momentan befinden. Das bedeutet, Sie müssen herausfinden, wofür Sie Ihr Geld ausgegeben haben. Machen Sie sich eine Liste all Ihrer Ausgaben. Wie? Sehen Sie Ihr Scheckbuch, Ihre Kreditkartenauszüge und Ihre Kontoauszüge gründlich durch.

4. Sie sollten wissen, was Sie bereit sind aufzugeben, um das zu bekommen, was Sie haben wollen. Sie sollten bereit sein, etwas von Ihrem Lebensstil zu opfern, denn nur dann ändern sich Ihre Geldausgabe-Gewohnheiten.

5. Notieren Sie jeden Cent, den Sie ausgeben. Holen Sie sich ein Notizbuch und schreiben Sie täglich hinein, wohin Ihr Geld geht.

6. Verkaufen Sie alles, was Sie nicht brauchen. Flohmarkt, Kleinanzeigen, Ramschverkäufe, eBay, Pfandleihhäuser, Kommissionsverkäufe und so weiter sollten zu Ihrem Lebensstil gehören, und das so lange, bis Sie alles, was Sie nicht mehr brauchen, verkauft und das gewonnene Geld in die Tilgung Ihrer Schulden gesteckt haben.

7. Kündigen Sie die Mitgliedschaft im Fitnessstudio – Sie brauchen sie sowieso nicht. Geben Sie Ihre Abos von Premium-Fernsehkanälen auf, Ihre Handy-Verträge ebenfalls. Rufen Sie Ihre Versicherungsagenten an und wechseln Sie zu einer günstigeren Versicherung.

8. Meiden Sie jede Versuchung. Gehen Sie nicht in Einkaufszentren. Gehen Sie nicht auswärts essen. Gehen Sie lieber nirgendwo hin, wo Sie versucht sein könnten Geld auszugeben.

9. Zerschneiden Sie Ihre Kreditkarten. Behalten Sie höchstens eine davon für Notfälle. Ein Notfall bedeutet Blut oder Knochenbrüche, nichts Geringeres. Ein Sonderangebot im Einkaufszentrum ist kein Notfall!

10. Eröffnen Sie die Kommunikation mit Ihren Gläubigern. Verstecken Sie sich nicht vor ihnen, unterdrücken Sie ihre Anrufe nicht. Sprechen Sie mit Ihnen. Sie wollen ihr Geld zurückhaben, und Ihr Interesse muss es sein, dass sie es wieder bekommen. Arbeiten Sie gemeinsam daran, dass es klappt.

Warum es mir wichtig ist, nie mehr pleite zu sein:

_____

_____

_____

_____

_____

_____

_____

Wie Sie Geld sparen

Auch dies ist eine sehr abgespeckte Version der Lektionen aus meinem Buch „Goodbye Pleite, hello Luxus! So wird Ihr Kontostand zu Ihrem besten Freund". Wenn Sie mehr wissen wollen, lesen Sie bitte das Buch.

1. Lassen Sie keinerlei Ausreden gelten. Entscheiden Sie sich dafür, Geld zu sparen und tun Sie es auch. Nehmen Sie einen Betrag, der ungefähr zehn Prozent Ihres Nettoeinkommens ausmacht und legen Sie ihn für schlechte Zeiten auf die hohe Kante.

Diese schlechten Zeiten werden irgendwann bestimmt einmal kommen, also ist es gut, wenn Sie darauf vorbereitet sind. Es ist immer gut, etwas Geld in der Hinterhand zu haben. Das kann nie verkehrt sein.

2. Besorgen Sie sich einen großen Krug und tun Sie all Ihr Kleingeld aus Ihren Taschen und Ihrem Geldbeutel hinein. In einen Krug mit 3,79 Liter Volumen (eine Gallone) passt Kleingeld im Wert von 300 Dollar. Wenn Sie regelmäßig Ihr Wechselgeld hineintun, wird der Krug mindestens einmal im Jahr voll.

3. Legen Sie sich ein Girokonto zu, das Ihre Ausgaben aufrundet und den aufgerundeten Betrag anspart. Sie werden staunen, wie schnell Sie damit sparen können.

4. Beteiligen Sie sich an allen Arten von Vermögenssparplänen, die Ihre Firma Ihnen anbietet, insbesondere an solchen mit Arbeitgeberanteil in gleicher Höhe.

Wie könnte ich Geld ansparen, anstatt es auszugeben und warum sollte ich das tun?

_____

_____

_____

_____

_____

_____

_____

Wie Sie einen Finanz- oder Anlageberater finden

Lassen Sie keinen Amateur an Ihr sauer verdientes Geld heran. Ich vertraue keinem Amateur mein Geld an, und Sie sollten es auch nicht tun. Das heißt auch, Sie sollten Ihr Geld nicht selbst anlegen.

Sofern Sie kein professioneller Anlageberater sind, sind Sie ein Amateur. Denken Sie bitte nicht, Sie wären klug genug, die Sache selbst in die Hand zu nehmen, nur weil Sie regelmäßig den Wirtschaftsteil Ihrer Tageszeitung lesen oder irgendwelche Fernsehsendungen mit Anlagetipps für Aktionäre sehen. Suchen Sie sich einen echten Profi, der Ihr Geld für Sie anlegt. Es ist in jedem Falle ein Lotteriespiel, aber immerhin eines, bei dem Sie einen Profi an der Seite haben.

1. Fragen Sie Ihre Freunde, wem sie ihr Geld anvertrauen. Wenn Ihre Freunde keine Ahnung haben, wovon Sie reden, lassen Sie sie fallen und suchen Sie sich reichere Freunde.

2. Vergewissern Sie sich, dass Ihr Finanzberater mindestens so viel Geld besitzt wie Sie selbst. Wie Sie das herausfinden können? Fragen Sie ihn. Er soll es Ihnen beweisen.

3. Bevor Sie Ihr Geld in irgendeine Geldanlage investieren, die Ihr Berater Ihnen vorschlägt, vergewissern Sie sich, dass auch er sein eigenes Geld hier angelegt hat. Er soll es Ihnen schwarz auf weiß zeigen. Wenn diese Anlage gut genug für Ihr Geld ist, ist sie auch gut genug für sein eigenes.

4. Vergewissern Sie sich, dass sich die Beziehung zu diesem Menschen gut anfühlt. Wenn es irgendeine Art von Misstrauen gibt oder irgendetwas, womit Sie sich nicht wirklich wohlfühlen, gehen Sie lieber mit Ihrem Geld woanders hin.

5. Geldanlagen sind fast immer „langfristig". Ein guter Finanzberater weiß das. Wenn Ihnen jemand verspricht, Ihnen zu helfen, „schnell und problemlos" reich zu werden, ist er ein Lügner. Ich kenne keinen einzigen Millionär, der „schnell und problemlos" reich geworden ist. Millionen zu verdienen, ist immer ein schwieriger und langwieriger Prozess.

Diese Vorteile könnte mir ein Finanzberater bringen:

_____

_____

_____

_____

_____

_____

Listen für eine gute Geschäftsführung

Wie Sie ein besserer Geschäftsmann werden

(Wenn Sie mehr über das Thema erfahren wollen, holen Sie sich mein Buch „Mach Deinen Job! Das einfache Geheimnis für Erfolg im [Berufs-] Leben".)

1. Vertrag ist Vertrag. Das ist meine Regel Nummer 1 im Geschäftsleben. Wenn Sie eine Vereinbarung eingehen, halten Sie sich daran, komme, was da wolle.

2. Tun Sie, was Sie anderen versprochen haben, und zwar zu dem Termin und wie Sie es versprochen haben.

3. Tun Sie jedesmal das Richtige. Nicht das Billigste oder das Einfachste – nein, das Richtige.

4. Seien Sie ein Unternehmen, auf dessen guten Service sich Kunden immer verlassen können – ausnahmslos. Dienen Sie Ihren Kunden mit fairen Preisen, Ehrlichkeit, Tüchtigkeit und hervorragender Qualität.

5. Der Kunde ist König. Behandeln Sie ihn auch so. Jedes Unternehmen kann ohne jeden einzelnen seiner Mitarbeiter überleben, aber nicht ohne seine Kunden.

6. Akzeptieren Sie niemals eine schlechte Arbeitsleistung von irgendeinem Ihrer Mitarbeiter. Sorgen Sie dafür, dass sich diese schlechte Arbeitsleistung Ihres Mitarbeiters ändert oder entlassen Sie ihn.

7. Sorgen Sie sich nicht um die Konkurrenz. Wenn Sie in jeder Weise erstklassig sind, haben Sie sowieso keine mehr. Arbeiten Sie einfach schneller, klüger und ausdauernder, als es jeder andere auf dem Markt zu tun bereit ist, und Sie sind der Marktführer.

8. Führen Sie Ihr Unternehmen auf der Basis gegenseitigen Respekts unter allen Mitarbeitern. Es ist nicht entscheidend, ob Sie und Ihre Kollegen einander wirklich mögen, sondern ob Sie einander achten. Ohne gegenseitigen Respekt der Fähigkeiten und Begabungen des anderen können Sie nicht effektiv zusammenarbeiten.

9. Denken Sie sich jeden Tag Möglichkeiten aus, wie Sie mit weniger Mitteln mehr erreichen können. Das bedeutet weniger von allem, auch weniger Personal. Diejenigen Firmen, die sich darauf konzentrieren, mehr Erfolg mit weniger Mitteln zu erreichen und trotzdem weiterhin hervorragende Qualität zu bieten, werden immer überleben.

10. Halten Sie Ihren Arbeitsplatz sauber. Es klingt, als sei das nicht so wichtig, aber für Ihre Kunden ist es sehr wichtig. Außerdem ist eine saubere Arbeitsumgebung wirtschaftlicher.

Warum ich lernen sollte, mein Unternehmen besser zu führen:

_____

_____

_____

_____

_____

_____

Wie Sie ein besserer Manager werden

Die folgende Liste steht viel ausführlicher in meinem Buch „Mach Deinen Job! Das einfache Geheimnis für Erfolg im (Berufs-)Leben". Wenn Sie mehr Informationen zu jedem Bereich des Berufslebens brauchen, finden Sie sie dort!

1. Legen Sie für jeden einzelnen Ihrer Mitarbeiter klar fest, was Sie von ihm erwarten. Teilen Sie diese Erwartungen jedem einzelnen Mitarbeiter mit. Wie wollen Sie die Leistung Ihrer Angestellten bewerten, wenn Sie gar keinen Maßstab dafür festgelegt haben?

2. Seien Sie entscheidungsfreudig. Wenn es Zeit ist, eine Entscheidung zu treffen, dann tun Sie das, und zwar am besten richtig. Nichts schwächt einen Manager so sehr, wie wenn er keine Entscheidung treffen kann. Beinahe jede Entscheidung, die Sie treffen, lässt sich in Zahlen kalkulieren, also kritisieren Sie sich selbst nicht im Nachhinein und verharren Sie nicht in Entscheidungslosigkeit.

3. Es ist nicht so wichtig, ob man Sie mag, sondern dass man Sie respektiert. Wenn man Sie mag, ist das eine nette Dreingabe. Dass man Sie respektiert, ist eine wichtige Voraussetzung für Ihren Erfolg.

4. Hände weg vom Gehalt Ihrer Mitarbeiter. Bezahlen Sie Ihre Mitarbeiter gut und pünktlich, wie Sie es zugesichert haben.

5. Fehlender Respekt eines Mitarbeiters ist Grund genug für dessen sofortige Entlassung.

6. Wie man so sagt: Wenn etwas nicht kaputt ist, versuch´ es nicht zu reparieren. Aber wenn es kaputt ist, repariere es möglichst schnell. Probleme werden durch Abwarten nur größer und schlimmer. Wenn Sie ein Problem erkennen, lösen Sie es auf der Stelle, bevor es sich zu einem noch größeren Problem auswächst.

7. Vertrag ist Vertrag. Halten Sie im Umgang mit Ihren Mitarbeitern ebenso Wort wie gegenüber Ihren Kunden. Ein mündlich gegebenes Versprechen ist genauso ernst zu nehmen wie ein Vertrag.

8. Hüten Sie sich, wenn es um Neueinstellungen geht, vor redegewandten, inkompetenten Blendern, die Sie schwindlig reden können, aber nicht halten können, was sie versprechen. Kündigen Sie jedem von ihnen, sobald Sie sicher wissen, dass Sie ihm auf den Leim gegangen sind.

9. Feuern Sie Leute, wenn nötig. Sie tun niemandem einen Gefallen, wenn Sie schlechte Mitarbeiter behalten – weder ihnen noch sich selbst, weder Ihren Kunden noch Ihrem Unternehmen, und ganz sicher nicht Ihren übrigen Mitarbeitern.

10. Halten Sie alles möglichst einfach. Wenn sich Dinge oder Prozesse zu kompliziert anfühlen, hören Sie auf, überprüfen Sie das Ganze und fangen Sie noch mal von vorn an.

Warum es mir und meinem Unternehmen nützt, wenn ich ein besserer Manager werde und warum ich es sein will:

_____

_____

_____

_____

_____

_____

Wie Sie ein besserer Angestellter werden

Auch diese Liste steht viel ausführlicher in meinem Buch „Mach Deinen Job! Das einfache Geheimnis für Erfolg im (Berufs-)Leben".

Das Buch enthält viele gute Ideen, wie Sie mehr aus Ihrem Job machen und wie Sie im Geschäftsleben erfolgreicher werden, aber hier sind die wesentlichen Tipps, wie man ein besserer Mitarbeiter wird.

1. Konzentrieren Sie sich auf Leistung, nicht auf Betriebsamkeit. Erreichen Sie, dass man Sie als jemanden kennt und schätzt, der seine Arbeit erledigt, nicht als jemanden, der nur geschäftig herumläuft.

2. Es ist schwer, seinen einmal erworbenen Ruf zu ändern, also erarbeiten Sie sich einen Ruf, auf den Sie stolz sein können.

3. Seien Sie vertrauenswürdig. Seien Sie lieber öfter diskret als zu redselig. Seien Sie jemand, dem andere gern vertrauen.

4. Seien Sie pünktlich. Seien Sie dann an Ort und Stelle, wenn Sie es zugesagt haben. Keine Ausreden, bitte.

5. Prahlen Sie nicht. Keiner mag Angeber. Wenn Ihre Leistung anerkannt wird, freuen Sie sich über jedes Kompliment – nicht mehr.

6. Beklagen Sie sich nicht. Niemand will es hören. Jeder hat seine eigenen Probleme, mit denen er sich herumschlagen muss, also behalten Sie Ihre Probleme für sich.

7. Freundschaft unter Arbeitskollegen ist etwas Besonderes. Sie ist nicht notwendig und schon gar nicht selbstverständlich.

8. Fragen Sie Ihren Chef, was das Wichtigste an Ihrer Tätigkeit ist und kümmern Sie sich darum, dass Sie es täglich tun. Jeden Tag sollten Sie sich auf diesen einen Punkt konzentrieren. Das bedeutet natürlich nicht, dass es nicht auch andere Dinge gäbe, auf die Sie achten müssen, aber sorgen Sie dafür, dass diese zentrale Angelegenheit immer erledigt wird.

9. Denken Sie daran, dass Sie für einen anderen Menschen arbeiten und dass dieser das Recht hat, Ihnen zu sagen, was Sie zu tun haben, wann und wie Sie es zu tun haben. Sie haben das Recht, Vorschläge zu machen, aber das letzte Wort hat Ihr Vorgesetzter.

10. Nehmen Sie Beschimpfungen und respektloses Verhalten Ihres Arbeitgebers nicht hin. Kündigen Sie Ihr Arbeitsverhältnis, wenn Ihr Arbeitgeber sich in irgendeiner Weise unehrlich oder unmoralisch verhält. Es gibt auch andere Jobs.

Warum ich ein besserer Angestellter werden möchte:

_____

_____

_____

_____

_____

_____

_____

Listen für mehr gesunden Menschenverstand

Wie Sie nicht übertölpelt werden

1. Wenn man Sie bittet, eine Summe für ein karitatives Projekt zu spenden, sollten Sie herausfinden, welcher Prozentsatz des Betrages tatsächlich der guten Sache zugute kommt und welcher in die Verwaltung derselben fließt. Wenn Ihr Gegenüber diese Frage nicht beantworten kann, gehen Sie lieber oder legen Sie den Telefonhörer auf. Wenn die Verwaltung mehr Geld bekommt als die gute Sache selbst, lassen Sie lieber die Finger davon.

2. Wenn etwas zu gut klingt, um wahr zu sein, ist es auch so. Fallen Sie nicht auf Dinge herein, die zu gut klingen, um wahr zu sein. Es kann nicht stimmen, dass ein Prinz aus Nigeria zehn Millionen Dollar auf einem Konto hat und nur 2.000 Dollar von Ihnen braucht, um den Betrag frei zu bekommen und brüderlich mit Ihnen zu teilen. Es gibt immer wieder Leute, die auf so einen Quatsch hereinfallen! Warum? Weil wir so gerne glauben wollen, dass wir auch ohne harte Arbeit reich werden können.

3. Stellen Sie harte Fragen. Sie müssen hart für Ihr Geld arbeiten; haben Sie keine Angst, viele Fragen zu stellen, bevor Sie es mit jemand anderem teilen.

4. Lassen Sie sich alles schriftlich geben. Denken Sie nicht: „Er hat doch gesagt, sie hat doch gesagt ..."
Ihr Gedächtnis ist dazu nicht gut genug, und das der anderen auch nicht. Halten Sie sich an ein Papier, das jede der beiden Parteien aufgesetzt und unterschrieben hat und leben Sie mit dem, was dort steht.

5. Fragen Sie nach Leuten, die den Betreffenden kennen. Rufen Sie diese Leute an. Es ist ja schön, wenn man persönliche Empfehlungen vorzuweisen hat, aber man sollte diese Leute auch anrufen können. Es ist erstaunlich, wie viele Leute da niemals anrufen. Ein Typ kam mal an meine Haustür und bot sich an, meine Bäume zu schneiden. Er behauptete, er habe schon die Bäume meiner Nachbarn geschnitten und sie hätten ihm geraten, sich nun auch an mich zu wenden. Das habe ich ihm nicht abgekauft. Warum nicht? Weil die meisten meiner Nachbarn nicht mal meinen Namen kennen und mir niemanden an den Hals schicken würden. Sie denken nämlich, ich beiße! Ich bat den Typ, mir den Namen des Nachbarn zu nennen, der ihn zu mir geschickt habe, damit ich ihn anrufen könne, um zu überprüfen, ob es stimmte. Er sagte, er habe den Namen auf einem Zettel in seinem Lieferwagen liegen und wäre gleich zurück. Was tat er? Er ging zurück zu seinem Lieferwagen, stieg ein und fuhr davon. Genau, was ich vermutet hatte!

6. Es gibt keinerlei Garantie; Sie können immer zum Narren gehalten werden. So ist die Wirklichkeit nun mal. Man wird Sie übervorteilen. Sie werden Geld für Dinge ausgeben, die nicht funktionieren. Man wird Sie anlügen. Unternehmen werden nicht halten, was sie Ihnen versprochen haben. Man wird Sie ordentlich hereinlegen. Sie können nur versuchen, wachsam zu sein, damit es nicht allzu oft passiert.

Warum ich lernen muss, nicht übertölpelt zu werden:

_____

_____

_____

Wie Sie lernen, sich besser anzuziehen

„Was kann ein erwachsener Mann mit zwei Ohrringen, Armreifen bis hinter zu den Ellenbogen, Ringen an jedem Finger, mit Blue Jeans, Cowboyhemden und Cowboystiefeln mir schon über modische Kleidung erzählen?"

Eine berechtigte Frage. Allerdings trage ich die Hemden, Jeans und Stiefel nicht immer. Manchmal schalte ich auch einen Gang runter und trage nur wenige Ringe und nur einen Armreif. Meine Ohrringe aber behalte ich immer an. Ich bin modebewusst, das war ich seit jeher. Wahrscheinlich ist deswegen einer meiner beiden Söhne Modedesigner geworden.

Ich mag schöne Kleidung – und ich achte darauf. Ich weiß, was man tragen kann und was nicht. Also hören Sie mir zu und nehmen Sie einen guten alten Rat an. Übrigens, mein Rat ist, wie so oft bei mir, für Frauen wie Männer gleichermaßen schwierig.

Modetipps für jedermann:

1. Achten Sie sorgfältig darauf, was Sie in der Öffentlichkeit tragen. Stellen Sie sich vor, wie Sie sich fühlen würden, wenn Sie Ihrem besten Kunden mit T-Shirt, ausgebeultem Hintern und Loch in der Hose begegnen würden. Es ist peinlich, wenn man schlecht angezogen ist und jemand fragt: „Sind Sie das, der Typ aus dem Fernsehen?" Vertrauen Sie mir, das kommt gar nicht gut.

2. Gehen Sie mit Parfum und Eau de Cologne vorsichtig um. Man sollte Sie nicht quer durch den ganzen Raum riechen können. Mit Parfum ist es wie mit Brillantine im Haar – ein bisschen muss genügen.

3. Machen Sie sich nicht zum Sklaven von irgendwelchen Modetrends. Das ist nur teuer und sieht eher so aus, als hätten Sie gar keinen Stil als Ihren eigenen Stil. Wenn Sie etwas haben wollen, das im Trend liegt, geben Sie nicht zu viel Geld dafür aus, es kommt sowieso bald wieder aus der Mode.

4. Bauchtaschen ... lieber nicht. Wirklich. Lassen Sie´s lieber. Wenn Sie außerhalb der USA reisen und überall sofort als amerikanischer Tourist entlarvt werden wollen, ziehen Sie eine Bauchtasche und Sportschuhe an.

5. Wenn Sie sich nicht sicher sind, tragen Sie Schwarz. Schwarz passt immer. Es lässt Sie reicher, edler und, noch besser, schlanker aussehen. (Übrigens, die Frauen wissen das schon lange, haben es aber nie für nötig befunden, uns diese kleine Information mitzuteilen. Sie haben uns nie gesagt, dass „er" in schwarz kleiner wirkt. Deshalb trage ich keine schwarze Unterwäsche.)

6. Es ist okay, wenn Sie Ihre Individualität unterstreichen. Verflixt noch mal, sehen Sie doch bloß mal mich an! Aber es gibt auch Anlässe, wo es angemessen ist, einen Gang runterzuschalten. Man kann sich dem Anlass gemäß kleiden, ohne ganz und gar auf seine Individualität verzichten zu müssen.

7. Es ist okay, einen anderen Stil als die anderen zu haben. Aber je stärker Sie sich von der Masse abheben, desto besser müssen Sie sein.

Vertrauen Sie meinem Urteil, ich weiß das sehr genau. Deshalb muss ich ja so gut sein!

Wenn Sie mit Ihrem Schatz ausgehen, sollten Sie ihr oder ihm einen Gefallen tun, bevor Sie aus dem Haus gehen und ehrlich sein. Ich bin jedesmal wieder erstaunt, wenn ich Paare sehe, sie elegant in hochhackigen Schuhen, im kleinen Schwarzen, mit Schmuck, und er sieht aus, als käme er gerade von einer Wandertour zurück.

Ladies, sagt doch was. Geht nicht mit diesem hirnlosen Muskelprotz aus, wenn er sich nicht ein bisschen anständig anzieht.

Modetipps für Männer:

1. Binden Sie Krawatten so, dass das Ende der Krawatte, vorzugsweise das breitere Ende, bis zum Gürtel reicht. Wenn Sie besonders groß gewachsen oder lang sind oder einen dicken Bauch haben, kaufen Sie sich extra lange Krawatten, die lang genug sind, um bis zum Gürtel zu reichen.

2. Bitte keine Krawatten mit dem Wappen Ihres Lieblings-Football-teams, mit roten Chili-Saucen-Flaschen, keine mit Comicfiguren oder Konterfeis toter Rockmusiker.

3. Letzteres gilt auch für Ihre Socken.

4. Ihre Schuhe sollten geputzt und frisch gewichst sein. Tragen Sie niemals Halbschuhe zum Anzug.

Slipper passen zu gar nichts. Und meiner Meinung nach gehen Halbschuhe mit Quasten dran nur dann, wenn jeder Sie für einen eingebildeten Schnösel halten soll.

5. Ihre Hosen sollten bis hinunter zu den Schuhen reichen. Sie sollten nicht so lang sein, dass Sie drauftreten, aber lange genug, dass sie einen Übergang zu den Schuhen bilden. Wenn ich im Stehen noch Ihre Socken über den Schuhen sehen kann, sind Ihre Hosen zu kurz.

6. Seien Sie vorsichtig mit Polohemden. Wenn sie zu eng anliegen, sehen Sie dick aus. Wenn der Stoff spannt, ist das Hemd zu eng. An alle Bodybuilder, die gern hautenge Sachen tragen – lasst es lieber. Wir haben's auch so kapiert, dass Ihr viel trainiert und tolle Burschen seid. So, und jetzt geht und kauft Euch Hemden, die Euch passen.

7. Seidenhemden trägt man nicht kurzärmelig und kurzärmelige Hemden nicht zusammen mit einer Krawatte. Buttondown-Hemden sind keine Anzughemden, sondern Freizeithemden und sollten nicht zum Anzug getragen werden. Aber mit Cord-Jeans und einem Sportsakko kann man sie kombinieren.

Modetipps für Frauen:

Was ich über Frauenmode weiß? Ganz schön viel. Ich lese alle Modemagazine. Ich sehe den Mode-Fernsehkanal. Ich kenne alle Designer und kann ein Paar Frauenschuhe von Manolo auch in einem überfüllten Saal sofort ausmachen. Ich bin in jeder Hinsicht ein typischer Mann, aber ich liebe Mode für Frauen und habe meine eigenen Ansichten dazu. Hier sind sie:

1. Knüpfen Sie keinen Mantel oder Sweater um Ihre Taille. Wenn Sie nicht gerade sehr schlank sind, sehen Sie damit aus, als hätten Sie einen fetten Hintern. Und glauben Sie bitte nicht, Sie könnten Ihren fetten Hintern auf diese Weise verstecken – Sie betonen ihn dann nur.

2. Tragen Sie keine weißen Kittel, es sei denn, Sie arbeiten im Krankenhaus und es gehört zu Ihrer vorgeschriebenen Berufskleidung.

3. Nur weil etwas an Heidi Klum gut aussieht, muss es noch lange nicht an Ihnen gut aussehen. Eine Heidi Klum kann alles tragen, Sie aber vielleicht nicht unbedingt. Tragen Sie Sachen, die Ihren Körpertyp betonen, Ihre figürlichen Vorteile hervorheben und die Nachteile kaschieren.

4. Verkäuferinnen lügen. Es ist nun mal ihr Job, zu sagen: „Das steht Ihnen aber wunderbar!"

5. Tragen Sie keine Pullover mit Elchen oder anderen Weihnachtsmotiven. Ich weiß, wie sehr manche von Ihnen Ihre Weihnachtspullover lieben – vergessen Sie's. Es gibt sogar Weihnachtspullover-Partys, auf denen die Leute nur solche schrecklichen Kreationen anhaben. Sogar meine eigene Familie hatte letztes Jahr so eine Party, und um die Pullis zu finden, ging ich in eBay und gab die Worte „hässlicher Weihnachtspullover" ein, und siehe da, ich fand Hunderte davon. Das können Sie als klaren Hinweis darauf nehmen, wie modisch diese Dinger sind. Wenn Sie keinen zum Scherz tragen wollen, tragen Sie lieber gar keinen. Dieselbe Regel gilt übrigens für Halloween-, Oster-, Thanksgiving-Pullis und alle andere festlichen Gelegenheiten, an denen man irgendetwas in einen Pulli hineinstricken oder aufnähen kann.

6. Schuhe bestimmen Ihr Outfit. Schuhe können ein schlichtes Outfit aufwerten oder ein schickes Outfit abwerten. Stöckelschuhe sind unbequem und teilweise sogar ungesund für die Füße, aber denken Sie daran, wir Männer sind nun mal Schweine und lieben sie.

7. Die meisten Hüte lassen Sie unvorteilhaft aussehen. Allerdings gebe ich zu, dass es da Ausnahmen gibt. Wenn Sie auf der Pferderennbahn sind, wenn Sie an Ostern in die Kirche gehen oder eine Baseballmütze tragen, durch die Sie hinten Ihren Pferdeschwanz ziehen, dürfen Sie diese Regel missachten. Wenn nicht, überlassen Sie das Ganze lieber Königin Elisabeth II. von England. Sieht sie nicht reizend aus mit ihren Hüten?

8. SHB. Wissen Sie, was das heißt? Sichtbarer Hosenbund. Niemand sollte sagen können, welche Art von Unterwäsche Sie tragen. Ihre Oberbekleidung sollte sie bedecken. Das sind Informationen, die wir einfach nicht brauchen. Ziehen Sie sich dementsprechend an.

Modetipps für dicke Menschen:

1. Kaufen Sie sich weite Sachen. Wenn man alle Ihre Speckröllchen sieht, sind Ihre Kleider zu eng. Enge Gewänder machen Sie nur dicker, als Sie tatsächlich sind, und glauben Sie mir, eine solche Hilfe können Sie nicht gebrauchen.

2. Für die schweren Jungs: Ziehen Sie Ihre Hosen bis zur Bauchmitte herauf. Wenn Sie Ihre Hosen unterhalb des Bauches tragen, sehen Sie damit nur fetter aus. Ihre Hosen sollten bis zur Mitte Ihres Magens reichen. Ich mag es, wenn ein Typ mir sagt, er trägt immer noch seine Hosen Größe 36, wo sein Bauch in Wirklichkeit schon Größe 42 ist, aber er trägt die Hosen unter dem Bauchansatz. Mann, zieh endlich Deine Hose hoch! Aber bitte nicht so hoch, dass sie knapp unter Deinen Männer-Titten sitzt! Zu hoch ist nämlich ebenso blöd wie zu tief. Irgendwo dazwischen ist es am besten.

3. Schmücken Sie Ihre Korpulenz nicht noch. Dickere Leute sollten den Ball flach halten und ihre Leibesfülle nicht noch betonen, wenn sie nicht wollen, dass ihre Gewänder wie Zirkuszelte aussehen. Karos, Blumenmuster und grell Bedrucktes sind nicht gut für Sie!

4. Larrys Regel für dicke Menschen: Je mehr Haut Sie vorweisen können, desto weniger wollen wir anderen davon sehen.

Und zu der alten Frage: „Sieht mein Hintern so fett aus?" kann ich nur sagen: Nein, Ihr Hintern sieht nicht fett aus, er *ist* fett – und so, wie Sie angezogen sind, sieht es die ganze Welt.

Kleider machen Leute

Dieses Jahr habe ich eine Wohltätigkeitsveranstaltung in Scottsdale, Arizona besucht, wo ich wohne. Der ganze Rahmen war sehr teuer gewählt, und ich schätze, es waren so 500 bis 600 Leute da. Auf der Einladungskarte stand zum Thema Kleidung: „Chic und elegant – Kleider machen Leute." Zwar wurde da nicht ausführlich gesagt, was das genau bedeuten soll, aber ich verstand es auch so, wie wahrscheinlich die meisten von Ihnen. Trotzdem war ich überrascht von der relativ großen Anzahl von Leuten, die dachten, der Rest von uns wäre beeindruckt von ihren eleganten, schicken T-Shirts, Shorts und Sandalen. Also bitte, Leute – passt Euch dem Anlass an! Was geht wohl im Hirn eines Menschen vor, der sich für IRGENDEIN Event anzieht, wenn´s nicht gerade eine Bierparty am Strand ist, und denkt, er könne trotz der Vorgabe einfach in T-Shirt und Shorts daherkommen?

Mich ärgert der Mangel an Etikette, den die Leute zeigen, wenn sie abends essen gehen, vor allem in ein gutes Restaurant. Ich wohne in Scottsdale, Arizona, und hier bei uns ist es heiß, meistens sogar höllisch heiß, aber das heißt nicht, dass es okay ist, rund um die Uhr

Shorts zu tragen. Dasselbe gilt für Las Vegas – die alten Zocker früherer Tage würden sich im Grab umdrehen, wenn sie sehen würden, wie lausig sich die Menschen heutzutage anziehen, wenn sie ins Kasino gehen. Ich habe nichts gegen bequeme Kleidung. Aber wenn es nur noch um Bequemlichkeit geht, warum tragen wir dann nicht einfach alle nur noch bunte Kittelschürzen?

Ich mag Shorts und trage sie oft. Ich trage sie am Strand und beim Golfspielen, wenn es über 38 Grad heiß ist, beim Ballspiel oder tagsüber fast überall. Aber nicht überall, nur dort, wo es passt. Und der einzige Anlass, zu dem Shorts NIE angemessen sind, ist bei einem stilvollen Abendessen im Restaurant.

(Ich weiß schon, es gibt Restaurants, wo es in Ordnung ist, aber das sind nicht die, die ich meine. Das heißt, ich meine nicht „Hooters" oder so …)

Hier sind ein paar Regeln, wann Sie lange Hosen tragen sollten:

- wenn es da, wo Sie zu Abend essen, Stoffservietten gibt,
- wenn zwei Gabeln statt einer auf dem Tisch liegen,
- wenn Ihre Frau oder Ihre Date-Partnerin Stöckelschuhe trägt,
- wenn Sie schwarze Socken tragen,
- wenn es nicht heißt: „Wollen Sie Pommes frites dazu?",
- wenn es draußen bereits dunkel ist,
- wenn das Lokal einen Parkservice hat,
- wenn man Sie an Ihren Tisch begleitet,
- wenn Ihre Rechnung Ihnen in einer Mappe überreicht wird,
- wenn niemand anderer im Lokal Shorts trägt,
- wenn es in der Einladung heißt: „chic und elegant",

dann sollten Sie lange Hosen tragen.

Leute, werdet erwachsen! Ihr seid doch keine Kinder mehr ... es ist Zeit, Euch wie erwachsene Menschen zu benehmen und Euch auch so anzuziehen.

Was mir persönlich mehr Modebewusstsein bringen würde und warum es für mich gut wäre:

_____

_____

_____

_____

_____

Was ich an meiner Art, mich zu kleiden, ändern sollte:

_____

_____

_____

_____

Wie man sich auf Flugreisen verhält

Vielleicht denken Sie jetzt, es sei lächerlich, ein Kapitel wie dieses in dieses Buch aufzunehmen. Aber noch mal: Dieses Buch handelt von Idioten, und wenn Sie jemals einen Haufen Idioten auf einmal sehen wollen, brauchen Sie bloß zum nächsten Flughafen zu gehen – viele arbeiten sogar dort. Außerdem sehe ich, der ich ungefähr 250 Tage im Jahr reise, viele andere Reisende, die sich schrecklich aufführen. Hier ein paar Ratschläge von einem Experten für Flugreisen:

1. Was das Handgepäck angeht: Alle Fluglinien haben eine kleine Box, in die sie Ihr Handgepäck stecken können, um sicher zu gehen, dass es über Ihnen im Flugzeug Platz hat. Informieren Sie sich vorher, ob Ihre Handgepäcktasche da hineinpasst. Steigen Sie nicht einfach ins Flugzeug, wenn hinter Ihnen Dutzende andere Passagiere stehen und versuchen Sie nicht verzweifelt, Ihre zu große Tasche in das kleine Gepäckfach über Ihnen zu zwängen.

2. Wenn Sie im Flugzeug den Gang entlanggehen, halten Sie Ihre Handgepäcktaschen vor sich, damit Sie den Leuten damit nicht auf den Kopf hauen. Wenn Sie selbst Passagier sind und einen Sitzplatz am Gang haben, achten Sie auf diejenigen Leute, die diese Regel nicht befolgen. Übrigens, Rucksäcke sind etwas für Wanderer und Schulkinder. Benutzen Sie sie nicht für Flugreisen, und wenn schon, dann nehmen Sie sie vom Rücken, bevor Sie den Gang entlanggehen.

3. Denken Sie daran, dass der kleine Tisch vor Ihnen an der Rückenlehne Ihres Vordermannes angebracht ist. Stoßen Sie nicht daran, und achten Sie darauf, dass auch Ihr Kind nicht daran stößt. Sorgen Sie dafür, dass Ihr Kind sich so ruhig wie möglich verhält. Ein Flugzeug ist ein enger, unbequemer Raum, wo jedes Geräusch verstärkt wird, und Ihr Kind stört andere Passagiere. Kürzlich saß ich in einem Flugzeug zusammen mit einem Paar mit einem zwei Jahre alten Kind, das fast überschnappte. Die Eltern unternahmen keine Anstalten, ihr Kind ruhig zu bekommen. Der Kleine trat gegen die Rückenlehne des Vordermannes, rannte den Gang hinauf und hinunter und benahm sich wie ein kleines Monster. Die Eltern wirkten verlegen und genervt, taten aber nichts. Eine Frau hinter mir drehte sich zu dem Paar um und sagte: „Keine Sorge, wir alle lieben Kinder und haben Verständnis. Kein Problem." Ich drehte mich um und sagte: „Hey, Mary Poppins, nicht alle haben Verständnis. Das Kind ist außer Kontrolle und tyrannisiert uns alle hier!" Alle sahen mich an, als wüchsen mir Hörner aus dem Kopf. Aber danach schafften es die Eltern, ihr Kind wieder zu beruhigen, damit es den bösen Mann vor ihnen in Ruhe lässt. Und die anderen 125 Passagiere auch.

4. Furzen Sie nicht. Niesen Sie nicht, ohne sich die Hand vor die Nase zu halten. Halten Sie sich die Hand vor den Mund, wenn Sie husten müssen. Essen Sie nichts, was einen unangenehmen Gestank verbreitet.

Kürzlich saß ich in einem Flugzeug und hatte eine sehr breite Frau neben mir sitzen, die plötzlich eine große Plastikdose voller geräuchertem Schinken und eine zwei Pfund schwere Packung M&Ms auspackte. Kein Witz! Stellen Sie sich mal vor, wie gut es in dem Flugzeug roch – und wie gut das Ganze für ihre Gesundheit war.

Eine andere Frau hinter mir entschied sich dafür, ihrem Baby die Windeln zu wechseln. Wie rücksichtsvoll, das nicht in der Toilette zu tun, sondern mitten im Flugzeug!

Das sind wichtige Dinge, an die man denken sollte, egal wo man sich gerade befindet, aber besonders wichtig an Bord eines Flugzeugs, wo es nur wenig Platz und Luft für alle gibt – Gerüche und Keime reisen noch schneller als wir und können nirgendwo anders hin.

5. Fühlen Sie sich nicht verpflichtet, mit Ihrem Nebenmann zu sprechen. Mit anderen Worten, es ist in Ordnung, wenn Sie höflich guten Tag sagen, aber dann achten Sie bitte darauf, ob Ihr Sitznachbar wirklich mit Ihnen sprechen will. Wenn er sofort die Nase in ein Buch steckt oder einen Laptop herauszieht, um zu arbeiten, hat er wahrscheinlich kein Interesse. Was mich persönlich angeht – ich habe lieber meine Ruhe. Ich bin sehr viel unterwegs, deshalb nutze ich die Flugreisen auch dazu, mich auszuruhen und etwas zu lesen. Seien Sie sich darüber im Klaren, dass es Leute gibt, die nicht mit Ihnen plaudern wollen. Sie interessieren sich nicht für Ihre Reiseprobleme, weil sie genug eigene haben. Sie wollen vielleicht gar nicht wissen, was Sie beruflich machen und was in dem Buch steht, das Sie gerade lesen. Manche Menschen wollen einfach nur in Ruhe gelassen werden. Das bedeutet auch, dass Sie nicht laut seufzen oder klagen oder „Was für ein Tag!" stöhnen sollten, um die Aufmerksamkeit Ihres Nachbarn zu erregen.

6. Sitzen Sie nicht im Wartebereich (oder an der Bar) herum, bis Ihr Flug zum letzten Mal aufgerufen wird, bloß um dann zum Flugzeug zu rennen, bevor die Türen geschlossen werden und jedes Gepäckabteil über Ihnen zu öffnen, weil Sie verzweifelt einen Platz für Ihr übergroßes Gepäck suchen müssen. Es gibt keinen Platz für zu großes Gepäck. Sie sind einfach zu spät dran. Klagen Sie nicht, bitten Sie nicht um Hilfe und fluchen Sie nicht in Ihren Bart hinein. Es ist Ihre eigene Schuld – setzen Sie sich friedlich hin und drücken Sie Ihr Gepäckstück irgendwie unter den Sitz vor Ihnen und seien Sie das nächste Mal früher da, wenn Ihre Sitzreihennummer aufgerufen wird.

7. Reisen Sie nicht mit einem Kissen. Leute, die auf Flugreisen ihr eigenes Kissen mitbringen, sind Idioten. Als ob es dort keine Kissen gäbe ... Ich reise seit fast 20 Jahren 250 Tage im Jahr. Ich habe in

Hotels auf der ganzen Welt übernachtet, und bisher hat noch jedes Hotel, das ich kenne, Kissen gehabt. „Aber ohne mein eigenes Kissen kann ich nicht schlafen!" Werd endlich erwachsen, Du großes Baby, Du bist nicht mehr zwei Jahre alt! Lass Dein lumpiges altes Kissen mit dem ausgeblichenen erdbeerfarbenen Kissenbezug auf dem Bett und reise wie ein erwachsener Mensch.

8. Pssssst! Bitte Ruhe! Geräusche haben eine ähnliche Tendenz, sich auszubreiten wie Gerüche. Wenn Sie sich unbedingt mit Ihrem Nachbarn unterhalten müssen, dann tun Sie dies bitte leise. Wenn Sie Kopfhörer tragen und Musik hören, sorgen Sie bitte dafür, dass ich nicht alles mithören muss. Es ist Ihre Musik, nicht meine. Behalten Sie sie für sich. Und was Handys angeht – Sie müssen doch nicht brüllen wie ein Wahnsinniger, die heutige Technik ist längst weiter.

Kürzlich war ich in einem Flugzeug. Es war kurz vor dem Start. Ich saß ganz vorne in der ersten Klasse, aber ich konnte hören, wie eine Frau ungefähr in der 30. Reihe in ihr Handy sprach. Wenn ich im Abstand von 28 Sitzreihen jedes Wort verstehen konnte, dann konnten es alle anderen bestimmt auch. Und ich nehme an, die Person, mit der die Frau sprach, konnte sie ebenfalls laut verstehen – so laut, dass es gar keines Handys bedurft hätte! Die Frau bat die Person, die sie anrief, darum, sie zurückzurufen und gab zu diesem Zweck in voller Lautstärke ihre Handynummer an. Was tat ich? Ich tippte ihre Handynummer in mein eigenes Handy ein und rief die Frau an. Als sie dranging, erzählte ich ihr, ich säße ganz vorne in der ersten Klasse und könne jedes Wort von ihr verstehen, und alle anderen im Flugzeug wahrscheinlich auch. Ich bat sie, leiser zu sprechen, wenn sie zurückgerufen werde, denn wir alle fänden es störend und unhöflich und hätten nicht das geringste Interesse daran, ihr Gespräch mitzuhören. Sie schrie: „Wer, zum Teufel, sind Sie? Wo stecken Sie?"

Ich stand auf, drehte mich um und winkte ihr grinsend zu. Sie legte auf. Niemand hörte mehr einen Piepser von ihr.

9. Wenn Sie jemanden fragen, ob er bereit wäre, seinen Sitzplatz mit Ihnen zu tauschen, damit Sie neben Ihrem Freund oder Verwandten sitzen können, und derjenige sagt nein, akzeptieren Sie es. Manche Leute bezahlen extra und lange voraus, um einen bestimmten Sitzplatz zu bekommen, also akzeptieren Sie das bitte. Außerdem will Ihre 17 Jahre alte Tochter sowieso nicht neben Ihnen sitzen, egal ob Sie das glauben oder nicht. Sie hält Sie sowieso für stinklangweilig und will nicht mit Ihnen plaudern – so ist das nun mal.

10. Für mechanische Probleme können die Flugbegleiter nichts, genauso wenig wie für das Wetter. Im Grunde genommen gibt es nur wenig, wofür das Flugbegleitpersonal etwas kann. Also, seien Sie nett zu den Stewardessen und Stewards! Es ist nicht ihre Schuld. Sie können Sie auch nicht schneller an Ihr Ziel bringen. Sie sind es nicht, die das Flugzeug fliegen, den Flugverkehr regeln oder die Fluggastbrücke befehligen. Sie sind es nicht, derentwegen Sie zu spät kommen, also regen Sie sich nicht über sie auf.

11. Flugsicherheit und Sicherheitspersonal: Wir alle wissen, wie nervig es oft ist. Neulich habe ich zusammen mit einem Flugkapitän eingecheckt; er hatte einen Aufkleber mit der Aufschrift: „Wenn Sie nicht genervt sind, sind Sie schon lange nicht mehr geflogen" auf seiner Pilotentasche. Bleiben Sie ruhig. Das fällt mir selbst schwer, denn ich könnte ein ganzes Buch darüber schreiben, was ich in diesem Zusammenhang schon alles erlebt habe. Aber keine der Horrorstories, die wir über das Flugsicherheitspersonal kennen, ändert etwas daran, dass das Ganze ein idiotisches, von Angst geprägtes und vollkommen unlogisches Prozedere ist. Ersparen Sie sich den Kummer und lassen Sie es über sich ergehen. Bringen Sie es möglichst schnell hinter sich. Sprechen Sie nicht darüber, denken Sie nicht lange darüber nach. Bringen Sie es einfach so gut es geht hinter sich, ohne dabei vor Wut zu explodieren. Mein einziger Rat, den ich Ihnen zu dem Thema geben kann, ist, möglichst früh hinzukommen, damit Sie nicht zusätzlich zu all dem Stress noch Angst haben müssen, womöglich nicht rechtzeitig in Ihrer Maschine zu sitzen.

Fliegen an sich verursacht schon genug Ängste, ohne dass Sie sich selbst oder andere noch zusätzlich fertig machen müssen. Seht es entspannt, Leute; Ihr kommt schon noch ans Ziel.

Warum ich lernen sollte, ein besserer Reisender zu werden:

_____

_____

_____

_____

_____

_____

_____

Wie wir die Welt ein bisschen besser machen können

1. Mehr lieben, weniger hassen.

2. Möglichst viel recyceln.

3. Mitmachen, nicht nur zuschauen.

4. Organisationen unterstützen, die diejenigen, die es brauchen, mit Essen und Kleidung versorgen.

5. Seine Umwelt pfleglich behandeln.

6. Keine Abfälle in der freien Natur wegwerfen.

7. Jeden Tag wenigstens einen anderen Menschen dazu bringen, zu lächeln.

8. Kleinen Kindern etwas abkaufen.

9. Im Kino nicht reden.

10. Niemals schmatzen.

Warum es mir wichtig ist, dazu beizutragen, dass die Welt etwas besser wird:

_____

_____

_____

_____

_____

Ein paar kurze Listen

Wie fange ich mit einer Sache an?
Fangen Sie einfach an. So einfach ist das. Machen Sie's nicht unnötig kompliziert.

Wie Sie sich das Rauchen abgewöhnen:
Hören Sie damit auf, sich Zigaretten in den Mund zu stecken.

Wie Sie mit Kritik umgehen:
Ignorieren Sie sie. Werden Sie so selbstbewusst, dass Sie das Einverständnis Ihrer Umgebung nicht mehr brauchen.

Wie Sie eine positive Einstellung bekommen:
Kümmern Sie sich nicht darum! Eine positive Einstellung macht Sie auch nicht erfolgreicher!

Wie Sie Probleme vermeiden:
Das können Sie nicht. Probleme gehören nun mal zum Leben. Die einzigen Menschen, die keine Probleme haben, sind die Toten.

Wie Sie andere Menschen verändern können:
Geht nicht. Menschen ändern sich nur, wenn sie wollen, nicht wenn andere es wollen.

Wie Sie jeden Streit gewinnen:

Geht nicht. Manchmal werden Sie auch verlieren. Das passiert eben. Finden Sie sich damit ab. Außerdem haben Sie es verdient, ungefähr bei der Hälfte aller Streitigkeiten den Kürzeren zu ziehen. Warum? Weil Sie im Unrecht sind. Es gibt Auseinandersetzungen, die man lieber gar nicht erst anfängt und bei denen es egal ist, ob man selbst sie gewinnt oder nicht. Am besten ist, Sie gewinnen nur die wirklich wichtigen.

Wie Sie in Würde altern:

Wozu denn das? Machen Sie, was Sie wollen, solange Sie können. Altern ist nur etwas für Weichlinge und Waschlappen. Bleiben Sie fit, bleiben Sie lustig, lebhaft und lebendig, bis Sie eines Tages umfallen.

Für alle unter Ihnen, die jetzt sagen: „Aber ich wollte doch noch wissen, wie ..."

Ich kann Ihnen weder sagen, wie Sie besser mit Ihrem blöden Schwager klar kommen, noch was Sie tun sollen, wenn Ihre Tochter Sie anruft, weil ihr Verlobter die Hochzeit abgesagt hat, noch was Sie Ihrem Hund geben sollen, wenn er Fieber hat. Sie werden's nicht glauben, aber diese Art von Fragen stellt man mir laufend. Einige Leute werden dieses Buch niedermachen, weil ich nicht genügend besondere Situationen behandelt und ihr eigenes, ganz persönliches Problem nicht angesprochen habe. Allen Leuten, die so denken – und glauben Sie mir, davon gibt's viele –, möchte ich nur sagen: „Verdammt noch mal, Leute! Werdet endlich erwachsen! Benutzt mal Euer Gehirn! Ein bisschen was müsst Ihr auch noch selber tun!"

Idioten:
Letzte Kapitel

KAPITEL 6

Es ist leicht, ein Idiot zu bleiben

„WAS MAN LEICHT TUN KANN, KANN MAN GENAUSO LEICHT NICHT TUN!"

JIM ROHN

Vor vielen Jahren, als ich anfing, die Kunst der Persönlichkeitsentwicklung zu studieren, entdeckte ich dieses Zitat von Jim Rohn. Damals bewirkten diese paar Worte eine Menge für mein Denken. Sie tun es immer noch. Immer wenn ich denke, wie leicht es doch wäre, mich mit meinem etwas zu fetten Hintern zu erheben und joggen zu gehen oder etwas anderes Sportliches zu machen, denke ich: Es ist genauso leicht, es nicht zu tun. Immer wenn ich denke, wie einfach es wäre, einen Blog im Internet oder ein neues Buchkapitel zu schreiben, denke ich: Es ist genauso leicht, es nicht zu tun. Immer wenn ich denke, wie leicht es doch wäre, einen Freund anzurufen, weiß ich: Es ist genauso leicht, es nicht zu tun. Es ist einfach, erfolgreich zu werden. Es ist einfach, abzunehmen. Es ist einfach, bessere Beziehungen zu führen. Es ist einfach, im Beruf Besseres zu leisten. Es ist einfach, zu mehr Geld zu kommen. All das ist einfach. Aber genauso einfach ist es, dies alles nicht zu tun.

Erfolg ist nicht schwer

Bitte lassen Sie sich nicht einreden, dass Erfolg schwer zu erreichen ist. Diejenigen, die Ihnen das weismachen wollen, unterminieren Ihren Erfolg und unterstützen Ihre schwache Seite, Ihre Bequemlichkeit. Sie behandeln Sie wie einen Dummkopf. Spielen Sie nicht den Dummkopf. Vergessen Sie die Vorstellung, Erfolg sei nur schwer zu erreichen. Das stimmt nicht. Diejenigen, die das glauben, wollen nur, dass es so ist. Sie wollen, dass es so aussieht, um ihre eigene Erfolglosigkeit zu rechtfertigen. Es ist ihre Ausrede Nummer 1. Wenn Sie bisher zu diesen Leuten gehört haben, die glaubten, Erfolg sei schwer zu erreichen, dann ist genau das der Grund, warum Sie bisher erfolglos waren.

Ich habe Ihnen doch bewiesen, wie leicht Erfolg zu erreichen ist. Jede einzelne der Listen, die ich Ihnen hier an die Hand gegeben habe, ist voll von Dingen, die eigentlich einfach umzusetzen sind. Das werden Sie doch wohl nicht bestreiten. Es gibt nicht einen Punkt auf allen meinen Listen, der schwer zu befolgen wäre. Wie ich schon in der Einleitung sagte: Meine Informationen haben einen hohen Ach-so-einfach-ist-das-Effekt.

Wie sagte schon Shakespeare im Hamlet so bildlich: „Da liegt der Hase im Pfeffer." Das Problem ist, dass Erfolgreich-Sein beinahe schon zu einfach ist. Wenn es schwerer wäre, müssten sich die Leute viel mehr Mühe geben und würden den Erfolg mehr zu schätzen wissen.

Die Tatsache, dass er nicht schwer zu erreichen ist, führt dazu, dass die Leute zu wenig Respekt haben vor dem Erfolg und vor denen, die ihn schon erreicht haben. Für sie ist es leichter, Erfolge anderer schlecht zu reden als selbst welche zu erzielen.

In seinem Buch „Tom Sawyers Abenteuer" schreibt Mark Twain über Tom:

„Er hatte ein wichtiges Gesetz menschlichen Handelns verstanden, ohne es zu wissen – nämlich, dass man, um dafür zu sorgen, dass ein Mann oder ein Junge etwas begehrt, nur behaupten muss, es sei schwer zu erreichen."

Dies ist ein bedeutender Grund dafür, dass viele erfolglos bleiben: Erfolg ist nicht schwierig genug zu erreichen. Wäre er schwerer zu erlangen, würden die Leute ihn stärker begehren. Es scheint zwar, als wäre er schwer zu erreichen, aber das ist nur eine Lüge, die von den Erfolglosen hartnäckig weiter behauptet wird.

Was also ist die Lösung?

Diese drei Worte sagen alles: Weil Sie können.

Diese drei Worte sind die Antwort auf alle Fragen und der Beweis dafür, dass Sie erfolgreich sein sollten – nein, müssen.

Warum reich sein? Weil Sie können.

Warum nur gute Beziehungen haben? Weil Sie können.

Warum gesund sein und lange leben? Weil Sie können.

Warum klug sein? Weil Sie können.

Warum in jedem einzelnen Bereich Ihres Lebens Erfolg haben? Weil Sie können.

Sie haben die Pflicht, möglichst viel aus sich zu machen. Warum? Weil Sie können!

Es ist nicht so, dass Sie es nicht besser können. Es ist immer so, dass Sie es nicht besser machen wollen. Das bedeutet: Erfolg geht auf etwas zurück, das ich in diesem gesamten Buch immer wieder anspreche – auf Ihre persönliche Entscheidung. Es ist allein Ihre Entscheidung, ob Sie Erfolg haben wollen oder nicht. Sagen Sie ganz bewusst: „Ich will."

Sagen Sie den folgenden Text laut vor sich hin:

„Ich werde erfolgreich sein, denn ich kann erfolgreich sein. Ich weiß, der Erfolg kommt, weil ich meine Fehler erkenne und die Verantwortung für sie übernehme. Ich weiß, der Erfolg kommt, weil ich mich weiterbilde, um klüger zu werden. Ich weiß, der Erfolg kommt, weil ich mein Wissen in praktisches Handeln umsetze und bereit bin, alles dafür zu tun, dass meine Ziele Wirklichkeit werden. Ich werde meine Ideen umsetzen, das schulde ich mir selbst und meiner Familie. Ich tue es, weil ich es kann!"

Sie mögen meine „Erfolgsformel" nicht? Kein Problem. Schreiben Sie hier einfach Ihre eigene hin:

_____

_____

_____

_____

_____

KAPITEL 7

Was meinen Sie?

Es ist Zeit, dieses Buch zu bewerten. Sie haben es jetzt ganz gelesen. Sicher haben Sie eine Meinung dazu. Was halten Sie davon? Warum ich Sie das frage? Glauben Sie mir, nicht deshalb, weil ich will, dass Sie mir schreiben und es mir mitteilen. Ich freue mich, wenn den Leuten meine Arbeit gefällt, aber ich frage Sie jetzt nicht nach Ihrem persönlichen Feedback; Sie brauchen mir also jetzt nicht zu schreiben oder zu mailen. Ich möchte keine Lobeshymnen von Ihnen hören und auch nicht hören, dass das ganze Buch für Sie eine reine Zeitverschwendung war oder dass Sie mir bei diesem oder jenem Gedanken widersprechen. Wenn Ihnen mein Buch nicht gefallen hat oder Sie es als reine Zeitverschwendung ansehen, beklagen Sie sich bei jemandem, den das interessiert – mich interessiert es nicht. Ich habe Ihnen zwischen den Buchdeckeln des Buches meine Gedanken, Meinungen und Ideen gegeben. Damit ist die Sache für mich erledigt. Es ist zu spät, um noch etwas daran zu ändern. Das Buch ist jetzt gedruckt, und ich kann und möchte kein Wort daran ändern, selbst wenn es jetzt noch möglich wäre. Ich bitte Sie, dieses Buch zu beurteilen, nicht mich als Person. Außerdem sollen Sie das Ganze nicht für mich tun – sondern für Sie selbst.

Ich habe Ihnen eingangs gesagt, dass ich dieses Buch geschrieben habe, um Ihre Aufmerksamkeit zu wecken. Ich habe ein paar freche Behauptungen in den Raum gestellt, um Sie dazu zu bringen, sich Ihr Leben genauer anzusehen und sich zu fragen, ob und, wenn ja, wie Sie Ihren eigenen Erfolg zunichte machen. Ich möchte, dass Sie sich fragen, ob ich diesen meinen Zweck bei Ihnen erreicht habe.

Jedes bisschen Input, das Sie von dieser oder jener Seite her bekommen, bewegt Sie, mal mehr in die eine, mal mehr in die andere Richtung. Nichts ist wertneutral. Sie sollten darüber nachdenken, wie viel Beeinflussung Sie für Ihr Leben zulassen. Bringt Sie dieser Input, den Sie in Ihr Leben lassen, Ihren Zielen näher, oder bringt er Sie eher weiter weg von Ihren Zielen?

Jede Unterhaltung, an der Sie sich beteiligen, bringt Sie entweder Ihren Zielen näher oder weg davon. Dasselbe gilt für jede Fernsehsendung, die Sie sehen, für jeden Telefonanruf, den Sie tätigen, für jedes Treffen mit einem Freund. Vielleicht der größte Input, den Sie in Ihr Leben lassen, ist, dass Sie ein ganzes Buch von jemandem lesen. Bücher haben deswegen eine so starke Wirkung auf den Leser, weil er eine Zeitlang braucht, um ein Buch zu lesen. Im Gegensatz zu einer TV-Sendung, die nach einer Stunde vorbei ist oder einer Unterredung, die nur ein paar Minuten dauert, braucht man für ein ganzes Buch viel Zeit. Der Leser bekommt sozusagen einen sehr intimen Kontakt mit dem Buch, der es ihm erlaubt, das Buch zu lesen, es dann wieder wegzulegen, sich das Gelesene in Ruhe zu überlegen und auf dieser Grundlage wohlüberlegte Entscheidungen zu treffen.

Da, wie schon gesagt, alles einen entweder den eigenen Zielen näher bringt oder weiter weg davon, frage ich Sie jetzt noch einmal: In welcher Richtung hat Sie das vorliegende Buch beeinflusst? Sind Sie jetzt näher an Ihren Zielen dran, oder weiter weg davon? Haben Sie jetzt ein klareres Bild von dem gewonnen, was Sie tun müssen, um das Gewünschte zu erreichen? Haben Sie jetzt einige Instrumente hinzugewonnen, die Sie zuvor noch nicht hatten oder kannten?

Wie ich ein Buch bewerte

Wenn ich ein Buch fertig gelesen habe, egal ob Literatur oder Sachbuch, klappe ich es normalerweise zu und überlege mir innerhalb von zehn Sekunden, was es mir gebracht hat.

Mein größtes Lob, das ich ausspreche, wenn ich ein Buch schließe, ist so etwas wie: „Das war gut. Ich weiß, meinem Kumpel Mark würde es auch sehr gut gefallen." Wenn Ihnen sofort jemand einfällt, der das Buch, das Sie gerade fertig gelesen haben, auch mögen würde, bedeutet das, dass Sie Ihre Erfahrungen gern mit ihm teilen würden. Sie achten das Buch so sehr, dass Sie es gern mit jemandem diskutieren wollen, den Sie ebenfalls sehr respektieren. Wenn mir so etwas bei einem literarischen Buch passiert, gebe ich es demjenigen einfach. Wenn es mir bei einem Sachbuch passiert, kaufe ich ihm ein neues, denn ich pflege in Sachbüchern persönliche Anmerkungen zu machen, damit ich später auf die Aussagen zurückkommen kann. Ich kenne Bücher, die ich so toll fand, dass ich gleich für alle meine Freunde ein Dutzend Exemplare bestellt habe, damit sie sich über meine Entdeckung ebenso freuen können wie ich selbst.

Wenn ich ein Buch zu Ende gelesen habe und mir sage „nicht schlecht" und es ins Regal zurückstelle, weiß ich, dass ich das Buch eines Tages in einen Karton packen und zum nächsten Wohltätigkeitsbazar bringen und dort spenden werde.

Manchmal geht es mir so, dass ich mir sage: „Verdammt, ich muss das hier umsetzen! Nichts wie ran an die Arbeit! Das ist so gut, ich fange gleich mit der Umsetzung an!" Das ist natürlich ein Super-Gefühl, denn die wenigsten Bücher haben so eine tolle, intensive Wirkung auf mich. Zugegeben, manchmal bin ich von Eindrücken überwältigt und fange schließlich doch wenig mit all den guten Informationen an, weil es einfach zu viel zu tun gäbe. Ich mag Bücher, die mir viel Stoff zum Nachdenken geben, aber ich komme nicht immer ganz durch, weil es oft einfach zu viel Stoff ist.

Andere Bücher enthalten ein Gold-Nugget, eine wertvolle Idee. Wenn ich sie zuklappe, denke ich: „Das ist der für mich wichtige Gedanke." Ich bin immer auf der Suche nach so einem zentralen Gedanken, nach dem „einen Ding". Ob Unterhaltungen, Vorträge, Reden, Bücher oder was immer es ist ... sie alle haben so ein „Ding", eine wichtige Lektion – zumindest sollte das so sein.

Es gibt Bücher, die haben ein solches „Ding", der Rest jedoch ist substanzloses Gewäsch. Aber trotzdem war es dieser eine Gedanke wert, das ganze Buch zu lesen. Ich musste 250 Seiten lesen, um den einen erstaunlichen Satz zu finden, der mir dabei hilft, mehr zu verdienen oder ein besseres Leben zu führen. 250 Seiten für einen merkenswerten Satz! Ist es das wert? Ja, denn sonst hätte ich diesen einen Satz nicht gefunden! Ein einziger Satz, eine Idee kann Ihr ganzes Leben verändern.

Manche Autoren haben zu hohe Erwartungen. Sie wollen einem zu viel auf einmal beibringen. Sie geben einem so viel Material an die Hand, dass man bis an sein Lebensende zu nichts anderem mehr kommt. Ich hoffe, das ist bei diesem Buch nicht der Fall. Ich habe Ihnen zwar viel Material an die Hand gegeben, aber ich erwarte nicht von Ihnen, dass Sie alles umsetzen. Zumindest nicht sofort. Sie können später immer noch auf das Buch zurückkommen und mit etwas anderem weitermachen.

Mein Ziel, mein Wunsch für dieses Buch ist, dass Sie mit wenigstens einer guten Lektion „nach Hause gehen". Eine Sache sollte dabei sein, von der Sie so gepackt werden, dass Sie sich sagen: „Das ist es! Ich muss das heute noch machen." Wenn ich Ihnen nur ein Nugget, nur ein Körnchen Wahrheit schenken konnte, das Sie Ihrem persönlichen

Ziel näher bringt, dann hat sich dieses Buch schon für Sie gelohnt. Gibt es für Sie so ein Nugget? Wenn ja, schreiben Sie es hier auf. Bringen Sie Ihre Gedanken zu Papier – das hilft und ist verbindlicher.

Die zentrale Idee dieses Buches für mich ist:

_____

_____

_____

_____

_____

_____

So. Jetzt können Sie das Buch schließen und loslegen.

LARRY WI

Larry Winget, der „Pitbull of Personal Development", führt die Liga amerikanischer Erfolgstrainer an. Gleich vier Bestseller gehen inzwischen auf sein
Konto: „Halt den Mund, hör auf zu heulen und lebe endlich!" bietet ungewöhnliche und effektive Lebenstipps. Mit „Mach Deinen Job!" korrigiert der

IGET REIHE

Autor schlechte Angewohnheiten im Berufsleben. In „Goodbye Pleite, hello Luxus" wird Schuldenberatung zum lehrreichen Lesevergnügen. „Menschen sind Idioten und ich kann's beweisen" schließlich schafft Abhilfe bei Selbstsabotage. Ein Autor, der Spaß und Erfolg garantiert.

Larry Winget:
Halt den Mund ...
22,90 € / 328 Seiten / geb. mit SU
ISBN: 978-3-938350-16-4

Larry Winget:
Mach Deinen Job!
22,90 € / 264 Seiten / geb. mit SU
ISBN: 978-3-938350-44-7

Larry Winget:
Goodbye Pleite ...
22,90 € / 192 Seiten / geb. mit SU
ISBN: 978-3-938350-72-0

Larry Winget:
Menschen sind Idioten ...
22,90 € / 288 Seiten / geb. mit SU
ISBN: 978-3-941493-08-7